Franz-Josef Payrhuber (Hrsg.)

Gedichte im Unterricht – einmal anders

Praxisbericht mit vielen Anregungen für das 5. bis 10. Schuljahr

R. Oldenbourg Verlag München

PRÖGEL PRAXIS 177

Die Deutsche Bibliothek – CIP-Einheitsaufnahme

Gedichte im Unterricht – einmal anders: Praxisbericht mit
vielen Anregungen für das 5. bis 10. Schuljahr / Franz-Josef
Payrhuber (Hrsg.). 3. Aufl., Nachdr. unter Berücks. der
Rechtschreibreform. – München : Oldenbourg, 1996
    (Prögel-Praxis; 177)
    ISBN 3-486-98639-2
NE: GT

© 1993 R. Oldenbourg Verlag GmbH, München

4. Auflage 1999 RE

Umschlagkonzeption: Mendell & Oberer, München
Umschlaggestaltung: Fredi Grosser
Umschlagbild: Annette Grüschow, Bremen, Bild zum Gedicht „Herzenswunsch"
aus: Mach dir den Tag zum Freund, Schneekluth 1986
Lektorat: Sylvia Bernard-Dronia
Herstellung: Fredi Grosser
Satz, Druck und Bindung: Schneider Druck GmbH, Rothenburg ob der Tauber

ISBN 3-486-**98639**-2

Inhalt

Berichte und Ideen zu Unterrichtseinheiten

Anhang

Vorwort

Dieses Buch ist keine Didaktik des Gedichtunterrichts und auch nicht eine umfassendere Methodik. Es enthält, wie im Untertitel ausgesagt, Berichte aus der Praxis, und zwar über den Teilbereich des handlungs- und produktionsorientierten Umgangs mit Gedichten. Dieser Ausschnitt wurde gewählt, weil sich am Beispiel solcher Verfahren besonders akzentuiert belegen lässt, dass Gedichtunterricht auch anders sein kann – anders als in literaturpädagogischen Konzeptionen, deren methodisches Repertoire sich im Lesen, im Vortragen und im analysierenden und interpretierenden Gespräch über Gedichte erschöpft.

Dass dieses Buch möglich geworden ist, ist vielen „Auf-" und „Mit-"Schreibern zu danken: zum einen einer Gruppe von Hauptschullehrer(innen), die gezielt Erprobungen vorgenommen und deren Ergebnisse ausgewertet hat; zum anderen Lehrer(innen)[1] aller Schularten, die an Fortbildungsveranstaltungen zum Thema teilgenommen, dort Anregungen aufgenommen, bestimmte Vorschläge erprobt, ihre Erfahrungen berichtet und Unterrichtsergebnisse in Form von Schülerarbeiten verfügbar gemacht haben. Mehrere eigenständige Beiträge haben dann Frau Konrektorin Waltraud Rossié (Viersen) und Herr Rektor Herbert Sleegers (Viersen), der auch selbst Lyrik schreibt, geliefert; Herr Oberstudienrat Volker Funk (Mainz) hat Hinweise zu musikalischen Bezügen gegeben; und nicht zuletzt hat sich Herr Prof. Dr. Karl Ewald Tietz (Greifswald) „eingemischt", hat das Manuskript gründlich und kritisch durchgesehen und um manche eigene Erfahrung ergänzt. Allen, die, in welcher Weise auch immer, zum Zustandekommen dieses Buches beigetragen haben, sei herzlich gedankt.

Gespeist aus so verschiedenen Quellen ist eine Fülle von Gedanken zum Gegenstand, Beschreibungen von Unterrichtserfahrungen und Skizzierung von Ideen zusammengekommen. Ich habe versucht diese Vielfalt zu strukturieren und daraus ein überschaubares Ganzes zu machen. Soweit es der Darstellung nicht hinderlich war, habe ich die Berichte und Beiträge unverändert belassen. Das führte im Ergebnis zwar dazu, dass der Sprachduktus nicht einheitlich geworden ist, dass es an Übergängen zuweilen auch etwas „holpert", ich habe aber die Hoffnung, dass der Verzicht auf Vereinheitlichung für den Benutzer durchaus kein Nachteil sein muss, vielleicht sogar ganz reizvoll sein kann.

Beim Lesen mancher Unterrichtsberichte könnte der Eindruck entstehen, das seien allesamt rundherum gelungene Gedichtstunden gewesen. Ein solcher Eindruck

---

[1] Von dieser Stelle im Vorwort abgesehen sprechen wir im Folgenden nur vom „Lehrer" und vom Schüler". Das geschieht ohne jede sexistische Absicht und will die „Lehrerinnen" und „Schülerinnen" auf gar keinen Fall diskriminieren. Wenn die Lyrikerin Hilde Domin, die sich immer engagiert für die Emanzipation der Frau eingesetzt hat, in ihrem 1992 veröffentlichten Essayband von sich und anderen durchgehend als dem Lyriker spricht, dürfen wir uns wohl diesem Vorbild anschließen.

trügt. Darum ist hier noch der – von Herbert Sleegers vorgetragene – Hinweis angebracht, dass dies lediglich die fast notwendige Folge einer Schreibweise ist, die sich – als Unterrichtsentwurf oder -bericht – auf die Formulierung knapper Verlaufsstrukturen beschränkt. Doch jeder Praktiker weiß, was in 45 Minuten „so alles passiert".

Damit ein Gedichtunterricht „gelingt", müssen viele positive Komponenten zusammenklingen, Komponenten, die der Lehrer in der Vorbereitung längst nicht alle so beeinflussen und abstimmen kann, dass sie ein günstiges Ensemble ergeben.

Gedichte sind ein sensibler „Stoff", der weder Sanktionen noch Schludrigkeiten verträgt. Insofern und wegen vieler anderer Unabwägbarkeiten missraten gerade Gedichtstunden häufig zu Entmutigungsstunden. Das aber sollte kein Grund sein, auf die Beschäftigung mit Gedichten zu verzichten. Denn die Gedichte selber setzen beim Dichter keineswegs die Attitüde des Meisters voraus. Sie gelingen zumeist auf bescheidene Weise und nicht selten nach vielen Stationen der Entmutigung.

Das sollte den Lehrer, der Gedichte andern vermittelt, ermutigen. Ich wünsche mir, dass er in diesem Buch dazu brauchbare Anregungen findet; Anregungen, die seine Praxis bereichern oder ihn gar dazu motivieren, den Gedichtunterricht anders als bisher zu gestalten.

Januar 1993   *Franz-Josef Payrhuber*

Reflexionen

Um zu erklären was ein Gedicht ist oder was zur Gattung Lyrik gehört, bedient sich die Literaturwissenschaft zumeist historischer und literaturtheoretischer Darstellungen. Derartige, in jedem einschlägigen Handbuch nachzulesende Beschreibungen sollen hier nicht noch einmal präsentiert werden. Die einleitenden Reflexionen stellen nicht die Wesensfrage, sondern die Frage: „Wozu Lyrik?" Gegeben werden keine Antworten mit dem Anspruch auf absolute Gültigkeit, höchstens Teilantworten oder, besser noch, Aspekte, die die Suchrichtung einer Antwort andeuten. Und dies auf zwei Ebenen: Aussagen Hilde Domins, einer bedeutenden Lyrikerin der Gegenwart, und zwei Gedichte über Gedichte sprechen davon, wie Lyriker ihr Schreiben begründen und geben Hinweise darauf, warum es lohnen könnte, auch heute Gedichte zu lesen. Ein (geringfügig gekürzter) Aufsatz von Hilde Domin und ein Essay von Herbert Sleegers nehmen sodann, die Perspektive eingrenzend, die Schule in den Blick und fragen nach der Legitimierung von Gedichten für heutigen Unterricht.

Die Plädoyers von Hilde Domin und Herbert Sleegers für Lyrik sind positiv; und weil viele Lehrer ihre Argumentationen mitvollzogen haben, konnte dieses Buch geschrieben werden. Die Skizzierung unserer Konzeption umreißt, welche Schwerpunkte uns für den Unterricht wichtig sind, bevor im Praxisteil berichtet wird, was davon realisiert werden konnte.

1. Wozu Lyrik?

(1) Drei Aussagen von Hilde Domin

Wozu Lyrik? „Weil Dichtung, noch die widerständige, noch die negative, von einem Ja lebt, dem Ja ihres Glaubens an die Fortdauer des Menschseins und die Fortdauer des befreienden Worts. Das ist die geheime Utopie ihrer eigenen Möglichkeit." (1975/1992, 137)

Lyrik jetzt? „Lyrik jetzt: das ist Lyrik von Menschen, die jetzt leben und Zeitgenossen sind. Vor Zeitgenossenschaft kann man sich drücken. Es gibt vielerlei Elfenbeintürme. Nicht nur weltferne ‚Innerlichkeit', auch die Ideologie kann ein Elfenbeinturm sein. – Lyrik heißt immer, die Erfahrung der Zeit auf ihr Exemplarisches bringen." (1975/1992, 139)

Welche Wirkung hat Kunst? Können Gedichte etwas „ändern"? „Skeptischer als Brecht (Lyrik soll die Wirklichkeit verändern), zuversichtlicher als Benn (Lyrik, Kunst ist folgenlos) frage ich: Handelt es sich zumindest um ein Höherlegen der Schwelle der Manipulierbarkeit? Der Schwelle, hinter der der Mensch nicht mehr

8

etwas ‚aus sich machen lässt‘, sondern, etwas aus dem macht, was man aus ihm gemacht hat' (Sartre)? Wie steht es um die Steigerung des Menschen zu seinen eigenen Möglichkeiten, als Voraussetzung einer menschlicheren Welt?" (1969/1992, 292)

(2) Zwei Gedichte über Gedichte

So soll es sein
Günter Kunert

Zwecklos und sinnvoll
soll es sein
zwecklos und sinnvoll
soll es auftauchen aus dem Schlamm
daraus die Ziegel der großen Paläste
entstehen um wieder zu Schlamm zu zerfallen
eines sehr schönen Tages
zwecklos und sinnvoll
soll es sein
was für ein unziemliches Werk wäre das
zur Unterdrückung nicht brauchbar
von Unterdrückung nicht widerlegbar
zwecklos also
sinnvoll also

Geräusch
Ferreira Gullar

Jedes Gedicht ist nur aus Luft
gemacht:
       die Hand des Dichters
       spaltet kein Holz
       verwundet
              kein Metall
              keinen Stein
       wird nicht blau
       an den Fingern
       wenn sie Morgen
       oder Brise
       oder Frauenbluse
           schreibt.
Das Gedicht
ist ohne greifbaren Stoff
       alles
       in ihm
       ist Geräusch
           wenn es beim Atem des Lesens
           Stimme wird.

2. Wozu Lyrik in der Schule?

(1) „Literatur im Vorratsschrank". Von Hilde Domin

1. „Wozu" soll Literatur [...] auf der Schule gelehrt werden? Und soll sie es? Ich möchte eine paradoxe Antwort geben: Literatur ist – und nicht zum geringsten Teil – Selbstzweck. Literatur ist daher geeignet, jungen Menschen deutlich zu machen, dass die Hauptsachen im Leben eben nicht einem „Wozu", einer unmittelbaren Anwendung dienen.
   Die Frage nach der Anwendbarkeit verdirbt die Lebensfreude und engt den Freiheitsraum des Menschen ein.
   [...]
   Als „Motivierung" gebe ich [...] an: Freude an der Sache. Ziel: „Sensibilisierung" – Erhöhung des Lebensgefühls, Ichfindung.
   Für die Lehrenden stellt sich hier eine schwierige Aufgabe: den Stoff nahe zu bringen, ohne ihn aufzudrängen.
2. Soll also Literatur gelehrt werden? – Unbedingt.
   Davon ausgehend, dass Literatur „Gebrauchsliteratur" ist (um mich in der gängigen Terminologie auszudrücken) und dass der „Gebrauch" im Lesen und Sich-Aneignen von Literatur besteht, sollte der Unterricht im Wesentlichen eine Hilfe sein, Lesen zu lernen. Und zu lernen, wie man etwas von Literatur hat. [...]
4. Das Behandeln von Literatur sollte die Fähigkeit fördern ein Werk zu analysieren, sich darüber Rechenschaft geben zu können, was damit erreicht ist in dem Moment, in dem es geschrieben wurde. Was es bedeutet für den Leser, der es heute liest. Was die Modellerfahrungen sind, die in dem Werk formuliert wurden. Und wie sich die Wirklichkeit der Entstehungszeit zur Wirklichkeit des Lesers verhält. Also, was von der Musterhaftigkeit der Erfahrung auch weiterhin gültig ist, die der Autor zur Sprache gebracht hat. Auch, mit welchen sprachlichen und kompositorischen Mitteln die Modellhaftigkeit der Erfahrung realisiert wurde, also was die künstlerische Qualität ausmacht.
5. Die unter 4 aufgeführten Untersuchungen sind nur Vorübungen. [...] Wenn [...] das Werk in all seinen Lagen bewusst gemacht worden ist, dann muss diese Vorübung sozusagen „vergessen" werden. Das Werk muss gelesen werden. D. h., es muss „gebraucht" werden. Das umgekehrte Verfahren ist auch möglich. Man kann damit beginnen, ein Werk zu gebrauchen – „vollziehendes Lesen" nannte das zu Recht Adorno; nachträglich kann man sich dann Rechenschaft geben, was an dem Werk beim Lesen wichtig war. „Vollziehendes" ist identifizierendes Lesen. [...]
6. [...] Literatur zeigt nicht nur die Wirklichkeit auf, wie sie ist: Sie zeigt die Spannung zwischen dem, was ist, und dem, was sein könnte und sein sollte. Literatur hat also von Haus aus utopischen Charakter (gleichgültig, wie tief verborgen oder wie sichtbar dieser Anspruch ist). Der Anspruch ist nicht nur ein Anspruch an die

Welt, wie sie ist. Er ist vor allem auch ein Anspruch an den Leser, wie er ist. Und wie er sein, was er aus sich machen könnte.

7. „Das Publikum der Jahrhunderte". Gern reden wir heute von der Aufgabe des „Ewigkeitsanspruches" von Literatur, entsprechend unserer Wegwerfgesellschaft. Kein Autor kann beim Schreiben zur Ewigkeit hinschielen, glaube ich. Er kann nur gewissenhaft seine Probleme, die zugleich die Probleme auch seiner Zeitgenossen sind, formulieren, also in Sprache umsetzen. Sowenig wie ein Autor „für alle" zu schreiben sich vornehmen kann. Es handelt sich hier um den dialektischen Umschlag. Der Autor, der treue und unerschrockene Zeugenschaft seiner eigenen Erfahrungen gibt, spricht zugleich für die anderen mit, die vergleichbare Erfahrungen machen. Er muss nur, soweit wie möglich, an den Kern seiner Erfahrungen herankommen. Und ebenso spricht der Autor, der für seine Zeit zeugenhaft spricht, auch für andere Zeiten mit.

Dies Problem habe ich unter dem Begriff der „unspezifischen Genauigkeit" in „Wozu Lyrik heute"[1] behandelt, nämlich die Möglichkeit, Literatur anderer Zeiten und anderer Länder zu lesen, als sei es die unsere, die des jeweiligen Lesers. (Sonst wäre sie purer Bildungsstoff. Hiervon rede ich nicht.) Jedes Werk kann praktisch immer neu und anders gelesen werden, sowohl im Leben eines Menschen, je nach der Stufe seiner Erfahrungen, als auch von Generationen (Beispiel hierfür z.B. Hölderlin, Jean Paul).

Daran liegt es, dass die Menschen jeder Generation vor einer Art „Tischlein deck dich" sitzen, jeweils von neuem. Weil immer etwas anderes an einem Kunstwerk wichtig scheint, für den Leser einer neuen Epoche. Ich rede hier von dem Vorratsschrank der Menschheit. Nicht immer und zu jeder Stunde kann man auf alles Appetit haben. Es liegt aber da und kann „aufgetaut" werden.

8. Das Training im Lesen und Mögen von Literatur ist ein Training in Freiheit, ganz wie ein Training in Wahrhaftigkeit. Das Ziel des Trainings in der Schule soll nicht sein, bestimmte Wissensinhalte zu erlernen. Sondern den Menschen fähig zu machen zur Unterscheidung von dem, was ihn angeht, und dem, was ihn nicht angeht. Das ist nicht für jeden gleich. Also in anderen Worten: die freie Wahl dessen, was geeignet ist den eigenen Erkenntnisprozess zu fördern, das eigene Lebensgefühl zu steigern, das und nicht das Aufzwingen von dem, was der Lehrende für sich gewählt hat, wäre ein Lernziel.

9. Auf keinen Fall sollte Literatur reineweg zum Beweismaterial für historische Abläufe degradiert werden. Sondern Literatur ist entweder um ihrer selbst willen lesenswert oder sie ist weder lesens- noch lehrenswert.

10. Nach allem bisher Gesagten ergibt sich ohne weiteres, dass Literatur, und Lyrik im Besonderen, geeignet sind dem Entfremdungsprozess der Industriege-

---

[1] Hilde Domin: Wozu Lyrik heute. Dichtung und Leser in der gesteuerten Gesellschaft. München: Piper 1968, Neuausgabe 1975 (Serie Piper 65).

sellschaft entgegenzuwirken und zur Ichfindung, also zur eigenen Identität, zu verhelfen, zum Subjektsein statt Objektsein. Und damit zur Rettung einer Freiheitssphäre des Menschen inmitten automatisch gesteuerter Abläufe. [1979]

(2) „Mit Gedichten ist nicht viel Staat zu machen. Ist mit ihnen wenigstens Unterricht zu machen?" Von Herbert Sleegers

Machen wir uns nichts vor: Gedichte im Unterricht sind immer noch „der besondere Fall". Läge das an der Überzeugung, dass Gedichte in der Tat etwas Besonderes sind, es wäre nichts dagegen einzuwenden. Bei näherem Zusehen jedoch entpuppt sich der besondere Fall" als ein Dilemma. Trotz zahlreicher wissenschaftlicher und unterrichtspraktischer Handreichungen, trotz einer Flut von Lyrikanthologien wachsen Vorbehalte, Scheu, ja Resignation, Gedichte im Unterricht zu behandeln. Warum? Einige von vielen möglichen Ursachen möchte ich dingfest machen; einige, die symptomatisch sind für ein Ursachensyndrom. Als Lehrender und literarisch Schreibender bin ich ihnen in allen Schulformen und Schulstufen begegnet; und sollte manches provozierend klingen, dann weniger eines amüsanter zu lesenden Stiles willen als in der Absicht schultypisches Schweigen und Verschweigen zu brechen, um die Scheuen und die Resignierenden zu ermuntern.

Bei Unterrichtsbesuchen, in Fachgesprächen, auf Fortbildungsveranstaltungen konnte ich in bedrückender Regelmäßigkeit feststellen: Mitteilungen etwa über produktive Verfahren im Gedichtunterricht – spätestens seit den Siebzigerjahren erprobt und „auf dem Markt" – werden von der Mehrheit immer noch als methodische Offenbarungen und Novitäten erlebt. D.h. es besteht ein erschreckend großes Informations- und Erfahrungsdefizit. Natürlich braucht niemand en detail darin beschlagen zu sein, was etwa die Produktions-, die Wirkungs- oder Rezeptionsästhetik betrifft, um sich unterrichtlich kompetent mit einem Gedicht zu befassen. Aber das vielfältig entwickelte Methodenrepertoir sich anzueignen bedarf weniger der aufwendigen Mühe als der interessierten Einsichtnahme.

Wenigstens das Wort Hermeneutik sollte nicht länger ein Fremdwort sein; denn was es bedeutet, ist nach wie vor geeignet das Verstehen als einen Prozess in Gang zu bringen, „auf Trab" zu halten sowie diesen Prozess als Unterricht zu organisieren. Und als „Kunst der Auslegung" sagt es unmissverständlich: es gibt Texte, die man nicht auf Anhieb versteht, die man bestimmten Verfahrensweisen unterwerfen muss, um herauszufinden, was sie (uns) zu sagen haben.

> Hermeneutik (von gr. hermeneuein = auslegen, erklären) ist die Kunst und Methodenlehre der sinngerechten Auslegung (Deutung, Interpretation) eines literarischen Werkes. Der sogenannte hermeneutische Zirkel meint ein Verstehensmodell, das von einem, vorläufigen Gesamtverständnis ausgeht und über die Analyse von Einzelmerkmalen (Sprache, Aufbau, Form, Thema, Aussage u. a.) zur Synthese des differenzierten Gesamtverständnisses führt.

Solchem Defizit an zeitgenössischen didaktischen und methodischen Kenntnissen entspricht die Tatsache (!), dass viele Deutschlehrer nur sporadische oder so gut wie gar keine Gedichtleser sind, vor allem nicht Leser von zeitgenössischen Gedichten. Ich provoziere mal: Solange Namen wie Jürgen Becker, Rolf Haufs, Günter Kunert, Sarah Kirsch, Rainer Kunze, Guntram Vesper, Rainer Malkowski u.v.a. nicht bekannte Markierungspunkte sind im lyrischen Terrain, wird eine Betroffenheitsdidaktik weiterhin ihre Klimax erleben im Rezitieren von Paul Celans „Todesfuge". Der Einwand, moderne Gedichte seien hermetisch, trifft, auch objektiv, nur halbwegs zu. Mittels angemessener Methoden entdecken und produzieren erfahrungsgemäß selbst Kinder der Grundschule frappierende Sinnzusammenhänge, sofern mit Gedichten - nicht nur mit zeitgenössischen – umgegangen wird als mit Gebilden, in denen man Wichtiges, Schönes, Befreiendes entdecken kann. So weit, so gut.

Die am nachhaltigsten wirkende Ursache für Vorbehalte und oft resignierende Scheu liegt offensichtlich in den konkreten Bedingungen des heutigen Schulunterrichts. Von Ausnahmen abgesehen kann gesagt werden: Unterricht ist in zunehmendem Maße ein gestörter Unterricht.

Das bedeutet für den Gedichtunterricht: Weil dieser, salopp gesagt, keinen praktischen Zweck, keinen unmittelbaren Nutzeffekt und keinen sogleich einsehbaren Lernprofit hat, ist er für Störungen höchst anfällig. Dabei kann er Störungen am allerwenigsten vertragen.

Ein oft gehörter Satz lautet: Mit „der" Klasse kann ich kein Gedicht behandeln. Das mag pauschal und übertrieben klingen, ist es wohl auch, aber es trifft, so glaube ich, ins Schwarze. Und zwar ins Schwarze, das, bei Licht besehen, mehrere schwarze Punkte enthält. Etwa das Gefühl (vorhin skizzierter) Kompetenzschwächen; die Furcht „Perlen vor die Säue" zu werfen; die Scheu in einem vom Unterrichtsobjekt geforderten sanktionsfreien Rahmen mit Sanktionen reagieren zu müssen; die sozusagen vorweggenommene Müdigkeit mit eventuell berechtigten Langweiler-Haltungen oder Abwehrreaktionen sich auseinander setzen zu müssen; das Bewusstsein, dass die Motivationstrickkiste schon längst nichts mehr hergibt; Angst vor Enttäuschung, vor Gesichts- oder Imageverlust; Belastung durch von innen und außen induzierten Leistungsdruck. – Da ist mit allgemeinen Belehrungen, mit Gedulds- und Durchhaltesätzen nichts auszurichten.

Trotzdem, so behaupte ich, kann mit Gedichten, wenn schon kein Staat, so doch Unterricht gemacht werden. Und zwar intensiver, spielerisch-ensthafter und wohl auch nachhaltiger beeindruckend als jemals zuvor; trotz widriger innerer und äußerer Bedingungen.

Im Folgenden einige Vorschläge, Thesen, Erfahrungs- und Ermutigungssätze eines unverbesserlichen, weil durch Praxis ermunterten Optimisten.

1. Wir sind immer viel zu schnell bei dem, was es doch langsam und Zeit gewährend erst zu erreichen gälte, beim Gedicht. Langsamkeit – ein in die Ecke gedrückter

Quer- und Antibegriff: man sollte ihn dort nicht verkümmern lassen! Es geht doch darum, den mühsamen Aufstieg, während dem womöglich die überraschendsten Aus- und Einblicke zu gewinnen und auch Abstürze zu erleben wären, möglich werden zu lassen. Dem schulsystembedingten 45-Minuten-Takt gehorchend – der Gong ist immer der dreinfahrende Sieger! – „bringen" wir Gedichte, aufs Durchnehmen zurechtgestutzt, wie etwa den pythagoreischen Lehrsatz. Aber das muss nicht sein.

2. Ein Gedicht, wie jedes Kunstwerk Zeit, Raum, Freiheit beanspruchend, unterläuft von seiner Natur her nicht bloß die nötigen schulsystemimmanenten Organisationsformen; es ist im Grunde ein Protest gegen jedwede schulische Vereinnahmung oder, positiv gewendet, ein Pfahl im Fleisch eines pflichtgemäß organisierten Beibringens. Ich glaube, das wird von allen Beteiligten gespürt; und das allseits bemerkte Unbehagen sollte als Resultante aus solcher Einsicht näherhin bedacht werden.

3. Praktische Folgerungen: Weil ein Gedicht, laut Gottfried Benn, für jeden erkennbar erscheint als ein Text „mit viel Weiß drumherum", sollte diesem Abstands- und Spielraum auch unterrichtlich entsprochen werden. Zum Beispiel durch die Bitte eine gewohnt-gegebene Sitzordnung aufzulösen und neu zu organisieren. Das ist zunächst Lärm verursachend, aber auch erwartungsprovozierend und darum Lärm (als Ausdruck fluktuierender Erwartungsunsicherheit) ins Offene kanalisierend und besänftigend. Die aus jeder Stunde, aus jeder Pause mitgeschleiften persönlichen Querelen und Aggressionen werden dadurch erfahrungsgemäß räumlich auf Abstand gebracht. Denn

4. das Sicheinlassen auf ein Gedicht verträgt keine aggressiv-aufgeladene Atmosphäre. So könnte es also passieren, dass eine hochgemut vorbereitete Gedichtstunde in nichts anderem bestünde als in der Vorbereitung derselben. Dass etwa – anstatt ungeduldig einen Text „in den Raum zu stellen" – eine Schulstunde damit vergeht, diesen Raum erst herzustellen. Eine über Gott und alle Welt und über sich selbst palavernde Runde – warum sollte man ihr nicht das „viele Weiß drum herum" gönnen, weil es da – wie hilflos auch immer – um Persönliches geht. Das aber ist, dingfest gemacht, die „gewöhnliche" Ausgangssituation für die immer „außergewöhnlichen" Ein- und Quer- und Aussagen eines Gedichts.

Warum sollte nicht, gegen Ende einer so langwierigen und nur scheinbar frustrierenden Vorbereitungsphase, das Vorlesen eines Gedichts als „Bündelung" fungieren, um, aufgeschoben, als erneuter Einstieg in neu gewonnenes Terrain bereitzustehen.

5. Dem widerspricht die blauäugig immer noch angewandte Koffer- oder Mitbringselmethodik des nur mehr rührend vorgebrachten „ich habe euch ein Gedicht mitgebracht". Einer zumindest Game-boy-versierten Schülerschaft ist mit solcher christkindlhaften Zumutung nicht mehr beizukommen. Ein Gedicht ist kein Mitbringsel, so wenig es als A und O schulisch vermittelter Bildung frisiert werden darf. Es sollte als Gelegenheit dienen, als Chance, die unmittelbare und

immer kleinkarierte „Tagesform" zu überschreiten, diese in Frage zu stellen und auf ihre Weg- oder Ausweglosigkeit. d.h. auf ihren Sinn zu prüfen.

6. Daraus folgt: Ein Gedicht darf kein „stoffplanmäßig" einfügbarer Lückenbüßer sein; etwa nach dem Motto: „Habe ich lange nicht gemacht". Wie bestimmte, inhaltlich-thematische Vorarbeiten nach einer resümierenden Bündelung verlangen, nach einer Situation, in der „Durchgenommenes" nicht abgehakt, sondern geöffnet wird für Neues, so sollte ein Gedicht dort seine bescheiden-wichtige Stelle einnehmen, wo es um mehr geht als um nur Wissenswertes. Weil es selbst eine ganz neue, andersartige, überraschende Situation ist, sollte man ihm eine überlegte situationelle Platzierung nicht versagen. Im Unterschied zu einer vergangenen Anmutungsdidaktik, die ein Gedicht qua Gedicht als Adorationsobjekt missbrauchte, halte ich es für dienlich, ein Gedicht dort zu platzieren, wo innerhalb einer thematischen Sequenz Konzentrierungsstellen vonnöten sind, um objektive Erkenntnisse und Informationen persönlich zu verdichten und auszuweiten. Ein Wirklichkeitszusammenhang wird angeschlossen an einen Sinnzusammenhang.

7. Ein Gedicht selbst, die Arbeit und der Umgang mit ihm erfordern ein hohes Maß an gelöster Konzentration. D.h. die Köpfe müssen frei sein, die Köpfe der Schüler und der Kopf des Lehrers. Und auch deren Körper. Sind offensichtlich negative Spannungen unter Schülern vorhanden, sollten diese erst gelockert und beigelegt werden. Autoritär hergestellte, oberflächliche „Ruhe" wäre das Gegenteil und unverträglich mit allem, was ein Gedicht ausmacht. Es gibt kein autoritäres Gedicht, darum sollte man lieber den Mut haben auf es zu verzichten, als mit autoritären Maßnahmen den Weg zu ihm zu bahnen.

8. Eine – mehr oder weniger – bereinigte Atmosphäre ist dazu geeignet, glaubhaft zu machen, dass alles Folgende entspannt, ohne Druck, ohne eng führende Zensur durch „richtig" und „falsch" vor sich gehen kann. Ja, dass solche Phasen, die als „Sammlungsphasen" an geeigneten Stellen eingefügt werden können, selbst ein wichtiger Unterrichtsteil sind und keineswegs verlorene Zeit.

Aus diesen wenigen Vorschlägen folgt: Man sollte eine Klasse nicht mit einem Gedicht überfallen. Wer hofft, mit dem bloßen Austeilen von Textblättern jemand nachhaltig zu motivieren, wird enttäuscht werden.

Die gründliche Vorbereitung ist – wie bei jedem Unterricht – entscheidend fürs Gelingen. Doch über die inhaltlich-sachliche hinaus ist die organisatorische Planung noch wichtiger als bei anderen Stunden. Wann findet der Unterricht statt? Morgens früh oder gegen Ende der Unterrichtszeit? Was für ein Unterricht findet vorher statt? Was für einer nachher? Welche Belastungen oder gar Konflikte sind eventuell zu erwarten? Wie steht es mit mir? Bin ich frei genug und ohne Belastung? (Dass auch der Lehrer ein möglicher Störungsfaktor sein kann, wird oft nicht bedacht.) Habe ich etwa überlegt, dass ich mich rechtzeitig aus dem Zentrum des Blickfeldes nehmen sollte und mich – sitzend – mit den Schülern egalisiere, um offene, symmetrische Kommunikation zu fördern und der unausgesprochenen „Autorität" des Gedichts den Vorzug zu geben.

Sind die Methoden, die Arbeitsverfahren schlüssig gewählt? Oder stülpe ich sie unbesehen dem Gedicht sowie den Schülern über und merke zu spät, dass beide sich dagegen sträuben, weil sie unangemessen sind. Vor allem: Bin ich bereit und fähig zu vermitteln, dass ein Gedichtunterricht nichts Besonderes im spektakulären Sinn, aber doch etwas Besonderes ist, als Chance nämlich, ganz persönlich, ernsthaft, witzig, frei und menschlich angesprochen zu werden, sowie als Chance mich frei und persönlich zu äußern.

Trotz immer erneuter Enttäuschungen, die jedoch im Glücksfall einer kontinuierlichen, längerfristigen Unterrichtsarbeit sehr gemildert werden können, vermute ich nicht bloß, sondern weiß ich: Mit Gedichten ist gut Unterricht zu machen. [1992]

3. Warum handlungs- und produktionsorientierte Umgangsformen?

Die rezeptionstheoretisch orientierte Literaturwissenschaft hat in den letzten Jahren intensive Bemühungen unternommen das Zusammenspiel von Text und Leser zu erforschen. Als zentrale Erkenntnis ergab sich dabei, dass der poetisch-literarische Text nicht ein statisches Gebilde, sondern wirkendes Potenzial und Auslöser von Leseprozessen ist. Ihm eignet ein gewisser Betrag an Unbestimmtheit, der vom jeweiligen Leser subjektiv ausgefüllt wird; der Leser wird gleichsam zum Mitproduzenten des Autors. Für sich genommen, besitzt das poetisch-literarische Werk keinen festgelegten und zeitlos gültigen Sinn; seine Bedeutung wird erst vom Leser durch die Rezeption geschaffen und in seiner individuellen Konkretisation fassbar. Dessen Sinnentwürfe variieren je nach dem biografischen, gesellschaftlichen und historischen Systemzusammenhang, dem er angehört. So kommt es, dass die Rezeption desselben Textes bei verschiedenen Lesern zu jeweils individuell verschiedenen Ergebnissen führt; diese können selbst bei demselben Leser zu verschiedenen Zeiten variieren. Die Offenheit des Textes erlaubt dem Leser immer wieder von neuem sich auf den Text einzulassen; andererseits ist sie ihm aber auch Anlass und Anstoß das Wagnis des Lesens stets neu zu suchen.

Die Einsichten der Rezeptionsästhetik haben auch der Literaturdidaktik in den letzten beiden Jahrzehnten zunehmend den Blick dafür geschärft, dass die Deutung eines poetisch-literarischen Textes, anders als in den bis dahin vorherrschenden literaturpädagogischen Konzeptionen, nicht darin bestehen kann, eine – in aller Regel vom Lehrer – vorentworfene, für alle Schüler einheitlich geltende Interpretation zu übernehmen. Es muss vielmehr Spielraum bleiben für eine individuell geprägte Begegnung mit Literatur, für individuelles Textverständnis, für eine aktive Beschäftigung des Schülers mit dem poetischen Text. Das heißt: Die subjektive Beteiligung, die für die Konkretisation von Literatur konstitutiv ist, ist auch im Unterricht zu gewährleisten.

Die ersten Fragen in der Begegnung mit einem Gedicht haben also nicht zu lauten: Was sagt dieses Gedicht aus? Welche „Botschaft" will es vermitteln? Trägt es etwas zu einer Erlebnisklärung, Erfahrungserweiterung oder Problemlösung bei? Oder: Welche Intention vertritt sein Autor? Die erste Frage, die der Schüler stellt, muss heißen: Was bedeutet *mir* dieses Gedicht? In dieser Ich-Beziehung zum poetischen Text ist die personale Dimension der Literaturrezeption angelegt, die jeder objektivierenden Deutung vorausgeht.

Der Verstehensprozess erschöpft sich aber keineswegs in einem bloß subjektiven Erlebnis- oder Erfahrungseindruck. Der Schüler muss im Unterricht auch lernen, das in der ersten, zumeist noch unreflektierten Rezeptionsphase gewonnene Textverständnis nun gegenüber anderen zu artikulieren, also seine eigene Deutung auszuarbeiten und diese in einer Phase reflektierender Beschäftigung im Vergleich mit anderen Deutungen begründet zu vertreten und zu verantworten. Das zunächst rein subjektive Textverständnis wird auf diese Weise zu einer dialogischen, engagierten und kritischen Auseinandersetzung zwischen den Schülern und zwischen Lehrern und Schülern. Der einzelne Dialogpartner erläutert den anderen sein Verständnis und sucht es ihnen plausibel zu machen, umgekehrt wird seine Deutung durch die der anderen hinterfragt.

Nicht selten hat das zur Folge, dass er sie überprüfen oder gar revidieren muss, und oft führt es zu dem Ergebnis, dass ihm die Augen für ganz neue Sinnaspekte geöffnet werden. Interpretieren wird so zu einem kommunikativen Akt, zu einer „Verständigung zwischen Verstehenden" (Spinner 1987, 14).

Interpretieren ist demnach nicht gleichbedeutend mit einem subjektiv beliebigen Wahrnehmen des Gedichts, es ist aber auch nicht identisch mit rationaler Analyse von Formen und Strukturen und kognitiv-kritischer Diskussion von Thema und Autorintention.

Interpretieren kann zwar auf Analysen durchaus nicht verzichten und als Voraussetzung dazu nicht auf das Verfügen über kognitive Fähigkeiten und Kenntnisse. Als Basis für die Artikulation der eigenen Rezeptionserfahrungen und als Grundlage einer intersubjektiven Verständigung müssen die Schüler elementare Begriffe kennen, die zur Beschreibung ihrer Wahrnehmungen und ihrer Beobachtungen am Text notwendig sind; zum Beispiel: Vers, Strophe, Reim, Bild. Sie sollten auch Kenntnisse gewinnen über einige Grundformen der Gattung (z.B. Lied, Ballade, Naturgedicht), und hilfreich ist es auch, wenn sie etwas erfahren über literaturhistorische Epochen und herausragende Autoren.

Der Erwerb von Analysefähigkeiten und Kenntnissen ist jedoch nicht Selbstzweck, sondern dem Bemühen um einen verstehenden Zugang zum Gedicht dienend untergeordnet. Anders als in traditionellen und ideologischen literaturpädagogischen Konzeptionen, die auf affirmative Übernahme des Textsinns drängen, anders als in Entwürfen, die Verstehen mit dem Wissen um literarische Formen und Strukturen gleichsetzen, und anders in curricular organisierten Konzepten, die auf die Operationalisierung vorgängig festgelegter Lernziele bauen, sollte der Gedichtunterricht ein Verständigungsprozess sein, „in welchem sich die Schüler ausgehend von ihren Lektüre- und Welterfahrungen und mit den Mitteln ihres Denkens über den Sinn von Texten zu einigen versuchen" (Spinner 1987,18).

Aufgabe des Unterrichtenden ist, Schüler für diesen Dialog zu motivieren und sie mit den hierzu erforderlichen Kompetenzen auszustatten. Dafür stehen ihm die von der rezeptionsästhetisch orientierten Literaturdidaktik entwickelten „Umgangsformen" zur Verfügung. Die mal operativ oder handlungsorientiert, mal kreativ-produktiv oder produktionsorientiert genannten Methoden – auf die damit ausgedrückten Akzentuierungen und Unterschiede soll hier nicht eingegangen werden – sind geeignete Hilfen den Verstehens- und Verständigungsprozess auf allen Ebenen der Beschäftigung mit einem Gedicht zu initiieren, in Gang zu halten und zu vertiefen.

Der Praxisteil dieses Buches berichtet von Erfahrungen und Ideen, die mit solchen Umgangsformen gemacht werden konnten und können. Über Auswahl und Zuordnung gibt das Inhaltsverzeichnis Auskunft, die Verfahren brauchen deshalb hier nicht nochmals aufgelistet zu werden. Vollständigkeit ist nicht angestrebt worden, wohl auch nicht erforderlich. Auch ohne sie ist allen Beteiligten bewusst geworden, dass ein Gedichtunterricht, der sich auf handlungs- und produktionsorientierte Umgangsformen gründet (ohne die Analysetätigkeiten damit eliminieren zu wollen), mit anderem, mit größerem Interesse der Schüler rechnen darf, sich mit einem Gedicht zu befassen, als ein Unterricht, der nur die traditionellen Methoden Lesen, Vortrag, Gespräch kennt.

> Die Interpretation führt hin an das Gedicht, sie lehrt zunächst einmal genau lesen. Ganz wie der Betrachter eines Bildes zunächst einmal sehen lernen muss, was „da" ist. Es ist keineswegs selbstverständlich, dass ein jeder das kann oder tut. Sehen lernen, hören lernen, lesen lernen, „was da ist", ist die erste Übung. Abgesehen davon, dass die Interpretation den Leser lesen lehrt, was da steht, macht sie ihn hellhörig für das, was im Gesagten mitschwingt, was also nicht – oder so nicht – da steht, sondern mitangeschlagen ist. Und sie macht darauf aufmerksam, wie das Gedicht es erreicht, dass das eine gesagt, aber etwas anderes oder mehr gemeint ist. Interpretation führt den Leser bis hin an das Gedicht, sie zeigt ihm wie er lesen könnte. Dann lässt sie ihn los. Im besten der Fälle steht der Leser nun ein wenig weniger hilflos vor dem Geridicht.
> *Hilde Domin*

Und wozu das alles? Die Antwort gibt Hilde Domin, wenn sie – in dem oben zitierten Aufsatz – sagt: Um „dem Entfremdungsprozess der Industriegesellschaft entgegenzuwirken und zur Ichfindung, also zur eigenen Identität, zu verhelfen, zum Subjektsein statt Objektsein. Und damit zur Rettung einer Freiheitssphäre des Menschen inmitten automatisch gesteuerter Abläufe." Dies möglich zu machen heißt, jungen Menschen Zugänge zu Gedichten so zu erschließen und sie so für Gedichte zu interessieren, dass sie sie gern lesen und sich gern weiter mit ihnen befassen, in der Schule und über das Ende der Schulzeit hinaus.

18

Praxisberichte und Anregungen zu Umgangsformen

A Formen des Zugangs zum Gedicht

Ein Gedicht ist, wenn nicht streng, so doch klar bestimmt „durch Form und Gegenstand" (Wapnewski 1977). Wo die ihm „eigene Form (stilisierte Knappheit)" und der ihm „eigene Gegenstand (das arg strapazierte ‚lyrische Ich')" preisgegeben" sind, wird das Gedicht preisgegeben (ebd.). Es ist, um ein berühmtes Diktum von Benn abzuwandeln, das Gegenteil von Beliebigkeit, es ist bewusst gestaltet und nicht das Ergebnis origineller Zufälligkeit. Dies den Schülern begreifbar zu machen, ist eine der Aufgaben des Gedichtunterrichts.

Die Einsicht in die Gestaltungsarbeit des Dichters bedarf freilich der Komplementärerfahrung, dass beim Lesen eines Gedichtes auch Verstehensarbeit des Lesers erforderlich ist. Eugen Gomringer, ein herausragender Exponent der konkreten Poesie hat in seiner Theorie der Konstellation die Sinngebung des poetischen Textes wesentlich in das Bewusstsein des Lesers verlagert und sich dabei der Metapher des Spiels bedient: die Haltung des Dichters ist ihm die „des Spielgebenden", die des Lesers eines „Mitspielenden" (Gomringer 1958, 112). Das Bild Gomringers, formuliert zwar im Blick auf die konkrete Poesie, ist gleichwohl über diesen eng begrenzten Bezug hinaus gültig, verweist es doch auf die aktive Beteiligung des Lesers am Sinngebungsprozess, die im Akt des Lesens von ihm immer gefordert ist.

Angestoßen von diesen Einsichten, fragen wir unter didaktischer Perspektive nach Möglichkeiten, die dem Schüler gleichermaßen die Erfahrung der Gestaltungsarbeit des Autors wie die des aktiven Lesens erschließen können. Dabei sehen wir uns auf operative respektive handlungsorientierte Formen verwiesen. Sie enthalten die Chance einen besseren Zugang zum Gedicht zu eröffnen als die bloße „Besprechung". Wenn der Schüler in Anwendung operativer Verfahren nicht gleich dem „fertigen" Gedicht begegnet, sondern einem im didaktischen Arrangement „unfertig" gemachten Produkt, kann er im Re-Produzieren nachvollziehen, was es bedeutet, einen Text zu gestalten bzw. in eine „genaue Form" (Wapnewski, ebd.) zu bringen; er begibt sich, zumindest partiell, in die ursprüngliche Situation des Dichtens.

Aber auch wenn das Gedicht in seiner bereits fertigen Gestalt präsentiert wird, kann der Schüler mehr mit ihm tun, als es im bloß stillen Lesen aufzunehmen. Er kann sich einen Zugang zu ihm erschließen, indem er Formen des Lesens praktiziert, die ihm seine Rolle als „Mitspielendem", als einem, der den Text mit Sinn füllt, auch hörbar bewusst werden lassen.

1. Gedichte lesen

1.1 Gedanken über das Lesen von Gedichten *

Das Lesen eines Gedichtes ist ein fundamental anderes Lesen als das schulübliche Lesen. Ja, das übliche Lesen – so sehr auf die technischen Fertigkeiten, die es vermittelt, nicht verzichtet werden kann – steht dem Gedichtlesen diametral entgegen. Es ist auf Flüssigkeit, Tempo, auf möglichst rasche Entnahme von Informationen angelegt.

Einen Text überfliegen oder ein Buch diagonal lesen, gilt weniger als qualitativ mindere oder gar als Fehlform des Lesens, sondern als die schierste Beherrschung derselben. Flüchtigkeit wird zwar bemängelt, wegen des möglichen Übersehens von Informationen, Inhalten, aber sie wird im Üben des Lesens als eines fließenden Artikulierens schon mittrainiert. An ein Ende kommen mit dem Lesestoff, das scheint sich – bei allem Respekt vor den persönlich ausgebildeten Schmöker- und Genussformen – während der Lektüre als ein immanentes Movens zu intensivieren.

Dagegen das Lesen eines Gedichtes! Nicht aller Gedichte. Es gibt Gedichte, besonders in der Vormoderne, die „leicht" sind auf eine nahezu „leserfreundliche" Weise; obwohl Vorsicht auch hier geboten ist; denn unter der Decke vermeintlicher Leichtverständlichkeit verbirgt sich nicht selten ein Sprachkörper, der sich poetisch bedeckt hält und sich vollends zurückzieht, wenn man ihn nur flüchtig und oberflächlich befingert.

Wenn das land- und schulläufige Lesen wie von selbst dem Irrtum erliegt, linear in Zeilen ausgelegte und fortschreitende oder -laufende Sprache mit der Bewegungsweise der Gedanken selbst und der Lebensform poetischer Imagination zu verwechseln, dann ist vom Lesen eines Gedichtes umso nachhaltiger „Gegenläufigkeit" zu fordern.

Das heißt zunächst: Das Tempo muss aus dem Lesen herausgenommen, die „Flüssigkeit" gestaut werden. Ja, das wie von selbst fortgleitende und über Wörter hinweggleitende Lesen muss es sich gefallen lassen, seine natürliche Richtung zu einem Ende hin umzukehren. Seine Bewegung verläuft fast so wie bei der Echternacher Springprozession, drei Schritte vorwärts, zwei zurück, oder, diesen immerhin geringen Fortschritt noch unterbietend: drei Schritte nach vorn, vier zurück. Warum? Weil ein Gedicht – um eine zeitgenössische Vokabel aufzunehmen – ein vernetztes Gebilde ist.

---

* Der Nachweis der Verfasser bzw. Berichterstatter erfolgt im Anhang in der Reihenfolge ihres Auftretens. Die Angaben beziehen sich jeweils auf das mit * gekennzeichnete Kapitel bzw. den Abschnitt. Nicht gekennzeichnete Abschnitte wurden vom Herausgeber verfasst.

Aus der Distanz gesehen, nimmt es sich aus wie ein übersichtlich angelegter Französischer oder wie ein scheinbar natürlichen Wachstumsgesetzen folgender Englischer Garten. Einmal hineingeraten erfährt man jedoch irritiert, dass es in jedem Fall ein Heckenlabyrinth ist. Ein Labyrinth, dessen Sinn es ist, die Gewohnheiten des allzu rasch gefundenen Ausgangs zu erschweren. Du meinst, du hättest ihn gefunden und stehst wieder am Anfang.

Die einander kreuzenden und sich verschlingenden Gänge fordern von dir höchste Aufmerksamkeit, sensibelste Konzentration und das Wahrnehmen selbst der geringfügigsten Besonderheiten. Und auch im amüsanten Spiel noch erlebst du die Angst der Auswegslosigkeit; du erfährst dich selbst in einem grundlegenden Sinn: Denn die vernetzt-kompliziert angelegten Wege sind ein Spiegelbild unserer organischen Natur, der wir „geradewegs" immer zu entkommen versuchen, selbst um den Preis eines horrenden Wirklichkeitsverlustes, welcher der Preis jeder humanunangemessenen Geschwindigkeit ist; auch einer Lesegeschwindigkeit, die letztlich im Beliebigen ausläuft, retadierende Besinnung als Zeitverlust empfindet, nur auf Um- und Rückwegen erreichbare Zusammenhänge überfliegt und so fast notwendigerweise „Sinn" verfehlt.

Der Versuch, lesend in ein Gedicht hineinzukommen, nimmt das Lesen ernst auch in seinem ursprünglichen Sinn, als Buchstabieren und Lautieren. Das in seinem Tempo sich verringernde, bewusst immer wieder zurückfallende Lesen reicht noch nicht aus seinen Gegenstand aufzuschließen oder zu durchwandern. Es sollte an bestimmten Stellen buchstabiert bzw. lautiert werden. Wiegt der Dichter nicht jede Silbe, jeden Vokal, indes er die Sprache formt?

Des Weiteren sind Vers, Zeile, Strophe etc. Signale an den Leser, des vernetzten Sinnzusammenhanges wegen seine angelernten, eilfertigen Lesegewohnheiten aufzugeben, um in verweilenden Besinnungspausen das vorwegzunehmen, worin Lesen von Dichtung in seinen Sinn gelangt, nämlich an kein Ende zu kommen.

Darum ist solches Lesen nicht linear, sondern kreisförmig, es lässt den Text nicht hinter sich zurück nach dem letzten Wort, sondern beginnt am Anfang oder an einer Binnenstelle erneut seinen Gang durch ihn. Es wird, im Glücksfall und wenn es kein stilles, sondern ein variationsreiches, zu Gehör bringendes Lesen ist, ein rhythmisches Lesen sein.

Gelingt es, lesend in den jeweils spezifischen Rhythmus eines Gedichts (für den das Metrum lediglich eine Partitur ist) einzuschwingen, dann befinde ich mich in der Bewegung des Gedichtes selbst. Ob sie mir entgegenkommt, mir auf den Leib geschrieben oder mir fremd ist – ich habe eine Stelle gewonnen, mitten im Text, und gleichzeitig mitten in mir –, von der aus alle weiteren hermeneutischen Schritte leichter gelingen, weil sie eine persönlich-objektive Gangart haben werden.

*1.2 Eine individuelle Leseerfahrung**

Zeigen
Ernst Meister

Da war,
da war doch
vom Wassertode gefangen
ein Schiffer.

Vom Wassertode gefangen
stieß er
durch den Spiegel der Wasser
und zeigte uns,
zeigte uns fahrenden Schiffern

eine Handvoll
Graues vom Grunde.

Dieses Gedicht eignet sich besonders zum Lesen. Das bedeutet: Man kann dieses Gedicht gar nicht oft genug lesen. Wenn man es zu Ende gelesen hat, lädt es ein zum neuerlichen Lesen. Dabei geht der Impuls zum Lesen weniger von mir aus, von meiner Lesebereitschaft oder -lust, sondern vielmehr vom Gedicht selbst.

Ist es die merkwürdige, einfache Schwerverständlichkeit der beiden Gedichtsätze, die reizt? Oder ist es die Wörter wiederholende, fast rondohafte Sprache, die das Lesen nicht zu Ende kommen lässt?

Ich probiere verschiedene Möglichkeiten des Lesens. Ich lese mit den Augen, welche möglichst genau den Textbestand registrieren: Da sind drei Strophen von unterschiedlicher Länge; auf die umfangreichste mittlere folgt die zweizeilige dritte. Die längste Zeile hat fünf Wörter und steht in der Mitte der fünfzeiligen zweiten Strophe: „durch den Spiegel der Wasser".

Einige Wortfügungen werden wiederholt: „Da war", „vom Wassertode gefangen", „zeigte uns", „Schiffer". Meinem registrierenden Lesen hat natürlich das Ohr – das innere Ohr sozusagen – gelauscht. Und auch etliche Muskeln, vor allem die des Nackens, haben sich dem Lesevorgang angeschlossen; sie haben meinen Kopf zuerst zum metrischen Nicken gebracht, ihn aber dann zu weicheren, die Schultern miteinbeziehenden rhythmischen Bewegungen veranlasst.[2] Da spielt sich im Fortgang der Gedichtzeilen ein Lautdrama ab.

---

[2] Ich musste an die orthodoxen Juden denken, die an der Klagemauer beten und sich dabei rhythmisch bewegen. Bisher waren mir diese Bewegungen, die den Oberkörper aus der Senkrechten nach vorne und wieder zurück rucken lassen, ziemlich metronomisch und abgehackt vorgekommen. Doch jetzt vermute ich, dass es sich um eine Art strengen, gebändigten Tanz handelt, um das rhythmische Einschwingen in den unverrückbar-ewigen Takt der göttlichen Thoraworte. Mag sein, dass auch eine uralte Kunst des Memorierens mitschwingt, die den ganzen Körper beanspruchen sollte.

Der a-Laut (war, Wasser, gefangen) steht akzentuiert dem unbetonten o-Laut gegenüber (tode, doch; in „Wassertode" ist das so geringfügig, gleichsam erschöpft betont). Beide haben sich auseinander zu setzen mit dem kurzen bzw. gelängten i-Laut in „Schiffer", „stieß" und „Spiegel". Im „zeigte" wird das fast schmerzhafte „ie" ausgeglichen. Zum Schluss sind „a" und „o" in „Handvoll" versöhnt und aufgehoben und finden im u-Laut (Grunde) der von „Graues" vorbereitet und alliterativ verbunden wird, Ruhe. Die Zeilen springen jambisch auf, kapitulieren aber dreimal und halten inne in ihrem Elan vor „stieß er", „zeigte uns", „Graues".

Das optisch-akustische Lesen, indem ich's mehrfach erprobe, macht den Text gewissermaßen porös, sodass ich mehr und mehr in seinen Körper einsickere. Aber erst, wenn ich meinen eigenen Körper kinetisch mit ins Spiel bringe, wenn ich versuche ihn dem Rhythmus der Verse anzupassen, spüre ich deren Bedeutung, und zwar dort, wo man sie am wenigsten vermutet, an der Oberfläche: Lesend gerät mein Körper (und es hat sich mittlerweile ein innerer, sensibler „Lese-Körper" gebildet) ins Schlingern, befindet sich in einem Boot, dessen Schlingerbewegung mit der des Körpers identisch ist. Vielleicht gar sind die „fahrenden Schiffer" und der „vom Wassertode gefangene" Schiffer identisch? Legt der „Spiegel der Wasser" das nicht nahe?

Ich lese erneut. Beim Lesen eines Gedichts misstraue ich meiner alltagsvertrauten Hellsichtigkeit und Hellhörigkeit. Ich bezeuge der dem Gedicht unterstellten Autorität meine Reverenz und erkläre mich für fast-blind und zumindest schwerhörig. Darum lese ich sozusagen litaneienartig leiernd, wobei ich vorerst über die erste Strophe nicht hinauskomme.

Ich lese abwechselnd überartikulierend und schleifend, lauter und leiser, flüsternd und murmelnd, summend und schreiend, ich versuche alle Möglichkeiten der Sprechorgane zu aktivieren, bis ich, fast ermüdet, irgendeine Stimm-Saite in mir von Ernst Meisters Worten zupfen lasse. Der Melodie, die dabei entsteht, horche ich nach und lasse sie zum Nachhorchen immer wieder halblaut bzw. halbstill entstehen. Und auf einmal bin ich mitten in dem Gedicht wie in einem Boot, welches schlingert und auf dessen Rand ich meine Hände gelegt habe. Ich blicke auf den Wasserspiegel und schaue in „den Spiegel der Wasser", in dem wir uns als Gefangene sehen, nichts anderes heraufreichend und zeigend als „Graues", das, weil es „vom Grunde" kommt, uns überall umgibt.

1.3 Schulpraktische Leseformen*

Ins Schulpraktische übersetzt heißt das hier propagierte Lesen: Formen entwickeln und erproben, die den Gedichttext nicht vorschnell hinter sich lassen, sondern ihn einkreisen; die geeignet sind den Leser in seiner subjektiven Befindlichkeit für das Gedicht zu öffnen. Zu nennen sind:

Das Reihum-Lesen: einer fängt an, hört an einer von ihm bestimmten Stelle auf, der Nachbar fährt fort; mehrmals wird so das Gedicht gelesen.

Stimmvariierendes Einzel- oder Reihum-Lesen: wechselnd nach Zeilen, Sinnabschnitten, Strophen, vom lauten übers halblaute murmelnde bis zum flüsternden Lesen.

Rhythmisches Lesen: halblaut, allein bzw. gemeinsam; Kopf, Schultern, Oberkörper sind vor allem beteiligt; der Rhythmus (beruhigend, aufrührend, drängend, gleichmäßig, stakkatoartig, steigend, fallend etc.) kann erfahren werden an den „Störstellen" eines metrischen Grundtaktes.

Rollenlesen: z.B. jemand, der das Gedicht langweilig oder „blöd" findet, soll versuchen es so zu lesen, dass für die anderen das Langweilende hörbar wird; jemand liest im Ton einer feierlichen Predigt oder Ansprache; in der Rolle eines, der schlecht sieht und den Text mithilfe einer Lupe mühsam syllabiert oder buchstabiert usw.

Kommentierendes Lesen: nach Wörtern, Sätzen oder Zeilen wird „beiseite gesprochen", was gefällt, missfällt, unklar ist. Zum Beispiel: Ein Schüler kommt mit einem Gedicht aus der Schule nach Hause. Die Eltern interessieren sich dafür, lesen es und geben ihre Kommentare dazu.

Echolesen: ein Satz, eine Zeile wird von einem Schüler gesprochen und in vorher abgesprochener Reihenfolge zwei- oder dreimal in verebbendem Echoton (wobei auch zum Schluss Laute oder Silben verwischt werden können) von anderen wiederholt

Solche und ähnliche Leseformen sollten im Unterricht nicht allzu früh und allzu schnell beendigt werden, um zur „eigentlichen", schriftlichen, mündlichen oder gestalterischen Beschäftigung mit einem Gedicht zu gelangen. Jede Zugangs-, Erschließungs, Auslegungs- und Anwendungsform, sofern sie hermeneutisch-zirkulär platziert ist und offen bleibt für andere Umgangsformen, ist eine „eigentliche" Beschäftigung.

2. Handlungsorientierte Zugangsformen

2.1 Gedichte aus verwürfelten Verszeilen rekonstruieren

Es geht hier um die Aufgabe, Gedichte, die in einzelne ungeordnete Zeilen aufgelöst wurden, so zu rekonstruieren, dass daraus ein sinnvoller Text wird. Gerhard Haas (1971) hat dieses Verfahren erstmals ausführlich beschrieben, es hat sich seither vielfach bewährt. „Sein didaktischer Wert ergibt sich aus dem Umstand, dass der Schüler auf diese Weise am Gestaltungsprozess teilnehmen und die verschiedenen Gestaltungsmöglichkeiten durchspielen kann, ohne sofort über gehaltliche oder formale Probleme sprechen zu müssen." (Haas 1984, 22) Bei der Wiederherstellung wird „in jedem Falle ein Gespür für das Beziehungsgefüge von Texten auf inhaltlicher, klanglich-rhythmischer Ebene sowie auf der Ebene des Reimes geweckt" (Ritz-Fröhlich 1974, 70). Zugleich hat das Verfahren durch seinen „Rätselcharakter einen hohen Motivationswert, der besonders solchen Schülern entgegenkommt, die sich am Unterrichtsgespräch kaum oder nur zurückhaltend beteiligen" (ebd.).

Wenn man im 5. Schuljahr beginnt das Verfahren der Rekonstruktion einzuführen, lässt sich das Verwürfeln vorbereitend auch so arrangieren, dass die Schüler die bereits auseinander geschnittenen Gedichtzeilen in einem Briefumschlag erhalten. In Einzel- oder Partnerarbeit können sie die Streifen dann auslegen und so lange immer wieder verschieben und neu ordnen, bis sie eine ihnen angemessen scheinende Lösung gefunden haben.

Als Texte für erste Übungen haben sich solche Gedichte besonders bewährt, die erzählende Elemente aufweisen oder ausgesprochene Erzählgedichte sind, weil deren Handlung, über die Form hinaus, hilfreiche Anhaltspunkte für das Rekonstruieren bietet. Beispiele sind etwa Texte von Wilhelm Busch wie *Ein dicker Sack, Im Park* von Joachim Ringelnatz, *Fips* von Christian Morgenstern, *Wiedersehen* von Hans Manz oder *Das Feuer* von James Krüss.

(1) *Das große, kecke Zeitungsblatt* von Josef Guggenmos (5./6. Schuljahr)

Ein Grundmodell dieser Umgangsform hat Wilhelm Steffens (1981, 85 ff.) zu Josef Guggenmos *Das große, kecke Zeitungsblatt* dargestellt.

Der nachvollziehenden Erprobung* in einem 5. Schuljahr lag dessen Adaption im Lesebuch „Leserunde 5" (Dürr & Kessler 1990, 12) zugrunde. Dem Arbeitsauftrag im Lesebuch entsprechend wurden die zu rekonstruierenden Verszeilen auf ein Blatt geschrieben und zeilenweise auseinander geschnitten.

Dann wurde – wahlweise in Einzel- oder Partnerarbeit – probiert die Verszeilen zu einem neuen Textganzen zusammenzufügen.

Die meisten Schüler fanden für die zweite bis fünfte Strophe eine Versabfolge, die dem Original sehr nahe kam, es kamen aber auch abweichende Versionen wie die folgende vor, der wir die Fassung von Guggenmos gegenüberstellen.

Das große, kecke Zeitungsblatt

Josef Guggenmos

1 Strophe:
Heut wanderte durch unsre Stadt
ein großes, keckes Zeitungsblatt,
mir selber ist's begegnet.

2.–5. Strophe (verwürfelt):

kam es gelaufen, hopp, hopp, hopp,
Allmählich wurd es müd. Es kroch,
ganz plötzlich einen Sprung.
Stieg steil empor in kühnem Flug,
Dann aber tat das Zeitungsblatt
und landete dann wieder.
von weitem mir entgegen.
Herab die Straße im Galopp
es schnurfte nur, es schlich nur noch
wobei es ein paar Saltos schlug,
Und legte still sich nieder.
Da lag's, wie eine Flunder platt.

6. Strophe:
Da saß es nun und duckte sich.
Jetzt krieg ich dich! – Doch es entwich
mit tausend Purzelbäumen.

• Wie lauten die Strophen 2.–5? Schreibt die zwölf verwürfelten Zeilen auf Papierstreifen, dann könnt ihr besser probieren.
Hier eine Hilfe: In der zweiten Strophe kommt das Wort „hopp" vor, in der dritten „schlich", in der vierten „tat", in der fünften „Saltos".

25

Schülertext	*Die Fassung von Guggenmos:*
Herab die Straße im Galopp kam es gelaufen, hopp, hopp, hopp, von weitem mir entgegen.	Herab die Straße im Galopp kam es gelaufen, hopp, hopp, hopp, von weitem mir entgegen.
Dann aber tat das Zeitungsblatt ganz plötzlich einen Sprung und landete dann wieder.	Allmählich wurd es müd. Es kroch, es schlurfte nur, es schlich nur noch. Und legte still sich nieder.
Stieg steil empor in kühnem Flug, wobei es ein paar Saltos schlug. Und legte still sich nieder.	Da lag's wie eine Flunder platt. Dann aber tat das Zeitungsblatt ganz plötzlich einen Sprung.
Allmählich wurd es müd. Es kroch, es schlurfte nur, es schlich nur noch. Da lag' s wie eine Flunder platt.	Stieg steil empor in kühnem Flug, wobei es ein paar Saltos schlug, und landete dann wieder.

Die Originalfassung von Josef Guggenmos bildet zweifellos den Bewegungsablauf des Zeitungsblattes logisch folgerichtiger ab als die Version des Schülers, was vor allem die Verbfolgen signalisieren: Das „lag" setzt das „legte still sich" und das „landete" das „stieg steil empor" voraus (vgl. Steffens 1981, 86); auch die Versform und die Reimstruktur der einzelnen Strophen präsentieren sich schlüssiger: zwei gereimten Langzeilen folgt eine dritte, ungereimte Schlusszeile (ebd.). Doch auch die Version des Schülers ist eine durchaus vertretbare Lösungsmöglichkeit. Und vor allem: diese wie die anderen Versionen der Schüler wurden in einem intensiven Prozess des Probierens und Experimentierens gefunden. Während dieser Arbeitsphase wurde über einen längeren Zeitraum konkret mit Textelementen operiert, es wurden Erfahrungen gesammelt, Fehlformen reflektiert und korrigiert und so Schritt für Schritt eine Lösung aufgebaut. Wir fanden das Ergebnis bestätigt, das Wilhelm Steffens (ebd.) für seine Unterrichtsexperimente formulierte: Der textästhetische (und auch sprachliche) Lernertrag ist bei diesem didaktischen Modell, das die Konstruktionsprobleme bei der Textkonstitution erfahrbar macht, ungleich nachhaltiger als bei einer „normalen" Gedichtbesprechung.

(2) *Reisen* von Günter Kunert (9./10. Schuljahr)

Reisen
Günter Kunert

Die Lokomotiven tönen. Die Züge
warten. Lass uns reisen.
Berge und Seen. Vergangenheit und
Gegenwart. Wald und Sumpf.
Träume und Leben. Unaufhaltsam
ziehen vorbei sie.
Lass uns reisen in
Gewissheit: Wo wir auch anlangen,
liegt das Ziel
schon hinter uns.

Gedanken zum Text: Das Gedicht „ist für Günter Kunerts Lyrik und das ihr zugrunde liegende Weltgefühl durchaus exemplarisch. Eine Anthologie von kurzen Prosatexten belegt die zentrale Bedeutung des Reise-Themas in seinem Schaffen: 'Ziellose Umtriebe. Nachrichten vom Reisen und Daheimsein'" (Haas, 1984, 23). Im Bild des Reisens haben Dichter seit Jahrhunderten immer wieder das Leben des Menschen beschrieben. Die Romantik nahm das Reisen als Metapher für eine Weise des Zusichselbstfindens oder auch des Aufbruchs des Menschen zu Gott als dem höchsten Ziel des Lebens. Für den modernen Menschen sind Reisen demgegenüber vielfach Ausdruck seiner „Fluchtversuche vor der eigenen Sinnleere und geistigen Ziellosigkeit" (ebd.). Kunert reiht sich in diesen Deutungszusammenhang ein. Die Beobachtungen, die er im Gedicht wiedergibt, sind zunächst ganz konkret: ein Mensch tritt eine Zugreise an, „Berge und Seen", „Wälder und Sümpfe" ziehen an ihm vorbei, wenn er aus dem Fenster blickt, und zwar „unaufhaltsam". In der Unerbittlichkeit des nicht Aufhaltbaren wird die vorbeiziehende Landschaft aber zum Bild der gegenwärtigen Lebensdeutung. Die Reise führt nicht ins Ungewisse, doch die Gewissheit birgt nur einen einzigen Sinn: „Wo wir auch anlangen/liegt das Ziel/schon hinter uns."

Intention: „Die assoziationsreiche Offenheit der [...] Verse und ihre fast alle Versenden überspielende Bewegung entspricht [...] sehr genau der Offenheit und zugleich Dynamik des Vorgangs, der hier nicht beschrieben, aber über jede Beschreibung hinaus atmosphärisch vergegenwärtigt wird." (Haas 1984, 23) Diesem Gestaltungswillen des Autors sollen die Schüler auf die Spur kommen. Im operativen Umgehen mit den verwürfelt präsentierten Textteilen sollen sie erfahren und sich bewusst machen, wie die Form des Gedichtes die Aussage trägt und worin diese besteht.

Verlauf: * Den Schülern – eines 9. Schuljahres – wurde ein Arbeitsblatt, auf das die verwürfelten Zeilen des Gedichts geschrieben waren, ausgehändigt. Sie konnten das Blatt zerschneiden und in Einzel- oder Gruppenarbeit probieren, die Gedichtzeilen zu einem Sinn gebenden neuen Textganzen zusammenzufügen.

Lass uns reisen in
Träume und Leben. Unaufhaltsam
liegt das Ziel
Berge und Seen. Vergangenheit und
Gewissheit: Wo wir auch anlangen,
warten. Lass uns reisen.
Die Lokomotiven tönen. Die Züge
ziehen vorbei sie.
schon hinter uns.
Gegenwart. Wald und Sumpf.

Hier sind die Zeilen eines Gedichtes durcheinander geraten.
* *Schneide den Text in einzelne Zeilen auseinander und setze sie so zusammen, dass das Gedicht für dich einen Sinn ergibt.*
* *Finde eine passende Überschrift.*

Es folgte eine Phase, in der die Schüler ruhig, konzentriert und motiviert arbeiteten. Nur einige tauschten Gedanken aus. Jegliche darüber hinausgehende Störung wurde als unangenehm empfunden, da sie die Konzentration beeinträchtigte.

Während der Aufgabenlösungen ergaben sich folgende Fragen:
– Darf die Interpunktion verändert werden?
– Dürfen eine oder mehrere Zeilen weggelassen werden?
– Können zwei kurze Zeilen zu einer gemeinsamen zusammengefasst werden?
– Ist es möglich, geringfügige Veränderungen durch Umstellen oder Hinzufügen von Wörtern vorzunehmen?

All diese Veränderungen wurden freigestellt, wenn sie den Schülern unbedingt notwendig erschienen. Diejenigen, die zu einem Ergebnis gekommen waren, trugen ihr Gedicht vor, begründeten ihre Überschrift und legten dar, warum sie für „ihr" Gedicht die von ihnen verfasste Versabfolge gewählt hatten. In der Aussprache über die Erläuterungen der einzelnen Schüler wurde immer wieder auf die sprachliche und inhaltliche Stimmigkeit der neu geschaffenen Gedichte geachtet. Zwei Schülerarbeiten:

Die Reise ins Neue

Berge und Seen
Wald und Sumpf
Vergangenheit und Gegenwart
Gewissheit: wo wir auch anlangen
Unaufhaltsam liegt das Ziel
schon hinter uns.
Die Lokomotiven tönen.
Die Züge warten.
Lass uns reisen.
Träume und Leben
ziehen vorbei.
Lass uns reisen.

Carina

Das Leben – eine Reise

Lass uns reisen.
Träume und Leben. Unaufhaltsam
ziehen sie vorbei.
Berge und Seen. Vergangenheit und
Gegenwart. Wald und Sumpf.
Gewissheit: Wo wir auch anlangen
liegt das Ziel
schon hinter uns.
Die Lokomotiven tönen. Die Züge
warten. Lass uns reisen.

Friedrich Emil

Die mündliche Begründung ihrer Ergebnisse fiel einigen Schülern schwer, weil sie ihre Gedanken und Gefühle nicht richtig ausdrücken konnten. Deshalb erhielten sie die Möglichkeit schriftlich zu begründen, warum sie ihre Überschrift gewählt hatten und welche Deutung sie mit ihrem Gedicht ausdrücken wollten. Beispiele:
– *Das schwindende Ziel:* Überall, wo man anlangt, Träume. Man lebt von Träumen. Die Vergangenheit liegt hinter einem.
– *Gegenwart und Vergangenheit:* Das Gedicht soll aussagen, dass Züge (Gedanken) auf jeden warten und dass man mit den Zügen in die Gegenwart und in die Vergangenheit reisen kann.
– *Schon alles vorbei:* Die Überschrift taucht auch im Text auf „liegt auch das Ziel schon hinter uns". Wir haben ein Ziel, und wenn wir meinen, wir hätten es erreicht, ist es schon meistens vorbei, an uns vorbeigezogen.

- *Unaufhaltsam:* Ich habe das Gedicht mit „Unaufhaltsam" überschrieben, weil das Leben immer weiter geht.
- *Die Reise des Lebens:* Ich will in diesem Gedicht ausdrücken, dass jemand auf der Reise des Lebens ist, er hat schon viele Ziele erreicht.
- *Reise in die Zukunft:* Ich habe diese Überschrift genommen, weil nach der Gegenwart die Zukunft kommt. Die Gegenwart liegt eigentlich schon hinter uns und so geht die Fahrt in die Zukunft.

Nach Abschluss der intensiven Erschließungsversuche durch das Re-Produzieren der verwürfelten Gedichtverse, erhielten die Schüler den Originaltext Günter Kunerts. Sie verglichen damit ihre eigenen Ergebnisse und sprachen über Abweichungen und Übereinstimmungen. Unschwer konnten sie jetzt auch ein Gespräch über die von Kunert intendierte Aussage führen. Die Schüler stimmten in der Deutung überein, dass die Sicht des Dichters auf das Leben, die er im Bild des Reisens ausdrückt, eine sehr pessimistische sei, während sie selbst in ihren Texten, trotz der „unaufhaltsam" vergehenden Zeit, auch Zukunftshoffnung ausdrücken wollten.

2.2 Zwei ineinander geschriebene Gedichte entflechten

Dieses Verfahren erweitert das Verwürfeln von Zeilen, es nimmt dafür zwei Gedichte und mischt sie miteinander. Gerhard Haas (1984, 26 f.) rät, für erste Versuche nicht zu umfangreiche, thematisch stark unterschiedliche und vorzugsweise gereimte Gedichte zu wählen. Damit hat er zugleich zwei der Elemente benannt, die den Entflechtungsprozess bestimmen: Inhalt und Reim; als Drittes kommt noch der Rhythmus hinzu. Die Schüler müssen sehr genau lesen um zu entscheiden, wie die Zeilen zueinander gehören. Stellt sich beim Vorlesen heraus, dass sie zu unterschiedlichen Lösungen gekommen sind, ist dies ein fruchtbarer Ansatz für die weitere Interpretation.

> „Ich habe das Verfahren ‚Verflochten' in Klasse 9 (Gymnasium) erprobt, mit für mich ganz erstaunlichen Ergebnissen, u. a. da die Schüler selbst auf die Idee kamen die einzelnen Zeilen auseinander zu schneiden, um so die Originaltexte besser zu finden. Zum anderen kam auch die Frage, ob die Gedichte paarweise oder über Kreuz gereimt seien - die Fachbegriffe brauchten nur nebenbei eingeführt zu werden."
> *Ursula Müller-Krauß*

„Die Entflechtung wird natürlich schwieriger, aber für eine geübte Klasse auch reizvoller, wenn die thematische Nähe größer und die sprachliche Form ähnlicher ist." (Haas 1984, 26 f.) Und eine nochmalige Steigerung erhält man, wenn ein Gedicht und ein Sachtext vermischt werden; denn hierbei geht es dann um Einsichten in den Charakter sachlicher und lyrischer Sprache.

Diese Zugangsform wird so arrangiert, dass einzelne Wörter, ein Halbvers oder eine ganze Verszeile mit inhaltlichen Alternativen versehen werden. Damit wird ein Prozess simuliert, der beim Verfassen von Texten – zumindest potenziell – immer passiert, beim Schreiben von Gedichten aber besonderer Sorgfalt bedarf: das Auswählen aus mehreren sprachlichen Möglichkeiten um einen Sachverhalt, ein Gefühl, eine Stimmung u.Ä. angemessen auszudrücken.

Zur (Wieder-)Herstellung eines Gedichttextes werden den Schülern jeweils drei Wahlmöglichkeiten für die Formulierung gegeben. „Beim Auswählen aus den Angeboten finden [sie] vielleicht auch Kombinationen, die einleuchtend sind, obschon sie dem Originaltext nicht entsprechen. Für die Wahl der jeweiligen Formulierung sind je nachdem semantische, syntaktische, rhythmische Aspekte, auch die grammatische Kongruenz [...] und allenfalls der Reim zu berücksichtigen." (Spinner 1984, 40)

Unverzichtbar ist bei Anwendung dieses Verfahrens die Unterrichtsphase, in der sich die Schüler einander ihre Gedichte vorlesen und darüber sprechen, warum sie sich für ein bestimmtes Formulierungsangebot entschieden haben. Erst danach erhalten sie die Originalfassung des Dichters. Sie vergleichen damit die Übereinstimmungen und Abweichungen der eigenen Gedichte und diskutieren (vermutete oder nachvollziehbare) Gründe, die den Dichter zu seiner Gestaltung veranlasst haben (könnten).

In den Klassen 9 und 10 kann das „Auswahl"-Verfahren weitergeführt werden zu einem Vergleich verschiedener Fassungen eines Gedichtes, die ein Autor selbst geschrieben hat. Paradigmatische Beispiele finden sich – neben Goethe – vor allem bei C.F. Meyer (z.B. Der römische Brunnen; Zwei Segel), denn dieser Autor hat wie kein anderer seine Gedichte immer wieder neu überarbeitet. Beim analytischen Nachvollzug eines solchen Schaffensprozesses lässt sich allerdings nicht allein das Auswählen aus verschiedenen Formulierungsalternativen erkennen, sondern auch das Bemühen um einen in sich möglichst stimmigen Gesamttext.

Nachfolgend werden zuerst zwei Variationen der Arbeitsform demonstriert und dann wird ein Beispiel für einen Gedichtvergleich gegeben. Die Ausgangstexte für das Auswahl-Verfahren:

Humor
Wilhelm Busch

Es sitzt ein Vogel auf dem Leim,
Er flattert sehr und kann nicht heim.
Ein schwarzer Kater schleicht herzu,
Die Krallen scharf, die Augen gluh.
Am Baum hinauf und immer höher,

Kommt er dem armen Vogel näher.
Der Vogel denkt: Weil das so ist
Und weil mich doch der Kater frisst,
So will ich keine Zeit verlieren,
Will noch ein wenig quinquillieren
Und lustig pfeifen wie zuvor.
Der Vogel, scheint mir, hat Humor.

Septembermorgen
Eduard Mörike

Im Nebel ruhet noch die Welt,
noch träumen Wald und Wiesen;
bald siehst du, wenn der Schleier fällt,
den blauen Himmel unverstellt,
herbstkräftig die gedämpfte Welt
in warmem Golde fließen.

(1) Humor von Wilhelm Busch (5./6. Schuljahr)

Baum,	singt
Es sitzt ein Vogel auf dem Ast,	Der Vogel spricht: Weil das so ist
Leim,	denkt
heim.	frisst
Er flattert sehr und kann nicht runter.	Und weil mich doch der Kater packt,
ins Nest.	kriegt,
schlauer	Kraft
Ein schwarzer Kater schleicht herzu,	So will ich keine Lust verlieren,
wilder	Zeit
Augen	schnabulieren
Die Nase scharf, die Augen gluh.	Will noch ein wenig quinquillieren
Krallen	jubilieren
Leim	zuvor.
Am Baum hinauf und immer höher,	Und lustig pfeifen wie bisher.
Ast	ich kann.
frohen	Humor.
Kommt er dem armen Vogel näher.	Der Vogel, scheint mir, hat viel Mut.
bunten	Verstand.

(2) Septembermorgen von Eduard Mörike (7./8. Schuljahr)

Im Nebel	glänzet hell die Stadt,
In der Sonne	ruhet noch die Welt,
Im Schlafe	wieget still der Wald,
Leis	rauschen Bach und Fluss;
Noch	atmen Baum und Zweig;
Abends	träumen Wald und Wiesen;
Bald	hörst du, wenn der Regen rinnt,
Spät	spürst du, wenn der Morgen dämmert,
Früh	siehst du, wenn der Schleier fällt,
Den dunklen Schatten	unverstellt,
Den lichten Tag	mit frohem Gruß,
Den blauen Himmel	noch wolkenlos,

Und gütig	die gesamte Welt
Herbstkräftig	die gedämpfte Welt
Mild leuchtend	die dunkle Nacht

In mildem Lichte	leuchten.
In hellem Silber	fließen.
In warmem Golde	blinken.

(3) Fassungsvergleich: *Die Heimat* von Friedrich Hölderlin (9./10. Schuljahr)

(a) Fassung von 1798

Froh kehrt der Schiffer heim an den stillen Strom
   Von fernen Inseln, wo er geerntet hat;
      Wohl möcht auch ich zur Heimat wieder;
        Aber was hab ich, wie Leid, geerntet?

Ihr holden Ufer, die ihr mich auferzogt,
   Stillt ihr der Liebe Leiden? ach! gebt ihr mir
      Ihr Wälder meiner Kindheit, wann ich
        Komme, die Ruhe noch einmal wieder?

(b) Fassung von 1800

Froh kehrt der Schiffer heim an den stillen Strom
   Von Inseln fernher, wenn er geerntet hat;
      So käm auch ich zur Heimat, hätt ich
        Güter so viele, wie Leid, geerntet?

Ihr teuern Ufer, die mich erzogen einst,
   Stillt ihr der Liebe Leiden, versprecht ihr mir,
      Ihr Wälder meiner Jugend, wenn ich
        Komme, die Ruhe noch einmal wieder?

Bearbeitungshinweise:
– Untersuchen, welche Wörter oder Wendungen in der zweiten Fassung verändert
  wurden.
– Darüber sprechen, ob diese Veränderungen Auswirkungen auf den Inhalt haben
  (Tendenz zur Zurücknahme der emotionalen Sprechhaltung).
– Lesend überprüfen, ob die Veränderungen den Rhythmus beeinflussen.

2.4 Ein Gedicht in seine Form zurückbringen

In der Literatur ist die Form nie die bloße Oberfläche, sie ist vielmehr „die geglück-
te Angemessenheit der sprachlichen Mittel beim Versuch Gedachtes in Worte zu
verdinglichen. Form ist gleich Kunst, denn selbst die gewollte Un-Form ist nur zu
begreifen als künstlerisches Prinzip und bestätigt ihr Gegenteil durch Verneinung.
Auf das Gedicht bezogen: es steht mit der Form, es fällt mit ihr." (Wapnewski 1977)
Für das Interesse an Lyrik ist wenig gewonnen, wenn Schülern dieses Gattungsge-

setz nur theoretisch vermittelt wird; sie müssen damit auch ihre eigenen Erfahrungen machen können. Eine ist – vor allem hinsichlich der Gegenwartslyrik – besonders wichtig: die Erfahrung, dass die Grenze zwischen Lyrik und Prosa nicht beliebig, „die 'Aussage' der Form" nicht hinfällig geworden ist (vgl. Wapnewski, ebd.). Hinzuführen ist also zu der Einsicht, dass Lyrik mehr ist als das Resultat eines Schreibprozesses, in dem die Zeilen lediglich anders als in der Prosa umbrochen werden. Dies lässt sich durch Übungen vorbereiten, in denen sich die Schüler mit Gedichten beschäftigen, die verfremdet wie ein Prosatext gesetzt sind und nun wieder in ihre ursprüngliche Form gebracht werden müssen.

(1) Lyrik oder Prosa?

(1a) Beispiel und Gegenbeispiel

Meint, was ihr wollt. Je mehr
ihr glaubt über mich
sagen zu können, desto
freier werde ich von euch.
Manchmal
kommt es mir vor, als ob
das, was man von den Leuten
Neues weiß, zugleich auch
schon nicht mehr gilt.

Wenn mir
in Zukunft jemand erklärt, wie ich bin –
auch wenn er
mir schmeicheln oder
mich bestärken will -,
werde ich
mir
diese Frechheit
verbitten.

Dieser Textbeleg ist Peter Wapnewskis Aufsatz „Gedichte sind genaue Form" (1977) entnommen. Sein Kommentar dazu: „Dies ist ein Gedicht. Dies ist kein Gedicht. [...] Es handelt sich [...] um sehr prosaische Überlegungen einer Frau vor dem Spiegel. Handkes 'linkshändige Frau'. Alles, was ihr von mir zugemutet wurde, war die Brechung der Prosa in eine Form, die Lyrik zu sein vorgibt."
Als Gegenbeispiel, als Beispiel für Lyrik, zitiert Wapnewski folgendes Gedicht:

Nachträglicher Abschied
Elisabeth Borchers

Auf einmal und ganz unvermittelt
bleibt man stehn.
Und horcht.
Da war etwas.
Etwas ist vergangen.
(Wir sehn uns bald,
wir werden reden,
wir werden auch zusammen essen gehn.)
Es wäre Zeit gewesen,
zu hören und zu sehn.
Ich wusste, ungenau.
Und hatte viel zu tun.

Würde man den Text in Prosazeilen schreiben, wäre er auf Anhieb schwer als Gedicht zu erkennen. Was ihn dennoch von Prosa unterscheidet, begründet Wapnewski (ebd.) u.a. so: „In diesem Gedicht der einfachen Bewegungen, der einfältigen Gesten bildet der simple einsilbige ‚-ehn'-Reim das formende, das heißt die Ordnung der Gedanken aus der Unordnung der Gefühle gewinnende Prinzip. Dreifach wirft er sein Netz über die ‚unvermittelte' Materie aus: ‚stehn'-,gehn'-,sehn'. Dazu, als eine Art Binnenreim, noch einmal das zweite Wort in der Klammer: ‚sehn'. Schließlich das, was die Philologen einen ‚grammatischen Reim' nennen, also eine andere Flexionsform des gleichen Verbs: ‚gegangen' fügt sich zu ‚gehn'. [...] All dies macht sinnfällig, wie ein neuer Ton und ein eigener Ton sich erst bemerkbar machen, wenn er sich der ars, der handwerklichen Kunst bedient, die das Gesetz der Gattung ausmacht. In diesen zwölf Versen wird eine triviale Erfahrung zu mehr, wird zur Unruhe, zum Appell, zu Einsicht: mithilfe der Form. Das Gedicht ‚steht' auf einfachen Wörtern, die ihre Einfachheit als Kunst ausspielen in ihrer Verschränkung und Beziehung, die Zeilen werden zu Versen durch diese Statik, und das Stehen und Gehen und Hören und Sehen und Reden, einfache Verrichtungen, erfahren Eigenmächtigkeit durch die Formation im Netzwerk des Ganzen, das ohne diese Struktur eben doch nur eine Tagebuchnotiz in Prosa wäre."

(1b) Macht der Zeilenbruch das Gedicht?

Teenager
Frank Lingnau

Sie dreht sich langsam um
niemand beobachtet sie
dann greift sie nach
der Flasche „Young Style"
lässt sie in der Manteltasche
verschwinden geht stumm
an der Kassiererin vorbei

Draußen vor dem Kaufhaus
einen Tropfen hinter
jedes Ohrläppchen danach
wirft sie ihre Beute in
den nächsten Mülleimer
und verschwindet triumphierend
in einer Straßenbahn

Teenager
Frank Lingnau

Sie dreht sich langsam um; niemand beobachtet sie; dann greift sie nach der Flasche „Young Style", lässt sie in der Manteltasche verschwinden, geht stumm an der Kassiererin vorbei. Draußen vor dem Kaufhaus einen Tropfen hinter jedes Ohrläppchen, danach wirft sie ihre Beute in den nächsten Mülleimer und verschwindet triumphierend in einer Straßenbahn.

Gedanken zu Form und Inhalt: * Eine hübsche, kleine Prosaskizze; eine Momentaufnahme, knapp und scharf belichtet; als Kurzfilm gut geschnitten.
Ein „selbstbewusstes", flott-freches Gör spielt vor, wie man's in der Konsum- und Warenwelt macht. So mal eben. Nichterwischtwerden ist Sieg und Triumph. Weil's in der Konsumwelt kein Gut und Böse gibt, deckt sie nicht auf, die Teenagerin. Sie verhält sich bloß glatt. Mit allen Wassern gewaschen. Will keinem was über sich

und ihre glitzernd-triste Welt mitteilen. Möchte nur ihr synthetisches Ich bestätigen. Keine Bereicherung aus Not oder niederen Beweggründen. Nicht mal narzisstisch ist die allzu gekonnte Geste des Parfümierens. Eine Diebin nur vor dem Strafgesetz. Sonst nur unreflektiertes Subjekt habitueller Klau- und Wegwerfreflexe. Da selbst eine Beute, kann sie „Beute" nur sich einbilden. Kennt sich aus. Nichts weiter. Taucht auf und verschwindet. Ein alltäglicher Trip, ohne Hintergrund. Na also. Ist das alles durch den Zeilenbruch zum Gedicht geworden? Ich erkenne keine Notwendigkeit die Zeilen so und nicht anders zu ordnen. Da wird weder Rhythmisches in Gang gesetzt noch ein neues Sinnfeld erschlossen. Im Gegenteil, die umbrochene Prosa lässt einige Wörter erst banal erscheinen: „Geht stumm an der Kassiererin vorbei", „vor dem Kaufhaus", „einen Tropfen hinter...", „den nächsten Mülleimer". Das Entscheidende jedoch, warum dem Gedicht das Lyrische fehlt, ist dies: An keiner Stelle wird auch nur andeutungsweise ersichtlich, dass hier ein lyrisches Ich spricht und den Wirklichkeitszusammenhang umformt zu einem Sinnzusammenhang.

Der Autor arbeitet – ganz unlyrisch – mit fiktiven Mitteln. Die Szenerie, die er herstellt, ist nicht Szenerie für seine Aussage, sondern Bühne, auf der eine fiktive Person, der Teenager, handelt. Das wird ganz deutlich an dem Satz „niemand beobachtet sie". Wenn diese Aussage wahr ist, dann kann auch der Autor den Vorfall nicht beobachtet haben. Er schreibt aber so, „als ob" er ihn beobachtet hätte. Hier verrät er sich als der „allwissende" d.h. fiktiv verarbeitende Autor. Das ist richtig und sogar notwendig beim Geschichtenschreiben. Also ist „Teenager" eine kleine Geschichte, aber kein Gedicht, weder formal noch substanzial.

(2) Prosa oder gereimte Lyrik?

Für erste Übungen sollten die Texte so ausgewählt sein, dass sie genug lyrische Charakteristika (Reim, Bildlichkeit, Klangstruktur) besitzen, um zur Rückverwandlung in die Gedichtform anzuregen.

(2a) Als erstes Textbeispiel – geeignet für die 5. und 6. Klassenstufe – ist ein Gedicht mit Endreim gewählt. Die Versform ist aufgelöst, sonst ist der Text unverändert.

Der Sommer
Christine Busta

Er trägt einen Bienenkorb als Hut,
blau weht sein Mantel aus Himmelsseide,
die roten Füchse im gelben Getreide
kennen ihn gut.
Sein Bart ist voll Grillen. Die seltsamsten Mären
summt er der Sonne vor, weil sie's mag,
und sie kocht ihm dafür jeden Tag
Honig und Beeren.

Der Sommer
Christine Busta

Er trägt einen Bienenkorb als Hut, blau weht sein Mantel aus Himmelsseide, die roten Füchse im gelben Getreide kennen ihn gut. Sein Bart ist voll Grillen. Die seltsamsten Mären summt er der Sonne vor, weil sie's mag, und sie kocht ihm dafür jeden Tag Honig und Beeren.

Die Schüler erhalten den Auftrag zunächst die vermuteten Versgrenzen zu markieren, dann das Gedicht in Versform – ihre Lösung überprüfend – zu sprechen und schließlich zu schreiben. Der Vergleich mit dem Original der Dichterin führt weiter zu einem Gespräch über Form und Inhalt.

(2b) In diesem Textbeispiel – vorschlagsweise für das 5. bis 7. Schuljahr – wird die Verfremdung noch dadurch gesteigert, dass an einigen Stellen des Gedichtes die Syntax etwas verändert und der Satzbildung von Prosatexten angeglichen ist. Die Arbeitsweise ist mit der im ersten Beispiel skizzierten identisch.

Schlaflied im Sommer
Karl Krolow

Nun träumen im Kleefeld die Hasen
und spitzen im Schlafe ihr Ohr.
Im Dunkeln duftet der Rasen.
Es spüren mit feinen Nasen
die Füchse am Gartentor.
Nun redet im Walnussbaume
vorm Fenster der nächtliche Wind.
Nun atmen Birne und Pflaume
und wollen reifen. Im Traume
mit Händen greift sie mein Kind

Es rufen die Uhren die Stunde
durchs schlafende Sommerhaus.
Im Hofe knurren die Hunde.
Mein Kind ruht, die Fäustchen am Munde.
Ich lösche die Kerze aus.

Schlaflied im Sommer
Karl Krolow

Nun träumen die Hasen im Kleefeld und spitzen ihr Ohr im Schlafe. Im Dunkeln duftet der Rasen. Es spüren mit feinen Nasen die Füchse am Gartentor. Nun redet im Walnussbaume vorm Fenster der nächtliche Wind. Birne und Pflaume atmen nun und wollen reifen. Im Traume greift sie mein Kind mit Händen. Es rufen die Uhren die Stunde durchs schlafende Sommerhaus. Die Hunde knurren im Hofe. Mein Kind ruht, die Fäustchen am Munde. Ich lösche die Kerze aus.

(3) Prosa oder reimlose Lyrik?

Bei reimlosen Gedichten ist es schwerer, die ursprüngliche Form der Verse wiederherzustellen, denn die Versgrenzen sind nicht mehr so eindeutig zu bestimmen. Das Suchen nach einer einleuchtenden Form ist dafür aber Anstoß, sich gründlich mit dem Text und seiner Deutung zu befassen. Als Beleg eine Unterrichtserfahrung aus dem 8. Schuljahr*

Kulisse
Wolfdietrich Schnurre

Regen –
Regen rauscht auf den Rummel.
Das Glücksrad verliert seine Farbe,
Würfelbecher wird klebrig;
in der Schießbude schlafen die Schüsse.
Wills keiner mehr wagen?
Will keiner mehr würfeln?
Will keiner mehr drehn?
Regen –
Regen rauscht auf den Rummel.

Kulisse
Wolfdietrich Schnurre

Regen –
Regen rauscht auf den Rummel. Das Glücksrad verliert seine Farbe, der Würfelbecher wird klebrig; in der Schießbude schlafen die Schüsse. Wills keiner mehr wagen? Will keiner mehr würfeln? Will keiner mehr drehn? Regen – Regen rauscht auf den Rummel.

Die Schüler erhalten den in Prosazeilen umgesetzten Text des Gedichtes. Ihn lesend sollen sie überprüfen, ob es sich wirklich um Prosa (z.B. eine Zeitungsmeldung) oder möglicherweise um eine andere literarische Gattung handelt. Unterschiedliche Vermutungen und Meinungen werden geäußert, unter anderem die, dass sich der Text beim Lesen wie ein Gedicht anhöre. Diesen Hinweis nimmt der Lehrer auf und gibt den Schülern den Auftrag eine ihnen plausibel erscheinende Gedichtform herzustellen; dabei sollen sie weder Sätze umstellen noch Wörter hinzufügen.

Nach Abschluss ihrer Umsetzungsversuche lesen die Schüler ihre Vorschläge einander vor und erläutern und begründen die von ihnen gewählte Form. Diese Phase ist – wie schon mehrfach betont – sehr wichtig. Denn das letzliche Ziel ist nicht so sehr, „die originale Form zu finden, sondern sich mit Text und Aussage im Prozess des Suchens auseinander zu setzen" (Haas 1984, 38).

Selbstverständlich wird schließlich auch der Originaltext Schnurres präsentiert und die Schüler vergleichen ihre Fassungen mit ihm.

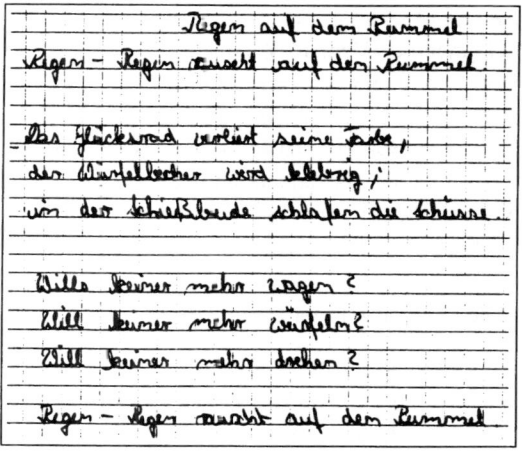

Von der Überschrift „Kulisse" aus wird dann versucht Form und Inhalt des Gedichts noch eingehender zu erschließen. Gemeinsam mit dem Lehrer erarbeiten die Schüler folgenden Deutungsansatz: Der Begriff „Kulisse" verweist auf das Theater. Die Kulissen sind dort ein Teil des Bühnenbildes, nämlich der Hintergrund, vor dem die Schauspieler agieren. Um die Bühne schließt sich wie ein Rahmen das Bühnenhaus, und das Ganze vermittelt dem Zuschauer den Eindruck, er betrachte auf dem Theater ein lebendes Bild. Im Gedicht wird die Theaterkulisse zur Metapher, die auch die Form bestimmt: Die erste und letzte Strophe bilden den Rahmen. In der zweiten Strophe werden die Kirmesbuden benannt, die die Kulisse abgeben, und in der dritten werden die Spieler gesucht, die wegen des Regens nicht kommen. Die Spieler fehlen, der Vordergrund bleibt leer. Es gibt kein Kirmestreiben ohne Besucher.

2.5 Unvollständige Gedichte ergänzen und defekte wiederherstellen

Mit dem Attribut „unvollständig" ist nicht gemeint, dass die hier vorkommenden Gedichte von ihren Verfassern absichtlich nicht zu Ende geschrieben oder – wie das Fragment – unfertig geblieben sind, und gleichermaßen bezeichnet das Attribut „defekt" nicht vorgefundene Fehlerhaftigkeit; beide kennzeichnen vielmehr zwei methodische Spielarten des handlungsorientierten Gedichtunterrichts. In didaktischer Absicht entfernt der Lehrer in einem „vollständigen" Gedicht einzelne Teile – Reimwörter, Verszeilen, Strophen – oder fügt ihnen einen Schaden zu, macht sie also bewusst unvollständig oder defekt, um mithilfe solcher Arrangements zur intensiven Beschäftigung mit dem Text zu motivieren und Textverstehen einzuleiten.

2.5.1 Unvollständige Gedichte ergänzen

Ein unvollständiges Gedicht bekommt man also am einfachsten in der Weise, dass bei einzelnen Versen, Verspaaren, Strophen oder einem ganzen Gedicht die Reimwörter weggelassen werden. Das Ergänzen kann man erleichtern, indem man die ausgesparten Wörter durcheinander gewürfelt zusammen mit dem Text präsentiert. Kaspar H. Spinner (1984, 40 f.) schlägt darüber hinaus vor, den Schluss wegzulassen – was sich besonders anbiete, wenn er pointenhaft sei – oder nur den Anfang eines Gedichtes zu geben oder schrittweise immer wieder ein neues Stück, zu dem mögliche Fortsetzungen formuliert werden.

(1) Reimwörter ergänzen

Insbesondere für den Einstieg in das handlungsorientierte Arbeiten ist diese, eine spielerische Tätigkeit fordernde Aufgabe, gut geeignet, sie muss aber keineswegs darauf beschränkt bleiben. Wenn inhaltlich und formal schwierigere Texte gewählt werden, kann man den Anspruch erheblich steigern; die romantische Naturlyrik Eichendorffs oder die Gedichte Conrad Ferdinand Meyers, Theodor Storms, Nikolaus Lenaus, Georg Brittings sind als reichhaltiges Quellenmaterial verfügbar. Auch die Klassenstufe ist bei der Auswahl der Gedichte zu berücksichtigen. Von der fünften bis siebten Klasse dürften bevorzugt kurze Texte mit humorvoller Thematik infrage kommen, etwa in der Art wie *Der Globus* von Joachim Ringelnatz oder das folgende von Wilhelm Busch; es ist, der Aufgabenstellung entsprechend, didaktisch aufbereitet.

Die Anforderungen, die das Ergänzen an die Schüler stellt, dürfen nicht unterschätzt werden. Deshalb sollte der Lehrer in den unteren Klassen mit Gedichten beginnen, die einen Paarreim haben. Es kann den Schülern zunächst auch eine Hilfe sein, wenn sie Hinweise zur Textkohärenz erhalten, um über die Aufdeckung sprachlicher Zusammenhänge die richtigen Reimwörter zu finden. Dazu sind zwei Fragen zu berücksichtigen:

– Welche Wörter passen inhaltlich zusammen (semantische Kohärenz)?
– Welche Wörter werden durch den Satzbau zusammengefügt (syntaktische Kohärenz)?

Ja ja
Wilhelm Busch

(1) Ein weißes Kätzchen, voller …	Schliche	Schwärze
(2) Ging heimlich, weil es gerne …		
(3) Des Abends in die <u>Nachbarküche,</u>	Feuerzangen	schleckt
(4) Wo man es leider bald …		
(5) Mit Besen und mit …	gefällt	Welt
(6) Gejagt in alle Ecken …		
(7) Es fuhr zuletzt voll …		
(8) Zum Schlot hinaus und wurde …	entdeckt	ward's
(9) Ja, siehst du wohl, mein liebes <u>Herze</u>?		
(10) Wer schlecken will, was ihm …	Todesbangen	schwarz
(11) Der kommt nicht ohne Schmutz und …		
(12) Hinaus aus dieser bösen …		

• *Hier sind die Reimwörter durcheinander gepurzelt. Versuche sie wieder an die richtige Stelle zu setzen? Unterstreiche die Reimpaare farbig.*
• Lies das fertige Gedicht vor.

Da das Beispielgedicht inhaltlich keine besonderen Anforderungen stellt, kann sich die Aufmerksamkeit – ohne den Inhalt dabei zu vernachlässigen – primär auf die Form richten. Die Schüler können hier üben ihre allgemeine, aber zumeist (noch) unklare Kenntnis vom Reim als einem kennzeichnenden Strukturprinzip von (traditioneller) Lyrik bewusst anzuwenden. Spielerisch erproben sie, welche Reimwörter passen. Eine Hilfe sind ihnen dabei – neben inhaltlichen Aussagen – die beiden Reimwörter, die nicht weggelassen wurden und im Text unterstrichen sind.

(2) Verse ergänzen

Auch die Arbeitsvorlagen für diese Methode sind recht einfach zu erstellen: man braucht nur einige Verse eines Gedichtes – bis auf die Anfangsworte – wegzulassen. Die Schüler haben dann die Aufgabe die angefangenen Verszeilen mit eigenen Worten zu ergänzen.
Ein Beispiel für die 7./8. Jahrgangsstufe könnte Karl Krolows Gedicht *Schultag* sein. Es hat keinen Reim, kein festes Metrum, einen normalen Satzbau und auch einen recht alltäglichen Wortschatz. Auf den ersten Blick werden scheinbar ganz schlicht und prosaisch fünf Aussagen über den Schultag aneinander gereiht; die ge-

nauere Wahrnehmung ergibt jedoch, dass jede dieser Aussagen ein verfremdendes Moment enthält, in denen die Realität des Schultags zum Spielmaterial der poetischen Fantasie des Autors wird.

Schultag	**Schultag**
Karl Krolow	*Karl Krolow*
Aus den Schreibwarenhandlungen	Aus den Schreibwarenhandlungen
stürzen Kinder	stürzen Kinder
mit frisch gespitzten Bleistiften	mit …
Der gekritzelte Tag	Der gekritzelte Tag
entsteht auf liniertem Papier.	entsteht …
Das Schulheft riecht	Das Schulheft riecht
nach Luft und dünnen Strichen.	nach …
Im lustigen Wetter	Im lustigen Wetter
leben die Rechenaufgaben,	leben …
die Botanik mit getrockneten	die Botanik mit getrockneten
Jahreszeiten.	Jahreszeiten.
Alles wird zur Zeichnung	Alles wird zur Zeichnung
mit dem Lehrer	mit …
in der unteren Ecke,	in der unteren Ecke,
mit den Ferien oben.	mit …

Die ausgesparten Verszeilen ergänzend können auch die Schüler ihre Fantasie erproben. Es werden mit großer Wahrscheinlichkeit ganz unterschiedliche Gedichte entstehen. Die Schüler lesen sie einander vor und vergleichen sie. Durch diese Eigenproduktion vorbereitet wird die dann erfolgende Begegnung mit dem Original Herausforderung zu einer intensiven weiteren Beschäftigung.

(3) Strophen ergänzen

Ballade vom schweren Leben des Ritters Kauz vom Rabensee
Peter Hacks

Es war ein alter Ritter,
Herr Kauz vom Rabensee.
Wenn er nicht schlief, dann stritt er.
Er hieß: der Eiserne.

Sein Mantel war aus Eisen,
Aus Eisen sein Habit.
Sein Schuh war auch aus Eisen.
Sein Schneider war der Schmied.

Ging er auf einer Brücke
Über den Rhein – pardauz
Sie brach in tausend Stücke.
So schwer war der Herr Kauz.

Lehnt er an einer Brüstung,
Es macht sofort: pardauz!
So schwer war seine Rüstung.
So schwer war der Herr Kauz.

Und ging nach solchem Drama
Zu Bett er, müd wie Blei:
Sein eiserner Pyjama
Brach auch das Bett entzwei.

Der Winter kam mit Schnaufen,
Mit Kälte und mit Schnee.
Herr Kauz ging Schlittschuh laufen
Wohl auf dem Rabensee.

Er glitt noch eine Strecke
Aufs stille Eis hinaus.
Da brach er durch die Decke
Und in die Worte aus:

Potz Bomben und Gewitter,
Ich glaube, ich ersauf!
Dann gab der alte Ritter
Sein schweres Leben auf.

Hinweise zum Text: In acht vierzeiligen Strophen zeichnet Peter Hacks das Bild eines kauzigen, aufgrund seiner schweren Rüstung wenig glückhaften Ritters, dem sein eisernes Gewand wie seine eiserne Haltung zum Verhängnis werden. Die Ballade ist in der Form einer einfachen Erzählung gehalten und kommt in Rhythmus, Reim (durchgängiger Kreuzreim) und Aufbau dem Moritatenstil nahe.

Fünf Strophen erzählen Ereignisse aus dem Alltag des Ritters, bevor sich in der sechsten das Geschehen zuspitzt und in den beiden letzten Strophen zum grotesken Höhepunkt kommt: der in schwerer eiserner Rüstung steckende Schlittschuh laufende Ritter bricht in das Eis ein. Ihm bleibt keine andere Möglichkeit als sich mit seinem Ende abzufinden, wenn er auch scheinbar erstaunt und in gewisser Verfremdung derb-ritterlich sein Missgeschick beklagt: „Potz Bomben und Gewitter/Ich glaube, ich ersauf!"

Der an dieser Stelle vorgenommene einzige Wechsel der Erzählperspektive lässt die Eindringlichkeit und Endgültigkeit des dramatischen Geschehens nachempfinden. Aus der auktorialen Sicht beschreibt der Autor in den letzten beiden Zeilen der Ballade ironisch das Ende des Ritters: „Dann gab der alte Ritter/Sein schweres Leben auf." Hier wird jedoch nicht nur der vorhersehbare und unausweichliche Tod beschrieben, es wird auch der in diesem einfachen Text versteckte tiefsinnige Hintergedanke deutlich. Der als aktiv beschriebene Vorgang des Sterbens verdeutlicht eine zweite Ebene: Indem ein verschlossener, in eiserner Befestigung verpackter starrer Charakter seine Existenz aufgibt (stirbt), öffnet sich eine Dimension des Lernens aus diesem Fall. Mit den letzten Zeilen wird sozusagen lehrhaft verdeutlicht, zu welchem Ende Menschen kommen, die in und mit einem Panzer leben und sich so der Kommunikation mit anderen Menschen, der Teilnahme am gesellschaftlichen Prozess entziehen. Es ist ein mahnender Hinweis, den der Autor dem Leser gibt: Ergreife die Möglichkeit dich und deine Stellung in dieser Welt zu erkennen und dich (rechtzeitig) zu ändern!

Intention: Peter Hacks' Ballade vom Ritter Kauz soll die Schüler zu einer gründlichen Beschäftigung mit Inhalt und Form motivieren. Der Zugang dazu wird ihnen durch die spannende Handlung erleichtert. Ein zusätzlicher Anreiz wird dadurch geschaffen, dass zunächst die beiden Schlussstrophen ausgespart bleiben, um von den Schülern in Eigenproduktion ergänzt zu werden.

Verlauf: * Nach einer Einstimmungsphase, in der die Schüler anhand eines Ritterbildes ihr Wissen vom Aussehen und Leben eines mittelalterlichen Ritters äußern, trägt der Lehrer die Ballade bis auf die beiden Schlussstrophen vor. Ein Gespräch über den Text schließt sich an. Natürlich wird schon der junge Leser den Inhalt dieser Ballade nicht ernst nehmen, denn Hacks' augenzwinkernde Ironie ist unübersehbar. Auch der dümmste und streitbarste Ritter ist nicht immer in seiner Rüstung herumgelaufen; die einzelnen Erlebnisse des Ritters Kauz entspringen also dichterischer Fantasie, doch sie vermitteln großen Lesegenuss.

Nach dem gesprächsweisen Austausch von Vermutungen über den Ausgang der Ballade, schreiben die Schüler in Partner- oder Einzelarbeit den Schluss. Vorgegeben wird lediglich noch die erste Zeile der vorletzten Strophe: „Er glitt noch eine Strecke …" Bei der Ausgestaltung des Schlusses sollen die Schüler bewusst die der Ballade eigene Erzählweise aufgreifen und sich etwas Komisches ausdenken. Die Anzahl der noch zu schreibenden Strophen wird nicht verbindlich festgelegt.

Er glitt noch eine Strecke
aufs stille Eis heraus.
Er fuhr noch um die Ecke
dann fiel er auf die Schnauz.

Da knacken seine Knochen,
da sieht man ihn nicht mehr,
er ist nun eingebrochen,
da schrie er gar so sehr.

Da ging er unter Wasser,
man sah ihn nimmermehr,
ich glaub, er ist ersoffen
und er lebt nicht mehr.

Natascha, 5. Klasse Gymnasium

Nach dem Ende der Schreibphase tragen die Schüler ihre Texte vor und sprechen darüber. Schließlich präsentiert der Lehrer die beiden Schlussstrophen von Peter Hacks. An dessen komisch-ironischer Darstellung z.B. am kurzen und sarkastischen Abschiedsmonolog des Ritters – werden die Schüler recht leicht erkennen, dass der an sich bedauernswerte Unfalltod nicht zum tragischen Ende wird; der Leser braucht das Geschehen nicht allzu ernst zu nehmen.

Wenn die Aufgabe einen unvollständigen Text zu ergänzen für eine Klasse neu ist, können leistungsschwächere Schüler Schwierigkeiten haben die textgebundenen Merkmale in ihre eigenen Fassungen zu übertragen (Strophen, Wechselreim; Komik). Deshalb sollten ihnen Wortkarten mit Reimvorschlägen zur Verfügung gestellt werden. Beispiele:

Er glitt noch eine Strecke,
Das Eis war viel zu schwach.
Er kam noch um die …,
Dann lag der Ritter …

Er glitt noch eine Strecke
Und war voll Übermut.
Da brach er durch die …,
Doch das war gar nicht …

Er glitt noch eine Strecke
Auf's glatte Eis hinaus.
Dann brach der durch die …
Da war es mit ihm …

Er glitt noch eine Strecke,
Und wollte fröhlich winken.
Doch da zerbrach die …
Der Ritter musste …

2.5.2 Defekte Gedichte wiederherstellen

Der Rätselcharakter, der auch bei anderen handlungsorientierten Verfahren mit-
spielt, ist beim Wiederherstellen defekter Gedichte besonders ausgeprägt. Die Texte vermitteln den Eindruck von Geheimbotschaften die für Uneingeweihte absichtlich unleserlich gemacht wurden, oder von Aufzeichnungen und Briefen, an denen
der Zahn der Zeit genagt hat. Herzustellen sind derartige Texte recht einfach, man
braucht die unkenntlich zu machenden Stellen nur mit Filzstift zu übermalen, Tinte
darauf tropfen zu lassen oder mit Korrekturflüssigkeit zu tilgen.

Erfahrungsgemäß gehen die Schüler gern an die Auflösung der Rätsel, die ihnen defekte Gedichte aufgeben. Je nach Grad der Zerstörung wird dabei ihre Sprachkom-
petenz unterschiedlich gefordert. Sind Wortbestandteile noch zu erkennen, ist es
einfacher, die ursprüngliche Formulierung zu treffen als an stark zerstörten Stellen,
wo ein Wort möglicherweise gar nicht mehr wiedererkannt werden kann oder, weil
es völlig fehlt, aus dem Kontext heraus ersetzt werden muss.

Die ergänzten Worte oder Satzteile müssen nicht unbedingt dem Original entsprechen. Der Wert dieses Verfahrens liegt nicht zuerst im Finden „richtiger" (d.h. vom
Autor gewählter) Lösungen, sondern im Erproben unterschiedlicher sprachlicher
Möglichkeiten und in den dann zu treffenden Entscheidungen für eine bestimmte
Formulierung. Auf der Basis ihrer Erfahrungen beim Wiederherstellen und mit den
eigenen Texten vor Augen sind die Schüler gut vorbereitet ein Interpretationsge-
spräch über den Originaltext zu führen.

Realisierbar ist das Verfahren vom 5. Schuljahr an; Texte mit größeren Defekten
sollten aber erst nach hinreichenden Übungen mit nur leicht beschädigten Gedichten
Arbeitsgrundlage sein. Zur Anregung und Demonstration nachfolgend zwei Beispiele; zunächst die Originale:

Um Mitternacht
Eduard Mörike

Gelassen stieg die Nacht an Land,
lehnt träumend an der Berge Wand;
ihr Auge sieht die goldne Waage nun
der Zeit in gleichen Schalen stille ruhn.
Und kecker rauschen die Quellen hervor,
sie singen der Mutter, der Nacht ins Ohr
vom Tage,
vom heute gewesenen Tage,

Das uralt alte Schlummerlied –
sie achtet's nicht, sie ist es müd';
ihr klingt des Himmels Bläue süßer noch,
der flücht'gen Stunden
gleichgeschwung'nes Joch.
Doch immer behalten die Quellen das Wort,
es singen die Wasser im Schlafe noch fort
vom Tage,
vom heute gewesenen Tage.

Bäume

Walter Helmut Fritz

Wieder hat man in der Stadt,
um Parkplätze zu schaffen,
Platanen gefällt.
Sie wussten viel.
Wenn wir in ihrer Nähe waren,
begrüßten wir sie als Freunde.
Inzwischen ist es fast
zu einem Verbrechen geworden,
nicht über Bäume zu sprechen,
ihre Wurzeln,
den Wind, die Vögel,
die sich in ihnen niederlassen,
den Frieden,
an den sie uns erinnern.

Die defekten Texte:

Um Mitternacht

Eduard Mörike

Gelassen stieg die Nacht an I   d,
lehnt träumend an der Be   d;
ihr Auge sieht die goldi   ·un
der Zeit in gleichen Schau ile ʰn.
Und kecker rauschen die Quellen hervor,
sie singen der Mutter, ⸤   ins
vom Tage,
vom heute gewesenen Tage.

    uralt alte Schlummerlied -
  achtet's nicht, sie ist es müd';
    ᵗt des Himmels Bläue süßer noch,
⸤ ⸍·· ⸍· n Stunden gleichgeschwung'nes
Joch.
ι ⸜ḥ   ᴵten die Quellen das Wort,
   ⸍·· ᴗie Wasser im Schlafe noch fort
vᴗ   age,
vᴗ ʰeute gewesenen Tage.

Bäume

Walter Helmut Fritz

       hat man in der Stadt,
um Parkplätze
Platanen gefällt.
Sie wussten viel.
Wenn w˙   ʰrer Nähe waren,
begrüß n v ˙ s˙ als Freunde.
Inzwisɕ eʂ fast
zu einem Vɛ   ʰhen geworden,
nicht über Bẵ   sprechen,
ihre Wurzeln,
den Wind   Vögel
die s. n ihnen niederlassen,
den Frieden,
an den sie uns erinnern.

44

2.6 Gedichte erweitern

Kaspar H. Spinner (1984, 14) regt an durch Weiterschreiben eines Gedichtes die deutende Auseinandersetzung über ein Gedicht zu intensivieren. Seine Idee besteht darin, „dass ein kurzer, Assoziationen auslösender Text durch eigene Formulierungen erweitert wird" (Spinner, ebd.).

Zuweilen gibt ein Gedicht selbst starke Impulse, den Gedankengang oder eine dargestellte Beobachtung aufzunehmen und weiterzudenken. Ein interessantes literarisches „Modell" dieser Art hat Yaak Karsunke zu Bertolt Brechts Gedicht „Radwechsel" geschrieben:

Radwechsel
Bertolt Brecht

Ich sitze am Straßenhang.
Der Fahrer wechselt das Rad.
Ich bin nicht gern, wo ich herkomme.
Ich bin nicht gern, wo ich hinfahre.
Warum sehe ich den Radwechsel
mit Ungeduld?

Matti wechselt das rad
Yaak Karsunke

während ich den reifen abmontiere
haut sich der chef auf die wiese, sieht dauernd rüber.
als fahrer verwartest du stunden, warum
wird er nervös wenn er einmal
auf mich warten muss? wenn die panne
ihn zuviel zeit kostet: er
kann mir ja helfen.

Für schulische Übungen gut geeignet sind Texte, die in lyrischer Weise Eindrücke der äußeren oder inneren Welt widerspiegeln, z. B. über die Natur oder die Großstadtatmosphäre, über das Schulleben oder den Alltag einer Familie. Den Schülern fällt es erfahrungsgemäß dann nicht schwer, die Bildangebote des Autors aufzugreifen und die Aufzählung von Erscheinungen und Eindrücken durch eigene Assoziationen fortzusetzen. Ein anregender Text könnte „Kleine Mathematik" von Christoph W. Aigner sein. Entweder wären – um im Bilde zu bleiben – weitere „Rechenaufgaben" zu stellen oder es wären „Ergebnisse", Antworten auf die Fragen zu geben.

Kleine Mathematik
Christoph W. Aigner

Wie viel kann ein Mensch ertragen,
wenn er alleine ist?

Wie viel ertragen zwei Menschen:
halbiert sich die Last, bleibt
sie gleich, wird sie größer?

Wird zu dritt die Belastung
nicht neunmal mehr, bleibt sie
gleich oder ist sie
durch drei zu teilen?

Wie steht es mit vier, zehn,
tausend Menschen?
Ab welcher Zahl ist einer
wieder alleine
und wie viel erträgt er?

B Formen der Texterschließung und Textverarbeitung

Die entscheidenden Erfahrungen mit dem Gedicht spielen sich immer im Innern des Rezipienten ab. Während sie aber bei privater Lektüre zumeist auch dort verbleiben (können), ist der Unterricht auf Veröffentlichung angewiesen. Dadurch gewinnt die Frage nach den Formen, in denen sich die Rezeption und die Kundgabe von Sinnfindung vollziehen, nicht unerhebliche Bedeutung. Gespräch und Diskussion haben ihren Stellenwert, desgleichen mündliche oder schriftliche Analysen, Vergleiche von Gattungsformen und Motiven und – in den oberen Klassen – durchaus auch die traditionell mit dem Schulaufsatz gleichgesetzte schriftliche Interpretation.

Diese analysierenden Formen sind durch die handlungs- und produktionsorientierten Tätigkeiten nicht zu ersetzen, wohl aber um sie zu erweitern. Denn erst durch diese Verfahren wird der Schüler angemessen aktiviert seine eigenen Beiträge zur Deutung des Gedichtes zu leisten.

„Literatur in der Schule", das ist immer eine Maus in der Falle; eine Maus, deren zerschlagenes Rückgrat die Gewähr dafür bietet, dass ihr huschendes und Angst auslösendes Leben nicht zur Debatte steht. Die Methoden der Literaturvermittlung sind dann am meisten überzeugend, wenn sie als Federn möglichst präzise tötend zuschnappen. Am beliebtesten allerdings sind sie, wenn sie den „Lernenden" Gelegenheiten bieten dem langsam, anschaulich und „nachvollziehbar" sich einstellenden Tod der Maus beizuwohnen.
Ein hinkender Vergleich? Ja, sofern das Leben ein sterbendes Hinken zum Tode ist.   *Herbert Sleegers*

Schon das erprobende Bemühen um das Sprechen bzw. Vortragen eines Gedichtes dient dazu, Sinnaspekte zum Ausdruck zu bringen. Weitere handlungsorientierte Deutungsmöglichkeiten erschließen das schreibend-zeichnende, bildkünstlerische und rhythmisch-musikalische Gestalten, das Dialogisieren, das Inszenieren und das Dramatisieren; und nicht zuletzt kommt bei den mannigfachen Varianten, selbst Gedichte zu schreiben, noch eine im engeren Sinne literarische Produktivität ins Spiel.

Die angesprochenen handlungs- und produktionsorientierten Tätigkeiten, die im Folgenden näher beschrieben und durch Erfahrungen belegt werden, berücksichtigen nicht nur, dass in jedem Menschen Fähigkeiten und Lust angelegt sind, sich aktiv-kreativ zu betätigen; sie tragen auch der Tatsache Rechnung, dass ästhetische Erfahrung weithin sinnenhaft-gestalthafte Wahrnehmung ist. In den handlungs- und produktionsorientierten Aktivitäten wird der Textsinn durch analoge Verfahren zum Ausdruck gebracht; die Sinndeutung bedient sich dabei nicht rationaler, sondern selbst wieder fiktionaler Mittel. Dadurch kann sie der Mehrdeutigkeit und Vielschichtigkeit der Gedichte vielfach besser gerecht werden als durch Anwendung analysierender und explizierender Verfahren.

1. Sprechendes Gestalten und Deuten

*1.1 Sprechendes Vermitteln von Gedichten – eine Hör-Erfahrung**

Bewusst sage ich: sprechendes Vermitteln, weil die Bezeichnungen „lesen" oder „sprechen" zum eindimensionalen Undenken verleiten.

Ich war sehr beeindruckt von den Lyrikabenden mit Lehrer Ossenkamp. Das war nach dem Krieg, so um 1948/49, als die Volkshochschulen eingerichtet wurden. Was war der persönliche Erfahrungshintergrund mit Gedichten? Zeitgenössische, deutsche Lyrik konnte nur spärlich gedruckt werden. Die sogenannte Kahlschlag-Lyrik war im Entstehen. Die Lesebuchlyrik wagte sich zaghaft vor bis Georg Britting; Anthologien wurden mit Josef Weinheber beschlossen.

Und Gedichte in der Schule? Von Ausnahmelehrern abgesehen wurden Gedichte als Wissensgut übermittelt zum Auswendiglernen; vornehmlich Balladen. Lyrik kam so gut wie nicht vor; und wenn – einiges von den Klassikern –, dann zwecks Vermehrung des Zitatschatzes eines künftig „Gebildeten".

Eines Abends fand ich mich mit meinem Freund und einigen wenigen in einem Raum des ehemaligen HJ-Heimes. An der Tafel stand ein Gedicht. Ein junger, arm-amputierter Mann hatte es angeschrieben. Er ließ sich und uns Zeit. Voreilige Äußerungswünsche wehrte er freundlich ab. In die merkwürdige Stille, in die Seh- oder Lesestille zwischen uns und dem angeschriebenen Gedicht hörten wir auf einmal seine Stimme. Sie war auf einmal da, fast unbemerkt; sie mischte sich nicht ein und tönte nicht dazwischen. Es war eine beruhigende, vertraute Stimme, die nicht an die Stelle des Schweigens trat, sondern die hörbare Seite der Stille und des Schweigens war. Es hätte jedermanns Stimme sein können, denn sie machte jedermanns innere Hör- und Lesestille leicht vernehmbar. Sie klang gleichsam selbstverständlich und auf eine versöhnte Weise natürlich; sie war im Schnittpunkt unserer lesenden, wahrnehmenden Blicke entstanden. Die Stimme hatte eine überlegen-rücksichtsvolle Gangart, sie vermied jedwede prosodische Pose, sie war die rhythmisch gezähmte, vertraute, mündig gewordene Stimme eines jeden von uns.

Sie transportierte das Gedicht nicht zu uns und sie zwang uns auch nicht an das Gedicht heran; sie hielt mit einer intim-objektiven Höflichkeit den „Gegenstand Gedicht" in mittlerer Höhe und in mittlerem Hörabstand. Auch gewährte sie Zeit, diese Stimme; sie brachte Zeit mit, weil sie Zeit hatte. Die Freundlichkeit dieser Stimme bestand in dem sensiblen Wissen davon, dass ein Gedicht die Aufhebung der geräuschvoll-linearen Zeit ist. Sie bettete gleichsam jedes Gedichtwort in ein zeitentbundenes Schweigen, sodass ich Lust hatte die Augen zu schließen, um die Worte deutlicher zu sehen. Die „Kunst" dieser Stimme war die Abwesenheit jeder Künstlichkeit. Keine Präsentation, kein mitartikuliertes Bescheidwissen, keinerlei stimmtechnisch aufgesetzte Belehrung, die Stimme war bescheiden-schlicht, wie die notdürftig gefärbte Jacke des jungen Lehrers, der da sprach. Keine sich akzentuiert aufdrängende Vorinterpretation, keine Klanggeste engagierter Vermittlungsbedürfnisse; kein vorbildhaft inszenierter Altruismus, keine Spur von eitler Sozialisierung und darum auch kein Reflex von Selbstbespiegelung. Es war so, als kaute da einer unbeneidungsfähig sein allen vorher ausgeteiltes Stück Brot, aber so, dass sein Kauen und Essen übers natürliche Hungerstillen hinaus uns als ein vorbildlicher Daseins- ja Seinsvorgang erschien.

Die Stimme, die da Georg Trakls Gedicht „Gewaltig endet so das Jahr" in jeden von uns hineinklingen ließ, als wäre es auf jedermanns Seelengitarre gezupft worden, sie war unsere eigene, noch nicht entdeckte, vergessene, verschüttete, verratene oder erst noch zu gewinnende Stimme.

Ich weiß nicht mehr, was ich damals auf dem Nachhauseweg zu meinem Freund gesagt habe. Heute jedoch weiß ich: Alles, was ich in mühseligen, posteriorischen Diskursen mir begrifflich angeeignet habe, das hatte ich an jenem Abend erlebt: Ein Gedicht ist ein Gebrauchsgegenstand, denn es wurde mir vermittelt in „meiner" Sprache, die mich nicht zu einer korrigierend vorgenommenen Untertanen-Sitz-Haltung zwang. Trakls Gedicht war auf einmal mein Gedicht, unverletzbar, als nach außen und nach innen gewendetes Gedicht zu jedem Gebrauch befähigt wie ein solides Handwerkszeug, das solide ist, weil es den handwerklich-punktuellen Situationen überlegen ist.

Ein Gedicht ist etwas Verschwiegenes. Die Stimme, die es für mich hörbar gemacht hatte, war so sensibel-tolerant, weil sie es nicht dem Verwendbar-Lärmenden zuordnete. Die Stimme war wie eine kleine, keineswegs exklusive, aber mutige Beredsamkeit des ausgemacht-gewusst Verschwiegenen, wie ein völlig unspektakuläres Wegziehen eines Vorhangs aus Vielwörterei, um den Ohren das Vergnügen und die Erschütterung des einzigartig-bescheidenen Halblaut-Vernehmbaren zu gönnen.

Ein Gedicht ist etwas Schwebendes, dem sich zu nähern bedeutet die eigenen, angeblich niederziehenden Gewichte zu „leichtern", sie in der Balance des Gedichts unterzubringen, sodass eine ganz neue Übereinstimmung zustande kommt zwischen mir selbst und dem stets schon von mir Gemeinten.

Ein Gedicht ist wiederholbar, notwendig, weil es ein Unüberholbares ist. – Es wurde geradezu sanft in uns hineingesprochen, als gälte es, längst Bekanntes wieder in Erinnerung zu rufen, als Vergessenes, Verlorenes, als utopisch Ausstehendes.

Ein Gedicht ist die Einverleibung des Unmöglich-Möglichen. Aber nicht als Stachel, dem physiologisch zu widerstehen die natürliche Folge wäre, sondern als Unterschieben sittsam verleugneter Kinder, die wir nicht adoptieren, weil sie nicht unsere charakteristische Nase haben.

Gedichte sind Konzentrierungen aus Schweigen. Die Worte sind nicht Abkömmlinge von Gerede, sondern Verlautbarungen, herausgeschlagen aus den glatten Wänden des Schweigens. Aber darum umso redender.

1.2 Monologisches Sprechen von Gedichten

Vor der Skizzierung von Unterrichtserfahrungen zunächst Überlegungen von Sprechwissenschaftlern über das Sprechen von Gedichten bzw. den Gedichtvortrag:

„Es ist doch nachgerade durch Zeugnis vieler Dichter und die Forschung hinlänglich klargestellt, dass die sichtbaren schwarzen Buchstaben auf dem weißen Papier überhaupt nicht das Gedicht sind, sondern nur seine oberflächlich andeutende Skizze, seine Partitur gleichsam. Das Gedicht besteht aus Klängen, Rhythmen, Tonfällen usw. und gehört als solches ausschließlich dem akustisch-motorischen, ganz und gar nicht dem grafisch-optischen Sinnenbezirk an. Wie kann man die Schüler sich über etwas äußern lassen, das noch gar nicht da ist?" (Drach 19' 3/1969, 194)

„[...] die Erarbeitung des Vortrags ist die Durchnahme selbst. [...] Die Schüler, in dem sicheren Empfinden, hier eine gangbare Bahn zu beschreiten gehen auf gemeinsames Einlesen von Gedichten ausnahmslos mit großer Arbeitsfreude [...] ein. Zweck ist nicht das Endergebnis [...], sondern dass alle sich bemühen es 'möglichst gut' zu sprechen, ein jeder mit der ihm innewohnenden Ausdruckskraft." (Drach 1953/1969, 191 f.)

„Wenn man davon ausgeht, dass beim Gedichtsprechen konkrete Sprecher und Hörer in eine Kommunikationsbeziehung treten, wird die Zielsetzung eine situationsunabhängige, zeitlos gültige Sprechfassung eines Gedichts herausarbeiten zu wollen sinnlos. Man kann sich vielmehr darüber zu verständigen suchen, ob in einer bestimmten Situation ein Sprecher für seine Hörer ein Gedicht angemessen spricht oder nicht. [...] Im Prinzip ändert sich an dieser Betrachtungsweise nichts, wenn jemand ein Gedicht für sich selbst spricht oder sich eine Sprechfassung nur vorstellt." (Berthold 1985,9)

(1) lachst du von Franz Mon

lachst du
franz mon

lachst du	noch lachst du da
lachst du noch	da lachst du noch
lachst du da noch	du lachst da noch
da lachst du auch noch	lachst du da noch
lachst du da auch noch	da lachst du
lachst du auch da noch	lachst da du
lachst auch du da noch	du lachst da
lachst auch da du noch	lachst du da

Dieser Text gehört zu der Gruppe von Gedichten, die – nach der zutreffenden Meinung von Spinner (1984, 46) – für den Gedichtvortrag noch viel zu wenig entdeckt sind: Unsinnverse, Kindergedichte, Lautgedichte u. Ä. Sie vorzulesen „ist nicht nur eine vorzügliche Sprechschulung, sondern lässt die Gedichte in einer Weise zur Wirkung kommen, wie das beim stillen Lesen kaum möglich ist" (Spinner, ebd.).

Das ausgewählte Gedicht von Franz Mon „lachst du" fordert von seiner Struktur her dazu auf, die einzelnen Zeilen mit unterschiedlicher Tonführung zu sprechen. So lässt sich gleichsam experimentell durchspielen, welche Realisationen möglich sind. Ganz deutlich wird bei diesen Versuchen, dass sich je nach Sprechweise der Sinn ändert: Wird eine Aussage gemacht? Wird eine Frage gestellt? Ist eine Aufforderung gegeben? Dadurch, dass Mon auf alle Satzzeichen verzichtet, sind diese Entscheidungen vom Leser zu treffen und im Sprechen des Gedichtes, in seinem Vortrag zum Ausdruck zu bringen.

Anders als in der traditionellen Gedichtstunde steht der Vortrag nicht am Schluss als Abrundung und Quintessenz der Interpretation, er ist selbst die Interpretation, seine Erarbeitung – die methodisch gesehen in Einzel- oder Gruppenarbeit ablaufen kann – ersetzt die Gedichtanalyse. Wenn verschiedene Lösungen vorgetragen werden, fordern sie Begründungen heraus. Durch das Bemühen der Sprecher ihre Vortragsweise den anderen plausibel zu machen, kommt ein Gespräch in Gang, das mehr ist als das übliche Reden über Texte: Es leistet Interpretation, Deutung, aber so, dass die Schüler unmittelbar beteiligt sind. Denn es ist ihre „Konkretisation", die zur Diskussion steht, und nicht eine von außen – zumeist vom Lehrer – zu übernehmende.

Nun ist es für Schüler natürlich schwierig, ihre Version des Gedichtvortrags ganz allgemein zu begründen. In der 5. Klasse einer Realschule* hatten die Schüler deshalb nach dem ersten Hören und stillen Nachlesen des Textes gewissermaßen eine Vorgeschichte zum Gedicht zu schreiben. Sie sollten in wenigen Sätzen eine Situation darstellen, die sie selbst schon erlebt hatten oder die sie sich vorstellen konnten und in der eine Person spricht, fragt, flüstert, ruft oder schreit: „Lachst du?"

Diese Tätigkeit entspricht zugleich der wichtigen Aufgabe, bei der Erschließung eines Gedichtes im Literaturunterricht immer auch herauszufinden, wer eigentlich der lyrische Sprecher ist, in welcher (lyrischen) Situation er sich befindet, an wen er sich wohl wendet, wie er sich äußert usw. Das Gedicht von Franz Mon in seiner denotativen Offenheit lässt zur Freude der Schüler praktisch unzählige Ausgangssituationen zu. Sie haben viele Ideen, zum Beispiel:

– Da arbeitet z.B. die Mutter am Sonnabendvormittag angestrengt in der Küche, um ein schönes Wochenende vorzubereiten. (Der Vater „spielt" wie immer unten in der Garage an seinem PKW „herum".) In der Küche wird es inzwischen hektisch, es läuft nicht so, wie es sich die Mutter wünscht. Da rutscht ihr zu allem Überfluss auch noch eine Schüssel aus der Hand und zerbricht. Die Kinder schauen sich an, schweigen. Sie finden es urkomisch, dass so etwas auch einmal der Mutter passiert.

50

Sie wollen lachen, wissen aber, dass das weder nett noch klug ist. Aber sie können nicht anders, platzen plötzlich los. Und da stellt die Mutter jene Fragen: …
– Ein Zwischenfall im Unterricht, der die Ausführungen des Lehrers unterbricht: Während sich der Lehrer ärgert, lachen die Schüler. Er ermahnt sie, kann jedoch keine Ruhe schaffen. Da wendet er sich streng an einen besonders laut lachenden Schüler und fragt:…

In jedem Falle lässt sich von den Schülern jetzt gut begründen, wie die einzelnen Verse ihrer Meinung nach vorzutragen sind. Während die Mutter beispielsweise in der Küche recht erbost fragt, erregt ruft, vielleicht auch schreit, wird sie am Abend gelangweilt, erstaunt oder auch spöttisch-verächtlich sprechen.

(2) my own song von Ernst Jandl

my own song
Ernst Jandl

ich will nicht sein
so wie ihr mich wollt
ich will nicht ihr sein
so wie ihr mich wollt
ich will nicht sein wie ihr
so wie ihr mich wollt
ich will nicht sein wie ihr seid
so wie ihr mich wollt
ich will nicht sein wie ihr sein wollt
so wie ihr mich wollt

nicht wie ihr mich wollt
wie ich sein will will ich sein
nicht wie ihr mich wollt
wie ich bin will ich sein
nicht wie ihr mich wollt
wie ich will ich sein
nicht wie ihr mich wollt
ich will *ich* sein
nicht wie ihr mich wollt will ich sein
ich will *sein*

Dieser Text ist nur scheinbar ein Spiel mit Worten. In der immer neu variierten Doppelaussage „ich will nicht sein" und „ich will sein" und in dem konstrativ dazu gesetzten „wie ihr mich wollt" macht ein Heranwachsender seinem Widerspruch gegen die Erwachsenen Luft – nahe liegend die Eltern oder die Lehrer. In den Schlusszeilen ist ausgesprochen, wie er sich das Ergebnis der Auseinandersetzung wünscht.

Sprechend kann der Text auf ähnliche Weise erschlossen werden wie das erste Beispiel. Daher hier nur einige Bearbeitungshinweise, formuliert als Arbeitsaufträge an die Schüler (für Einzel- und Gruppenarbeit):

• Wer ist hier der Sprecher, wer sind die Angesprochenen? Ist es zwingend, dass diese Aussagen nur von einem Jugendlichen gegenüber seinen Eltern gemacht werden?

• An wen denkst du, wenn du das Gedicht sprichst? Sprich es mehrfach laut.

• An welche Situationen denkst du, wenn du das Gedicht liest? Suche bewusst nach verschiedenen Möglichkeiten. Probiere dementsprechend – als eine Art textgebundenes Rollenspiel – aus, wie du das Gedicht sprechen kannst.

1.3 Dialogisches Sprechen

1.3.1 Anmerkungen zum Verfahren *

Wie der monologische Gedichtvortrag kann auch das dialogische Sprechen als Mittel der Erschließung und Interpretation von Gedichten eingesetzt werden. Besonders Balladen sind aufgrund ihrer dramatischen Elemente gut geeignet für dialogisches (und auch chorisches) Sprechen. Entscheidet sich der Lehrer für diese Methode, wird die Ballade nicht zuerst „gelesen", dann analysiert bzw. interpretiert und schließlich – gewissermaßen als Anwendung des Erarbeiteten – dialogisch vorgetragen. Ziel ist vielmehr, mit der Erarbeitung der verschiedenen „Sprecherrollen", z.B. der einzelnen Figuren, von Hexen, Geistern oder Räubern, gleichzeitig auch eine Textinterpretation zu leisten. Über Sprechversuche können die Schüler tiefer in die balladeske Situation eindringen, das Balladengeschehen und die Konfliktentfaltung verstehen, Haltungen und Motive der Figuren diskutieren und das Balladenurteil prüfen. Für manche Figuren lassen sich sogenannte Figurenbiografien entwickeln, also die Vorgeschichte ihres Lebens, mögliche Eigenschaften und Absichten.

Bestimmte Teilaufgaben können in Gruppenarbeit gelöst werden; der Vortrag ist dann das Ergebnis der gemeinsam erarbeiteten Sprechfassung. Gerade die dazu gehörige Verteidigung der jeweiligen Konzeption stimuliert das lebendige Unterrichtsgespräch.

Wesentliche Vorteile des dialogischen (und auch des chorischen) Sprechens bestehen in der

– Aktivierung von mehr Schülern als beim traditionellen Vortrag;
– Vertiefung des sprecherzieherischen Trainings durch mehrfaches Üben;
– Verbesserung der psycho-sozialen Komponente in der Klasse durch stärkere Motivierung und kooperative Tätigkeiten.

1.3.2 Eine Unterrichtserfahrung zu „Die Brück' am Tay" von Theodor Fontane

Hinweise zum Text: Die bei Balladen ungewöhnliche Zeitangabe „28. Dezember 1879" deutet an, dass sich das Geschehen auf einen konkreten, zeitlich lokalisierbaren Vorfall bezieht: den Einsturz der großen Eisenbahnbrücke über den Taystrom in Schottland. Fontane gestaltet also einen aktuellen Stoff des Zeitgeschehens, er tut dies aber in einer literarischen Form, die im ausgehenden 19. Jahrhundert sonst kaum noch gepflegt wurde. Die Spannung, die dadurch zwischen Stoff und Form entsteht, macht er dem Leser durch ein ebenfalls vorangestelltes Zitat bewusst.

Das „When shall we three meet again?" stammt aus Shakespeares 'Macbeth' und wird dort von Hexen, also von Naturdämonen gesprochen. Ein genau datierbares Ereignis aus der modernen technischen Welt wird damit in Beziehung gesetzt zu Wesen magisch-dämonischer Art, der Einsturz der Brücke nicht begründet mit techni-

Die Brück' am Tay

Theodor Fontane

28. Dezember 1879

When shall we three meet again
Macbeth

„Wann treffen wir drei wieder zusamm'?"
    „Um die siebente Stund', am Brücken-
damm."
        „Am Mittelpfeiler."
            „Ich lösche die Flamm'."
„Ich mit."
        „Ich komme vom Norden her."
„Und ich von Süden."
        „Und ich vom Meer."
„Hei, das gibt ein Ringelreihn,
Und die Brücke muss in den Grund hinein."

„Und der Zug, der in die Brücke tritt
Um die siebente Stund'?"
        „Ei, der muss mit."
„Muss mit."
        „Tand, Tand,
Ist das Gebilde von Menschenhand!"

Auf der *Norderseite,* das Brückenhaus -
Alle Fenster sehen nach Süden aus
Und die Brücknersleut', ohne Rast und Ruh
Und in Bangen sehen nach Süden zu,
Sehen und warten, ob nicht ein Licht
Übers Wasser hin „ich komme" spricht.
„Ich komme, trotz Nacht und Sturmesflug,
Ich, der Edinburger Zug."

Und der Brückner jetzt: „Ich seh einen
Schein
Am anderen Ufer. Das muss er sein.
Nun, Mutter, weg mit dem bangen Traum,
Unser Johnie kommt und will seinen Baum,
Und was noch am Baume von Lichtern ist,
Zünd' alles an wie zum heiligen Christ,
Der will heuer zweimal mit uns sein,
Und in elf Minuten ist er herein."

Und es war der Zug. Am *Süderturm*
Keucht er vorbei jetzt gegen den Sturm
Und Johnie spricht: „Die Brücke noch!
Aber was tut es, wir zwingen es doch.
Ein fester Kessel, ein doppelter Dampf,
Die bleiben Sieger in solchem Kampf,
Und wie's auch rast und ringt und rennt,
Wir kriegen es unter: das Element.

„Und unser Stolz ist unsre Brück';
Ich lache, denk ich an früher zurück,
An all den Jammer und all die Not
Mit dem elend alten Schifferboot;
Wie manche liebe Christfestnacht
Hab ich im Fährhaus zugebracht,
Und sah unser Fenster lichten Schein
Und zählte und konnte nicht drüben sein."

Auf der Norderseite, das Brückenhaus -
Alle Fenster sehen nach Süden aus
Und die Brücknersleut' ohne Rast und Ruh
Und in Bangen sehen nach Süden zu;
Denn wütender wurde der Winde Spiel,
Und jetzt, als ob Feuer vom Himmel fiel',
Und in Bangen sehen nach Süden zu;
Erglüht es in niederschießender Pracht
Überm Wasser unten ... Und wieder ist
Nacht.

„Wann treffen wir drei wieder zusamm'?"
        „Um Mitternacht, am Bergeskamm."
            „Auf dem hohen Moor, am
            Erlenstamm."
„Ich komme."
            Ich mit."
            „Ich nenn euch die Zahl."
„Und ich die Namen."
            „Und ich die Qual."
„Hei! Wie Splitter brach das Gebälk
entzwei."

        „Tand, Tand,
Ist das Gebilde von Menschenhand."

schem oder menschlichem Versagen, vielmehr gedeutet als Ausgeliefertsein des Menschen an überirdische Mächte.

Der Kontrast von historischer Realität und den in den Hexen personifizierten Elementargewalten bestimmt auch den leicht zu durchschauenden Aufbau der Ballade in eine Kern- und eine Rahmenhandlung. Die den Menschen und sein Werk bedrohenden Naturmächte treten vor und nach dem erzählenden Mittelstück auf und so ersteht vor dem Leser ein hochdramatisches Bild vom Widerstreit zwischen Mensch und Natur.

Hinweise zur Sprechgestaltung: Die dramatische Grundstruktur der Ballade fordert eine dialogische Gestaltung geradezu heraus. Um diese – in Gruppen – vorzubereiten, erhalten die Schüler drei Arbeitsaufträge:

1. Lest die Ballade und markiert, was die verschiedenen Personen sprechen:

Hexe/Geist 1 ▬▬▬▬▬▬	Sohn	══════
Hexe/Geist 2 ▬ ▬ ▬ ▬ ▬ ▬ ▬ ▬	Vater	▬ · ▬ · ▬ ·
Hexe/Geist 3 ··················	Erzähler	∿∿∿∿∿∿∿

2. Verteilt in der Gruppe die Sprecherrollen und übt das rollenverteilte Lesen.
   – Achtet auf die Redezeichen!
   – Achtet auf die unterschiedliche Sprechweise der Personen!

3. Begründet eure Sprechweise.

Die Sprechversuche werden mit dem Kassettenrekorder aufgenommen. Die Schülergruppen sprechen jeweils einen Teil der Ballade auf Kassette. Beim Vergleich (der Analyse) der Sprechversuche wurden in einer 7. Hauptschulklasse* folgende Argumente und Überlegungen benannt:

1. Die Hexen sprechen gemein, hinterhältig, kreischend, kichernd, schadenfroh; denn sie wollen den Zug vernichten und freuen sich am Ende über das Unglück.

2. Der Sohn spricht fest, sicher, entschlossen, mutig; denn er freut sich auf Zuhause, auf Weihnachten. Er vertraut der Haltbarkeit der Brücke.

3. Der Vater spricht stolz, weil er sich auf die Heimkehr seines Sohnes freut. Er spricht beruhigend, wenn er auf die Mutter einredet.

4. Der Erzähler spricht beklommen, aufgeregt, gespannt, bang; je nach Situation der Handlung.

Die Schüler hielten sich gegenseitig zu Sinn erschließendem Lesen an: „Du musst wie eine Hexe sprechen!" – „Die beiden letzten Zeilen lesen die drei Hexen zusammen: Tand, Tand ist das Gebilde...." Begründung der Schüler: „... weil das ein Hexenspruch ist."

54

1.4 Ein Gedicht mit mehreren Sprechern und im Chor vortragen *

(1) *Reklame* von Ingeborg Bachmann

Reklame
Ingeborg Bachmann

Wohin aber gehen wir
ohne sorge sei ohne sorge
wenn es dunkel und wenn es kalt wird
sei ohne sorge
aber
mit musik
was sollen wir tun
heiter und mit musik
und denken
heiter
angesichts eines Endes
mit musik
und wohin tragen wir
am besten
unsere Fragen und den Schauer aller Jahre
in die traumwäscherei ohne sorge sei ohne sorge
was aber geschieht
am besten
wenn Totenstille

eintritt

Einem Einzelnen bereitet es durchaus Schwierigkeiten, das Gedicht Ingeborg Bachmanns vorzutragen, da der Sprachfluss der Fragen jeweils durch Versatzstücke aus der Werbung gebrochen ist. Die unterschiedlichen Drucktypen (Antiqua und Kursiv) verdeutlichen bereits eine spannungsgeladene, gegensätzliche Zweiteilung auf optischer Ebene. Die Autorin, die immer das Krisenbewusstsein und die Zeitkritik ihrer Generation artikuliert hat, will den Leser auf die Gegensätzlichkeit der Wirklichkeit, auf die Zweischichtigkeit des Lebens Mitte der 50er-Jahre aufmerksam machen. Ihre vier Fragen spiegeln individuelle und allgemeine Befürchtungen und Ängste, Krisen und Bedrohungen existenzieller Art wider. Die Fragen nach Weg und Ziel verunsicherten Lebens und nach dem Ende, dem Tod, steigern sich; lediglich in der dritten Frage deutet sich in retardierender Weise Hoffnung auf einen schützenden Ratgeber an.

Die kursiv gedruckten, unzusammenhängenden Elemente aus Werbetexten deuten gewissermaßen den Versuch an zu beruhigen: Das deutsche Wirtschaftswunder blüht, den meisten Menschen geht es (nach den furchtbaren Erfahrungen des Krieges) wieder besser, sie könnten also heiter und sorglos sein. Und offensichtlich gibt es aus der Sicht der kritischen Schriftstellerin schon zu viele, die nur auf ihren Wohlstand bedacht sind und Bedrohungen durch den Kalten Krieg und durch Wasserstoffbombenexperimente nicht mehr wahrnehmen wollen. Doch „wenn Totenstille eintritt", wenn die Welt durch Kriege zerstört ist, gibt es keine Privatexistenz, keine Reklameantworten, überhaupt keine Antworten mehr. Es entsteht Leere und so werden die beiden letzten Verszeilen durch eine Leerzeile deutlich getrennt.

Die Struktur des Gedichtes fordert die methodische Entscheidung des Lehrers zum operativen Umgang mit dem Text nahezu von selbst heraus. Eine 10. Klasse erkannte sehr schnell, dass ein textadäquates Sprechen nur durch dialogisches oder chorisches Sprechen zu erreichen ist. Es fiel den Schülern auch leicht, das Sorgenvolle, Ängstliche, Hilflose, Ratsuchende oder Resignierende des Fragers durch langsame, getragene Sprechweise, deutliche Artikulation aller Silben und durch Pausenbetonung sprecherisch zu gestalten. Die Reklameversatzstücke hingegen

---

Wohin gehen wir

wenn wir keinen Rat mehr wissen
sei ohne Sorge ohne Sorge
wenn wir Liebeskummer haben
sei ohne Sorge
wenn wir in der Schule Probleme haben
sei ohne Sorge
wenn wir mit den Eltern nicht klar kommen
sei ohne Sorge
wenn wir keine Lehrstelle haben
sei ohne Sorge
wenn unser Zeugnis nicht so gut ist
sei ohne Sorge
am besten zu Gott in die Kirche
denn ihm kann man Vertrauen schenken

Michael *

---

wurden mit fallender Betonung (lieblich) gesäuselt, gesummt oder nach eigener Melodie sogar gesungen.

In der Deutungsphase lässt sich durch Substitutionsvarianten der persönliche Bezug herstellen, d.h. die Schüler setzen ihre eigenen Lebensprobleme und Zukunftsfragen ein:
– Wie komme ich im Leben noch voran, wenn ich in der Schule sitzen bleibe?
– Wie geht es mit mir weiter, wenn ich keine Lehrstelle erhalte?
– Was wird aus mir, wenn sich meine Eltern scheiden lassen?
Ebenso kommen sie zu allgemeinen Fragen, z.B.:
– Wie wird sich Deutschland weiterentwickeln
– Was sollen wir tun angesichts der aktuellen (rechts)radikalen Tendenzen?
Auch die Reklamesprüche des Gedichtes lassen sich ersetzen, z.B. durch
– aktuelle Werbesprüche,
– Ausschnitte aus Schlagern,
– Elemente aus politischen Reden,
– Trostworte von Freunden und Bekannten gegenüber Menschen in Not und Leid.
   („Das ändert doch nichts.", „Vergiss das alles!", „Gönn dir trotz allem auch etwas.", „Sei einfach wieder fröhlich.", „Das tut mir wirklich leid.")
Auch die selbst geschriebenen Texte, die durch Ersatzproben oder analoge Nachgestaltungen entstanden sind, werden nun vorgetragen, entweder dialogisch, indem ein Schüler die Fragen und ein zweiter die Reklamesprüche (oder andere Einschübe) spricht, oder im Wechsel von Einzelsprecher und Chor.

(2) Die schlesischen Weber von Heinrich Heine

Heinrich Heine thematisiert in diesem „politischen' Gedicht den Aufstand der Weber in Petersau und Langenbielau vom Juni 1844 (der auch den Stoff abgab für Gerhart Hauptmanns Drama „Die Weber"). Der sich steigernde Zorn der Weber über ihr unerträgliches Elend kann in einem interpretierenden Vortrag nachvollzogen werden. Einzelne Sprecher und der „Chor" der Weber wechseln einander ab, ihre Stimmen sind anfangs noch gedämpft, schwellen aber von Strophe zu Strophe mehr an und münden am Schluss fast in lautes Schreien.

Die schlesischen Weber
Heinrich Heine

Im düstern Auge keine Träne,
Sie sitzen am Webstuhl und fletschen die
Zähne:
Deutschland, wir weben dein Leichentuch,
Wir weben hinein den dreifachen Fluch –
      Wir weben, wir weben!

Ein Fluch dem Gotte, zu dem wir gebeten
In Winterskälte und Hungersnöten;
Wir haben vergebens gehofft und geharrt
Er hat uns geäfft und gefoppt und genarrt –
      Wir weben, wir weben!

Ein Fluch dem König, dem König der
Reichen
Den unser Elend nicht konnte erweichen,
Der den letzten Groschen von uns erpresst
Und uns wie Hunde erschießen lässt –
      Wir weben, wir weben!

Ein Fluch dem falschen Vaterlande,
Wo nur gedeihen Schmach und Schande
Wo jede Blume früh geknickt
Wo Fäulnis und Moder den Wurm erquickt –
      Wir weben wir weben!

Das Schiffchen fliegt, der Webstuhl kracht
Wir weben emsig Tag und Nacht –
Altdeutschland, wir weben dein Leichentuch
Wir weben hinein den dreifachen Fluch,
      Wir weben, wir weben!

Gestaltungsvorschlag

1. Sprecher:
Im düstern Auge keine Träne,
Sie sitzen am Webstuhl und fletschen die
Zähne:
Alle:
Deutschland, wir weben dein Leichentuch,
Wir weben hinein den dreifachen Fluch –
Wir weben, wir weben!
2. *Sprecher:*
Ein Fluch dem Gotte, zu dem wir gebeten
In Winterskälte und Hungersnöten;
Wir haben vergebens gehofft und geharrt.
Er hat uns geäfft und gefoppt und genarrt –
Alle:
Wir weben wir weben!
3. *Sprecher:*
Ein Fluch dem König, dem König der Reichen
Den unser Elend nicht konnte erweichen
Der den letzten Groschen von uns erpresst
Und uns wie Hunde erschießen lässt –
Alle:
Wir weben, wir weben!
4. *Sprecher:*
Ein Fluch dem falschen Vaterlande,
Wo nur gedeihen Schmach und Schande,
Wo jede Blume früh geknickt,
Wo Fäulnis und Moder den Wurm erquickt –
Alle:
Wir weben, wir weben!
5. *Sprecher:*
Das Schiffchen fliegt, der Webstuhl kracht,
Wir weben emsig Tag und Nacht –
Alle:
Altdeutschland, wir weben dein
Leichentuch,
Wir weben hinein den dreifachen Fluch,
Wir weben, wir weben!

Auswendig gelernt haben wir in der Schulzeit, wir, die Älteren, nicht nur Gedichte. Unser Gehirn nahm die Gestalt an eines beliebig voluminös aufzupumpenden Bildungsglobus' mit fest verankerten Polen, ausladenden Meridianen. Ein Netz umspannte unser Hirn, eng- oder weitmaschig geknüpft je nach Fleiß und Begabung, ein Netz, das von Lehrern und Prüfern ausgeworfen wurde zu von ihnen festgesetzten Zeiten, damit wir, zu eigenem Nutz und Frommen, einen möglichst ergiebigen Fang an Land zögen, der nach Begutachtung sogleich ins unergründliche Wasser der Bildungsozeane zurückgeworfen wurde.

Lange Zeit verhasst und nur zwangsweise geleitet wurde diese Tortur – begnadete Lehrer standen Pate – endlich doch zu einer sinnvollen Beschäftigung; aus Trainigsdrill wurde freiwillige Arbeit; endlich bekam der Gehirnglobus Risse und Einbruchstellen, indem glühende Geisteslava – bislang unbekannt – und Gefühlsmagma an die Oberfläche befördert wurden.

Auswendiges verband sich mit Inwendigem. Wörter bekamen einen unverwechselbaren Klang, trieben Wurzeln, die sich zu Reimen oder Strophen verzweigten. In Sätze, Kapitel, in Bücher schoss Blut, dessen Pulsieren die Sinne reizte, dessen Fließen die Bewegungen der Finger rhythmisierte, in den Ohrmuscheln rauschte, über die Augenlider floss wie über ein Mühlrad; die Augen erwachten, blickten rein gewaschen ins reine Licht und sahen in ihm die Dinge, die Wörter, die Menschen als das zufällige oder notwendige Auswendige des jeweilig Inwendigen. Ich lernte auswendig (und leicht, als gälte es Wolken zu verschieben), weil der Boden, den meine Fußsohlen berührten, porös sein durfte und durchlässig für Düfte, die nicht den Linoleumgeruch der Schule, sondern die Geheimnisse des Lebendigen an die für meine Sinne erreichbare Oberfläche brachten.

Seither ist mir Auswendiglernen eine Form der Erkenntnis, die mir unverzichtbar bleibt. Nicht jene Kümmerform, die das Gedächtnis als Depot missbraucht, wohinein abgelegt die Stoffe zu Artikeln werden, verwertbar höchstens für eine Bestandsaufnahme.

Nein, die Dinge sehen, fühlen, schmecken, riechen, hören, wieder und wieder; in die Besonderheiten ihrer Formen und Strukturen so lange eindringen, bis sie unverlierbar sind in der Vorstellung wie ein Urbild.

Nicht, weil ich die Mühe und den beharrlichen Fleiß hasste, der mit dem schulverordneten Auswendiglernen verbunden war, sondern das Verschweigen von dessen Sinn und Zweck, möchte ich das Glück der Anstrengung hinüberretten in ein Lernen, das hoffentlich noch lange dauern wird.

2. Schreibend-zeichnendes Gestalten und Deuten

Versuche von Autoren, die in einem Gedicht enthaltene Aussage dem Leser durch die grafische Form auch visuell zugänglich zu machen, den Text also zugleich als Figur oder als Bild zu gestalten, haben eine lange Tradition, die von der Antike bis zur visuellen Poesie der Gegenwart reicht. Diese Tradition berechtigt, unter hermeneutischem – und daraus abgeleitet unter methodischem – Blickwinkel auch umgekehrt vorzugehen und ein bereits vorhandenes Gedicht schreibend-zeichnend zu deuten. Wenn ein handelndes Umgehen mit dem Text zur Grundlage der Interpretation gemacht wird, „dann bietet sich die schreibgestaltende Verdeutlichung der in der Flächenordnung ausgedrückten Bezüge und insgesamt die schriftliche oder malerische Gestaltung der erkannten Wort- und Aussagequalitäten des Textes als ein weiterer Weg an, das bloße Sprechen über Gedichte zu vermeiden und dem eventuell interpretatorischen Gespräch eine als Kontext fungierende Basis zu verschaffen" (Haas 1984,66).

Als Gestaltungsmittel dieser Interpretationsversuche können Buchstabenformen, Farben und bildhafte Untermalungen verwendet werden. Die Größen der Buchstaben vermögen beispielsweise die Bedeutung eines Wortes oder einer Zeile auszudrücken, die Proportionen (kräftig, schlank, gedrungen u.Ä.) eine emotionale Befindlichkeit, die Richtungen (horizontal, diagonal usw.) Ruhe, Dynamik, Erregung; und die Farben können hervorheben, Gemeinsamkeiten signalisieren oder Ausdrucksmittel von Harmonie, Spannung (Farbkontraste), Wärme (Rot, Gelb), Kälte (Blau), Offenheit (Weiß), Verschlossenheit (Schwarz) sein.

2.1 Literaturhistorische Beispiele

(1) *Eigedicht* von Justus Georg Schottelius

Justus Georg Schottelius (1612–1672) befasst sich in seiner „teutschen Vers = oder Reim-Kunst", einer Dichtungslehre, die 1644 erstmals erscheint, auch mit den „Bilder-Reimen", die nach seiner Auffassung durch wechselnde Zeilenlänge einen Gegenstand so abbilden sollen, wie er es u.a. am Beispiel „Ey" dokumentiert. „Das carmen figuratum, das aus 16 paargereimten Verszeilen besteht, die im ersten Teil von 2 auf 8 Silben ansteigen und im zweiten Teil von 8 auf zwei Silben abnehmen, thematisiert den Gedanken der Vanitas aller irdischen Dinge, mit dem Gottvertrauen und Tugend als feste Lebensfundamente kontrastieren. Das figurierte Verskorpus, das die Verse 1 f. und 15 f. in Art einer Ringkomposition umschließen, endet mit einem Fazit des lyrischen Ichs, das aus der Endlichkeit des Da-seins die Maxime ableitet sich von allem Weltlichen zu lösen und Tugend sowie Gottesliebe einzuüben. Die Korrelation zwischen der grafischen Figur und der gedanklichen Substanz des Textes [...] erscheint hier recht locker, das Symbol des Eies lässt sich sowohl beziehen auf die Zerbrechlichkeit des menschlichen Lebens wie auch auf die durch sittliches Handeln angestrebte Auferstehung am Ende der Zeiten." (Adler/Ernst 1987,52 f.)

(2) *Herzgedicht* von Nikolaus von Bostel

Dieses Herzgedicht Nikolaus von Bostel (1670–1704) trägt den gattungspoetologischen Untertitel „Bilder = Reim". „Das in trochäischen Reimpaaren variabler Länge konzipierte Liebesgedicht" schlägt, „trotz einzelner topischer Wendungen und rhetorischer Elemente einen sehr persönlichen, fast volkstümlichen Ton" an. „Die figurierten Verse verbinden die Vorstellung der wetterwendischen Fortuna, der die Trennung der Liebenden angelastet wird, mit einer eher epikuräischen Einstellung zur Lie-

be und einer daraus resultierenden, für das Zeitalter partiell symptomatischen, in der Literatur zum Topos verfestigten Haltung des carpe diem." (Adler/Ernst 1987,96)

(3) *Die Trichter*
  von Christian Morgenstern

Dieses 1905 erschienene Umrissgedicht ahmt die Form eines einzelnen Trichters nach. Durch die Verdoppelung eines Trichters im Text wird das Motiv ins Groteske gesteigert, zumal die konkreten Gegenstände mit dem romantischen Motiv des Mondscheins verbunden werden. Am Schluss

Zwei Trichter wandeln durch die Nacht.
Durch ihres Rumpfs verengten Schacht
fließt weißes Mondlicht
still und heiter
auf ihren
Wald-
weg
u.s.
w.

wird ein weiteres optisch-verbales Spiel inszeniert, da die Abkürzung „u.s.w." auch beim stillen Lesen wahrgenommen wird, um den Reim mit „heiter" herzustellen.

60

Schließlich suggeriert diese wegwerfende Abkürzung, wie das Mondlicht immer weiter durch die Trichter fließt und wie nachromantische Texte in ähnlicher Weise ohne Halt weiterfließen. Das Absurde liegt nicht zuletzt im Automatismus der Textproduktion, der hier verspottet wird. In der humoristischen Abkehr von der abgeflachten Sprache der Spätromantik findet Morgenstern zu einer konkreten Sprach- und Formbehandlung zurück.

(4) *Jetzt* von Gerhard Rühm

Der Text Gerhard Rühms ist eine repräsentative „Konstellation" der „konkreten" Poesie. Die Bezeichnung „konkret" verweist auf das Vorbild der konkreten Kunst, also eines visuellen Bereichs. Den Begriff „Konstellation" definiert Eugen Gomringer in der gleichnamigen Anthologie (1972/1991, 159) so:

„die konstellation ist die einfachste gestaltungsmöglichkeit der auf dem wort beruhenden dichtung. sie umfasst eine gruppe von worten – wie sie eine gruppe von sternen umfasst und zum sternbild wird. in ihr ist zwei drei oder mehr, neben- oder untereinander gesetzten worten – es werden nicht zu viele sein – eine gedanklichstoffliche beziehung gegeben. und das ist alles!" (Vgl. auch die Definition S. 125.)

Beide Aspekte der konkreten Poesie – Konkretheit und Konstellation – erscheinen in einprägsamen Textbildern wie Rühms „Jetzt". Man erkennt hier „die typische Reduktion des Sprachmaterials auf ein Minimum und die plakative Einfachheit der Texte, die jedoch eine kontemplative Interpretation erlauben." (Adler/Ernst 1987, 281)

2.2 Unterrichtserfahrungen

(1) *Paul* von Rainer Brambach

Paul

Neunzehnhundertsiebzehn
an einem Tag unter Null geboren,

rannte er wild über den Kinderspielplatz,
fiel und rannte weiter,

den Ball werfend über den Schulhof,
fiel und rannte weiter,

das Gewehr im Arm über das Übungsgelände,
fiel und rannte weiter

an einem Tag unter Null
in ein russisches Sperrfeuer

und fiel.

Die elf Verse des Gedichtes bilden zusammen einen einzigen Satz und dieser eine Satz beschreibt ein ganzes Leben. Viermal sehen wir ‚Paul' in seinem Leben ‚rennen': über den Kinderspielplatz, über den Schulhof, über das militärische Übungsgelände, an der Front. Viermal ‚fällt' Paul, dreimal rennt er weiter. Das vierte und letzte ‚fiel' ist – das ist die bittere Pointe – im übertragenen Sinn gebraucht: Paul stirbt den Soldatentod.

Durch die wiederholte Wendung „an einem Tag unter Null" (V 2, V 9) sind der Anfangs- und Endpunkt des Lebens von „Paul" markiert: Es ist ein Leben zwischen zwei Kriegen, die ununterscheidbar ineinander übergehen. Familie (V 3), Schule (V 5) und Militär (V 7) sind Institutionen, die Paul zu nichts weiter instand gesetzt haben, als am Ende Soldat zu sein und in einem sinnlosen Krieg zu sterben.

„Unter den modernen Gedichten, die den Krieg anklagen, ist dieses Gedicht besonders eindrucksvoll, weil es ein tragisches Geschehen in schlichte, knappe Sprache zu übersetzen vermag. […] Die Schüler lernen an solchen Texten die Möglichkeit der ästhetischen Sprache kennen, mit einfachen Mitteln (,schlichtes Sagen') starke Wirkungen auszuüben." (Helmers 1973,206)

Eine schreibend-zeichnende Deutung des Gedichtes dient der kri-

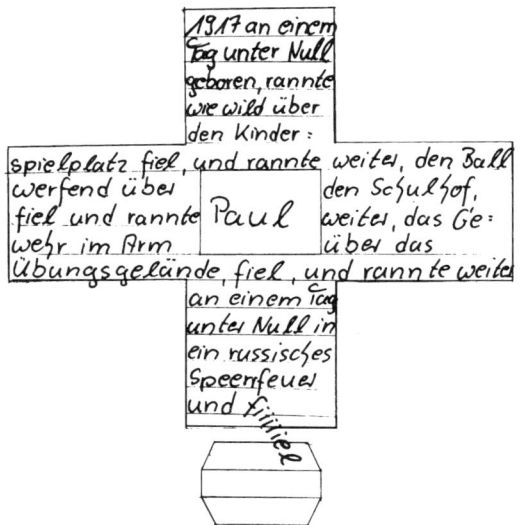

tischen Reflexion einer Erziehung, der junge Menschen nur als kriegstaugliche Soldaten wichtig sind. Historisch ist das in der Zeit des Dritten Reiches festzumachen, doch die Erfahrung drängt sich auch dort auf, wo aktuell immer wieder Kriege geführt werden. Intention kann darum nur sein, durch die Beschäftigung mit diesem Gedicht zur Einsicht in die Sinnlosigkeit jedes Krieges beizutragen. In dem abgebildeten Gestaltungsversuch hat ein Schüler* das Gedicht in diesem Sinne vom Schluss her gedeutet und den Text in das Kreuz eines Soldatengrabs geschrieben.

(2) Ergänzende Anregungen

Die beiden nachfolgend dokumentierten Arbeiten stammen aus dem Förderunterricht mit türkischen Schülern des 7. und des 9. Schuljahres*. Vorgegangen wurde jeweils in fünf Schritten:
– Lehrervortrag.
– Schüler lesen das Gedicht still.
– Unbekannte Wörter werden geklärt.
– Die Schüler sprechen darüber, was das Gedicht aussagen möchte.
– Sie probieren auf einem Blatt verschiedene Formen der schrei-

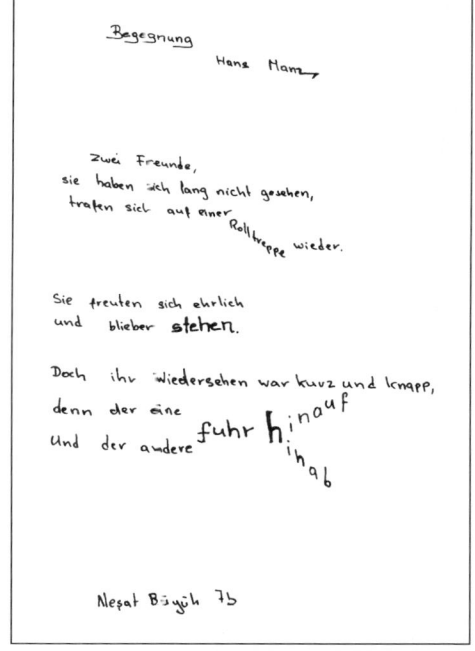

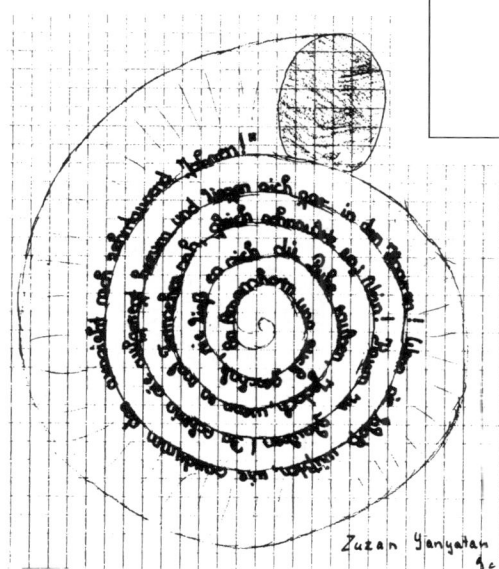

bend-zeichnenden Darstellung aus. Dann zeigen sie ihren Entwurf vor und stellen ihn zur Diskussion.
– Schließlich entscheiden sie sich für eine Gestaltungsform und führen sie aus.
Die Arbeitsweise motivierte die Schüler sehr. Sie fanden Spaß daran, Gedichte „neu, ganz anders, viel schöner" zu schreiben und zu zeichnen.

63

Eine sehr spielerische Art die grafische Gestalt eines Textes mit seinem Inhalt in Korrespondenz zu bringen ist in der Musik als „Rundgesang" bekannt. Nicht nur jüngeren Schülern macht es Spaß, diese als Gesellschaftsspiel beliebte Form mit (Volks-) Liedern selbst zu probieren. Das nebenstehend abgedruckte Lied „Schwerlich wohl weiß heut ein jeder" ist nach der Melodie „Die Hussiten zogen nach Naumburg" zu singen.

Werden die Texte zu Rundgesängen meist in Form einer Spirale geschrieben, zeigt das Beispiel „Komm wir wolln in Garten gehn" um ein echtes „Rundgedicht" (Thalmayr 1990, 353) – den Schülern zur Nachahmung empfohlen.

64

3. Bildkünstlerisches Gestalten und Deuten

3.1 Hinweise zum Verfahren*

Bei dieser Textumgangsform geht es nicht darum, das Sprachkunstwerk einerseits und das Bildkunstwerk andererseits zu egalisieren oder gar die ideale Illustration für ein Gedicht zu finden, sondern um den Versuch, den ästhetischen Prozess, der Lyrik umschließt, und jenen, der das Bildkunstwerk umschließt, einander nahe zu bringen und zu fragen, ob der eine vom jeweils anderen profitieren kann, ob sich hier eine Möglichkeit für den Unterricht zeigt, den Umgang mit Gedichten (implizit auch den Umgang mit Bildern) zu fördern.

Beim Umgang mit Bildern hat G. Otto (Kunst + Unterricht 1983, Heft 77) drei Erkenntnisdimensionen aufgeführt: *Percept* – das ist die spontane, subjektive Reaktion auf ein Bild, verbunden mit dem individuellen Wissen, der individuellen Erfahrung, dem individuellen Interesse. *Konzept* – das bezieht sich auf das Erschließen der Inhalt-Form-Einheit des Bildangebotes. *Allocation* – hier wird das Angebot eingebunden in seinen historischen, gesellschaftlichen Kontext, bezogen auf Produktion wie auch auf Rezeption.

Diese Erkenntnisdimensionen sind sicher nicht als Niveaufolge zu verstehen, nicht notwendig hierarchisch oder chronologisch, sie durchdringen sich vielmehr mehr oder weniger, wenngleich die Perceptbildung – insbesondere für Kinder und Jugendliche mit geringerer Erfahrung und Übung als Erwachsene – vielleicht der erste und entscheidende Zugriff ist. Der Begriff macht deutlich – ganz ähnlich den Aussagen der Rezeptions- und Wirkungsästhetik –, dass die Qualität dessen, was vermittelt wird, vom ästhetischen Objekt und ganz entscheidend vom rezipierenden Subjekt bestimmt wird. Die eher rational geprägte Analyse, die genauer nach der Formqualität, nach Einfluss nehmenden Sekundärfaktoren forscht und hier wesentliche Ebenen des Erkennens wie des Genusses fördern kann, baut sich modifizierend, verstärkend, klärend, manchmal auch erweiternd und verändernd auf dem Percept auf, und verlangt die Erfahrung bewusster methodischer Zugriffe, die erlernt, erprobt, gefunden werden müssen.

Ein wesentliches Ziel des Unterrichts muss es sein, ästhetische Prozesse als Form spezifischer sinnlicher Erkenntnis zu initiieren. Und wenn hier vom ästhetischen Prozess gesprochen wird, so vornehmlich im Sinne der Perceptbildung, einer Einheit von Emotion- und Denk-Assoziationen, von Anmutung und kritischer Idee, von Vorgegebenem und all dem, was sich im Kopf bereitfindet. Es geht also um die Aufgabe, Schülern die Erfahrung ästhetischer Prozesse zu ermöglichen, damit sie lernen und subjektiv erfahren, welche Funktionsmöglichkeiten im Umgang mit Sprache, mit Bildern stecken können.

Der Bezug zwischen Lyrik und Bild ist ein Beispiel für einen ästhetischen Lern- und Erfahrungsprozess. Die Illustration zu einem Text kann dessen Aussage veranschaulichen, bildlich wiederholen, dekorativ schmücken. Wesentlicher sind Versuche die Aussage des Textes in Inhalt und Ästhetik aufzugreifen, zu vertiefen, zu akzentuieren, zu erweitern, Interpretationsangebote zu machen. Vom Erzählgedicht abgesehen lebt die Lyrik weniger von der narrativen Schilderung von Szenen, von Gegebenheiten, von Handlungsprozessen, denn von Stimmungen, Atmosphäre, vom „inneren Bild", von einer bildlichen Symbolsprache. Das direkte Aufgreifen des Sprachbildes, der Metapher, in ein Bildmotiv kann ein Gedicht zerstören, kann es unglaubwürdig, ja lächerlich machen, es ist im Unterricht nur sinnvoll, wenn es darum geht, Trivial-Symbole oder Klischees satirisch aufzudecken. Das aber ist hier nicht gemeint. Es soll vielmehr erfahren werden, wie das Bild den Charakter eines Gedichtes in ästhetischer Einheit aufgreifen kann, wie bei Wahrnehmung der Eigenständigkeit des Textes wie des Bildes eine innere Synthese auf einer eher emotional geprägten Ebene entstehen und sich vermitteln kann.

Eine Unterrichtseinheit in diesem Bereich – die prinzipiell auf jeder Klassenstufe durchführbar ist – sollte drei Elemente aufweisen:
1. Inszenierung, Erprobung und Erfahrung des ästhetischen Erkenntnisprozesses.
   Dabei sind drei methodische Variationen angemessen:
   Variation 1: Zuordnung vorgegebener Gedichte zu vorgegebenen Bildern
   Variation 2: eigene Text-Versuche zu vorgegebenen Bildern
   Variation 3: eigene Bild-Reaktionen zu vorgegebenen Gedichten.
   Variation 3 sollte hinsichtlich der künstlerischen Technik offen sein. Es ist aber zu beachten, dass Techniken nichts beliebiges sind, sondern ihren Einfluss auf Ästhetik und Aussage nehmen. Didaktisch ist wesentlich, dass die Technik den Schülern auch Erfolgserlebnisse ermöglicht.
   Die Variationen 1 und 3 werden nachfolgend noch genauer mit Beispielen belegt, zur Variation 2 werden im Zusammenhang des „Schreibens eigener Gedichte" Hinweise und Anregungen gegeben.
2. Reflexion des ästhetischen Prozesses und seiner Ergebnisse, mit offener Akzentsetzung; z.B. Vergleich der Arbeiten oder Versuch den Prozess zu beschreiben, Eindrücke zu schildern, Erklärungen zu formulieren (das kann mündlich oder auch schriftlich in Form von Arbeitsberichten geschehen).
3. Zusammenstellen der Ergebnisse zu einer kleinen Ausstellung oder einem (vervielfältigten) „Buch". Wichtig dabei ist, auch der Gestaltung dieses „Buches" – der Typografie, der formalen Wort-Bild-Zuordnung – Beachtung zu schenken. Das „Buch" sollte als gestaltete Einheit gesehen werden und den Spaß und Genuss an Lyrik (und Illustration) spiegeln und auch anderen vermitteln.

3.2 Gedichten vorgegebene Bilder zuordnen*

Ein Beispiel dafür, wie einem Gedicht verschiedene Bilder zugeordnet werden können, enthält die von Dietrich Grünewald konzipierte Sequenz „Text und Bild" des Lesebuchs „Leserunde" im Jahrgangsband für die 7. Klassenstufe (Dürr 1987,135 – 137). Mit dem Gedicht „Schöner" von Hilde Domin werden folgende Bilder in Beziehung gesetzt:

– Foto eines Mädchens
– Miriam Schapiro: Heartfelt (Fühlendes Herz), 1979
– Paul Klee: Herzdame, 1921
– Ph. Otto Runge: Kornblumen, 1804/06 (s. Abbildung)
– Helmut Merten: Collage, 1978.

Der Text der Lesebuchsequenz erläutert u.a.:
„Hier sind [...] Bilder zu dem Gedicht von Hilde Domin gesetzt worden, die unabhängig vom Gedicht entstanden sind, also keine Illustrationen darstellen, die in Auseinandersetzung mit dem Text geschaffen wurden. Und doch verbindet der Leser Text und Bild miteinander; Bild und Text beeinflussen sich für das Verständnis des Lesers gegenseitig. Bilder, die zu einem Text gesucht werden und zu ihm, zu seiner Aussage, seinem Charakter, seiner Stimmung passen sollen, können sehr unterschiedlich sein und den Text verschieden prägen. So kann ein Bild etwas, das im Text gesagt wird,

Schöner
Hilde Domin

Schöner sind die Gedichte des Glücks.

Wie die Blüte schöner ist als der Stengel
der sie doch treibt
sind schöner die Gedichte des Glücks.

Wie der Vogel schöner ist als das Ei
wie es schön ist wenn Licht wird
ist schöner das Glück.

Und sind schöner die Gedichte
die ich nicht schreiben werde.

veranschaulichen oder gar beweisen. Oder die Gedanken des Textes können auf bestimmte Personen oder bestimmte Stimmungen bezogen werden. Andeutungen und allgemeine Begriffe werden an Bildbeispielen festgemacht. Der Stil des Bildes kann den Charakter eines Textes unterstützen – z.B. das Traumhafte, das Poetische. [...] Ein Bild auszuwählen bedeutet somit bereits einen Text auf eine bestimmte Weise zu verstehen und zu deuten."

Losgelöst von dem Impuls im Lesebuch geht es methodisch darum, relativ spontan eine emotional bestimmte Zuordnung zu treffen, partielle Übereinstimmung, Gleichklänge, subjektiv assoziierte Bezüge zu erfassen und in der verbindenden Zusammenfügung von Gedicht und Bild sichtbar zu machen. Wesentlich dabei ist, ein umfangreiches Auswahlangebot – Material aus Illustrierten, Kalendern, Kunstpostkarten, Katalogen – zu haben, das natürlich beim Sammeln schon gewissen Vorselektionen unterworfen ist. Zum Beispiel könnte ein vorher getroffener Anhaltspunkt die Zeitgemeinsamkeit von Gedichten und Bildern sein. Wort-Bild-Kombinationen sind empfehlenswerte Möglichkeiten vorwiegend in Klassen der Orientierungsstufe. Auf diese Weise können anschauliche, lesenswerte kleine Gedichtbände entstehen. Der eigentliche Lerngewinn besteht im Prozess der Reflexion, wenn die verschiedenen Zuordnungen miteinander verglichen werden, wenn partielle Begründungen für die Wahl gegeben werden.

3.3 Auf vorgegebene Gedichte mit eigenen Bildern reagieren

(1) Ein kunsthistorisches Beispiel*

Beispiele aus der Romantik, aus dem Jugendstil, aus dem Expressionismus zeigen, wie in ästhetischer Einheit das Bild den Charakter eines Gedichtes aufgreifen kann, wie bei der Wahrnehmung der Eigenständigkeit des Textes wie des Bildes eine innere Synthese auf einer eher emotional geprägten Ebene entstehen und sich vermitteln kann (vgl. nebenstehenden Holzschnitt Ernst Ludwig Kirchners zu Georg Heym „Umbrae vitae", 1924). Vielfach sind es gerade ungegenständliche Bilder, die stilistisch und atmosphärisch auf Lyrik reagieren und Stimmungen, Eindrücke und Gefühle aufgreifen und veranschaulichen.

DIE IRREN

I.
Papierne Kronen zieren sie. Sie tragen
Holzstöcke aufrecht auf den spitzen Knien
Wie Szepter. Ihre langen Hemden schlagen
Um ihren Bauch wie Königshermelin.

68

(2) Eine Unterrichtserfahrung

Um Texte braucht der Lehrer nicht verlegen zu sein. Aus dem Angebot des Lesebuchs oder geeigneter Anthologien wird – beispielsweise – Rainer Maria Rilkes Gedicht „Der Panther" gewählt.

Der Panther
(Im Jardin des Plantes, Paris)
Rainer Maria Rilke

Sein Blick ist vom Vorübergehn der Stäbe
so müd geworden, dass er nichts mehr hält.
Ihm ist, als ob es tausend Stäbe gäbe
und hinter tausend Stäben keine Welt.

Der weiche Gang geschmeidig starker Schritte,
der sich im allerkleinsten Kreise dreht,
ist wie ein Tanz von Kraft um eine Mitte,
in der betäubt ein großer Wille steht.

Nur manchmal schiebt der Vorhang der Pupille
sich lauthals auf –. Dann geht ein Bild hinein,
geht durch der Glieder angespannte Stille –
und hört im Herzen auf zu sein.

Hinweise zum Text: Das Gedicht „Der Panther" ist das früheste und wohl auch bekannteste der sogenannten „Dinggedichte" Rilkes aus dem Buch der „Neuen Gedichte". Es ist das erste Ergebnis einer neuen Schreibweise beeinflusst von Rodin, der Rilke gedrängt hatte, „wie ein Maler oder Bildhauer vor der Natur zu arbeiten, unerbittlich begreifend und nachbildend" (zit. n. A. Stahl 1978, 187). Darum trägt das Gedicht auch den Untertitel „Im Jardin des Plantes, Paris". In den „Neuen Gedichten" hat sich Rilke selbst die Aufgabe gestellt reine Phänomene, Dinggedichte zu schaffen. Wie weit ihm das gelungen ist, wird unterschiedlich beurteilt. So schwanken auch die Deutungen von „Der Panther" „zwischen phänomenologischer (die Dinge ganz echt sehen [...]) und symbolischer Sicht (Sinnbild der im Gefängnis ihrer Isoliertheit sich verzehrenden Seele des Dichters selbst [...]), wobei eine große Bereitschaft zur Vernachlässigung zeit- und geistesgeschichtlicher Züge zu beobachten ist. Der Verlust oder die Bedrohung des natürlichen Lebensraumes ist ein bedeutendes Thema um die Jahrhundertwende." (Stahl, ebd.) Der Panther verweist darum sowohl auf eine Natur, die der Mensch sich seinem Eingriff unterworfen hat. Seiner natürlichen Welt beraubt ist der Panther zugleich aber auch, den Plastiken der Kunst vergleichbar, zum Schaustück geworden, im Käfig den Menschen zum Anschauen ausgestellt.

Intention: In der unterrichtlichen Erprobung in einer 7. Hauptschulklasse sollte überprüft werden, inwieweit die Schüler ihre Deutung des Gedichts in einer Illustration ausdrücken können und was dies zum Verständnis des Gedichts beiträgt. Die Schüler sollten sich mit dem Gedicht auseinander setzen und ihr individuelles Verhältnis zu ihm „produzieren". Zu vermeiden war, dass Sprachbilder in ein gemaltes Bild übertragen würden. Es sollten nicht schöne „Bildchen" entstehen, sondern eine Illustration gefunden werden, die ein bildnerisches Symbol darstellt, in dem die Stimmung, das Empfinden oder die Atmosphäre des Gedichtes zum Ausdruck kommt.

*Verlauf:** Nach dem Gedichtvortrag durch den Lehrer hatten die Schüler Gelegenheit ihre ersten Eindrücke zur Sprache zu bringen und sich mit den Mitschülern auszutauschen.

Die Äußerungen zeigten, wie sich die Schüler schrittweise vom Erfassen der realen Situation des Panthers an eine innere Befindlichkeit herantasteten, auf die sie verweist. Für leistungsschwächere Schüler der Klasse war diese Unterrichtsphase von großer Bedeutung. In dem Gespräch wurde auch ihnen deutlich, dass der Dichter nicht nur einen Panther in seinem Käfig beschreiben, sondern dessen innere Gefangenschaft (Selbstentfremdung) ausdrücken will, dass er eine Situation darstellt, die auch auf Menschen zutreffen kann.

Diese Einsicht ist sehr von Belang, wenn die Schüler nun mit Bildern auf den Text reagieren sollen. Dennoch sind auch während der Produktionsphase vielfach noch Gespräche über die möglichen Sinngebungen des Gedichts erforderlich, wenn die Illustration nicht zu einer realistisch-naturalistischen Darstellung des Panthers im Käfig führen soll.[1] In der Erprobung erwies sich der von den Schülern selbst gemachte Vorschlag tragfähig die Deutungen mithilfe von Flächen und Farben symbolhaft auszudrücken. Es ergab sich zwar, dass sie sich in ihren Versuchen gegenseitig beeinflussten, weil sie während der Arbeit viel miteinander über die unterschiedlichen Möglichkeiten redeten, dennoch entstanden insgesamt individuelle Bilder mit Symbolgehalt und Aussagekraft.

Abschließend wurden die Arbeiten in der Klasse ausgestellt. Jeder Schüler erhielt die Gelegenheit zu seinem Bild oder dem der Klassenkameraden etwas zu sagen oder zu erklären. Wer wollte, konnte auf der Rückseite seines Bildes schreiben, was er mit ihm ausdrücken wollte. Dies taten alle Schüler.

Jedes Bild und jede verbale Aussage besaß ihren individuellen Stellenwert für den Schüler. Den meisten war es gelungen, keine realistischen Bilder zu zeichnen, sondern in einer Bildersprache Stimmungen, Gedanken und ganz persönliche Deutungen zum Ausdruck zu bringen.

Gemeinsam machte man die Erfahrung, dass während der gesamten Arbeitsphase das Gedicht Rilkes präsent war, dass eine ununterbrochene Beschäftigung und Auseinandersetzung mit ihm stattfand. Das Illustrieren stellt folglich ein Angebot dar,

---

[1] Dass im Übrigen auch „realistische" Lösungen im literarisch-künstlerischen Leben vorkommen, belegt eine Illustration von Max Slevogt aus dem Jahre 1931 zu dem von Rilke handgeschriebenen Gedicht (Rilke, Gedichte aus den Jahren 1902 bis 1917. Frankfurt/M.: Insel 1983, 60).

individuelle Deutungen in einem produktiven Zugriff analog auszudrücken. Damit aber drängt es zugleich zur Mitteilung an andere: es wird die Basis eines gemeinsamen Deutungsgesprächs motivierter Schüler. Eine Probe:

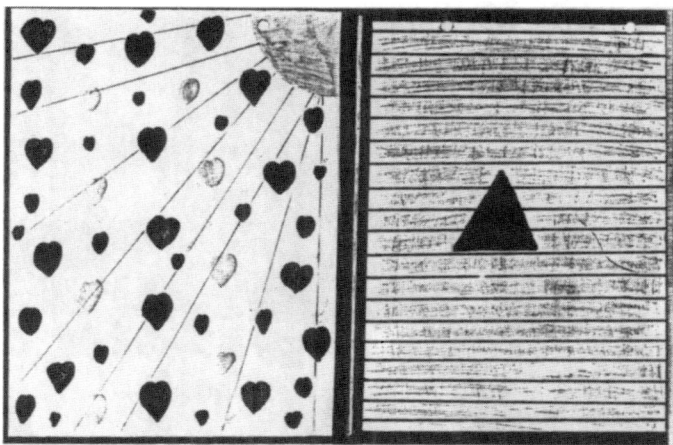

Ich habe dieses Bild gemalt, weil der Panther im Grunde genommen von der Umgebung und der Umwelt abgeschlossen ist. Die Umgebung ist fröhlich und bunt. Die Welt des Panthers ist traurig (eintönig, matt und trübe). Der dicke schwarze Strich in der Mitte ist die Trennung zwischen fröhlich und traurig. In der Mitte des Striches, das Grüne soll der kleine Schimmer Hoffnung sein. Da die Hoffnung grün ist, habe ich es grün gemacht und nicht weiß oder gelb.

3.4 Ein Gedicht durch eine Collage erschließen

(1) Eine Collage ist ein mit aufgeklebtem Papier oder anderen Materialien oder nur durch Klebearbeiten hergestelltes Bild. Schüler collagieren in aller Regel gern, besonders jene, die sich mit dem Zeichnen und Malen etwas schwer tun. Werden im Umgang mit Gedichten Collagen angefertigt, ist damit intendiert, Aussagen des Textes in Bildern (oder auch nur in Bildelementen) anschaulich zu machen und diese so zu komponieren, dass – zumindest im Ansatz – eine Interpretation entsteht. Die nachfolgende Schülerarbeit ist in einem 10. Schuljahr zu dem Gedicht „Bäume" von Heinz Piontek entstanden.

Bäume
Heinz Piontek

Ihr ja ihr.

Ruhig auf der dunklen
Erde fußend.

Doch verwundbar
wie wir,

die wir uns vorwärts
kämpfen müssen.
Nützlich oder
einfach schön

und immer etwas
Neues bedeutend.

So wachsen:

In die Höhe,
in die Tiefe

und mit
ausgebreiteten Armen.

RUHIG AUF DER DUNKLEN ERDE FUSSEND

DOCH VERWUNDBAR WIE WIR

NÜTZLICH

SO WACHSEN:
IN DIE HÖHE,
IN DIE TIEFE
und mit
AUSGEBREITETEN ARMEN

(2) Erfahrungen mit dem Gedicht *Es war einmal* von Herbert Sleegers

(2a)* Paul Valery schrieb: „Je mehr ein Gedicht Poesie ist, desto weniger kann es in Prosa gedacht werden, ohne dabei zugrunde zu gehen. Ein Gedicht kurz zusammenfassen, es in Prosa umsetzen zu wollen, heißt das Wesen einer Kunstart verkennen". Ohne die möglichen didaktischen und methodischen Implikationen, die dieser Satz eines Poeten und Poetologen umschließt, näher bedenken zu wollen, bleibt er mir Anlass genug zur Vorsicht. Zur Vorsicht gegenüber einem Literaturunterricht, der allzu forsch die Register einer Methodenorgel zieht, die den meist zaghaften Gesang – von Gedichten, von Schülern – initiieren und begleiten, aber nicht groß tönend bevormunden soll.

Über den Auftrag strikt-thematischer Bildselektion könnten einer bilderverwöhnten Generation zu einer erweiterten Teilnehmersprache Zugänge verschafft werden. Helfen wir also den Schülerinnen und Schülern, indem wir ihnen Gelegenheit bieten ihr – C.G. Jung vertrauend – „Unbewusstes und Vorbewusstes, das beständig tätig ist, zu reizen, seine Materialien zu kombinieren".

Im Unterschied zu bloß verbalen Assoziationsketten hat das thematisch gebundene Aussuchen und Zuordnen von Bildern, Fotos, von Gedrucktem etc. zu einem Gedicht Zeit, die unbewusst getroffene erste Wahl am vorgegebenen Text zu überprüfen, mit Partnern abzusprechen, mehrmals zu ordnen, zu korrigieren, sie also kognitiv und sprach(aus)lösend zu begleiten.

Nicht unmittelbar sprachlich auf ein Gedicht reagieren zu müssen, Sprachäußerungen durch Kombinieren vorgegebenen Bildermaterials vorzubereiten wird von vielen Schülerinnen und Schülern als Atempause erleichtert begrüßt; sie lässt ihnen Zeit angesichts einer zumeist vieldeutigen Gedichtsprache sich zu sammeln, schwer zu Formulierendes in einem Bild sozusagen unterzubringen und aufgrund bildhaft sich anbietender überraschender Zuordnungsmöglichkeiten sich der eigenen Gefühls- und Denklage bewusster zu werden.

Für einen solchen Zugang zu einem Gedicht mittels einer Collage wählte ich das Gedicht „Es war einmal".

Es war einmal
Herbert Sleegers

Und dann kamen
Hänsel und Gretel
und Rotkäppchen
und Rumpelstilzchen
und Dornröschen
und
Voneinemderauszog
nicht wieder.

Dieser einzige, einfache Aussagesatz hört sich an wie der Schlusssatz einer vorausgegangenen nicht erzählten Geschichte; denn die Einleitungswörter „und dann" sind Anknüpfungswörter, Verbindungspartikel, und zwar solche einer naiv-kindlichen Erzählweise, die additiv aneinander reiht. Auf den ersten Blick scheint der Satz bekannte Märchenfiguren auf eine imaginäre Bühne zu führen („Und dann kamen"). Diese Erwartung aber wird enttäuscht; denn das Kompositum „wiederkommen" fungiert als Satzklammer und negiert am Schluss, was im ersten Teil vorgeführt wird. Die Endgültigkeit des Nichtwiederkommens wird verschärft, indem das „nicht wieder" unmittelbar mit dem personifizierten Märchentitel „Voneinemderauszog" kontrastiert.

Was im erzählenden Präteritum an nicht wiedergekommenen Märchenfiguren genannt wird, steht zum einen für die Märchen selbst, zum anderen sicherlich für all das, was im weiteren und weitesten Sinn als „märchenhaft" bezeichnet wird und unwiederbringlich verloren gegangen ist.

Die Tatsache, dass sich das Gedicht jedes unmittelbaren Hinweises enthält, sondern schlicht erzählend Ungeheuerliches behauptet, war für mich entscheidend, es für eine Collagearbeit anzubieten. Es nennt Bekanntes, märchenhaft Bekanntes, was bei jedem auf halb- oder unbewusste Bildvorstellungen treffen dürfte.

Ich heftete den Text, der als Gedichtplakat erhältlich ist, an die Tafel. Er wurde ein paarmal gelesen; dann unterstrich ich die erste und die letzte Zeile und übertrug sie an die Tafel, wo sie jetzt die obere und untere Begrenzung einer Leerfläche markierten. Ohne Äußerungen abzuwarten bat ich mit den Collagen zu beginnen. (Die Klasse war mit dieser Produktionsform vertraut: Zeitschriftenmaterial, aus dem Bilder bzw. Textstücke geschnitten oder gerissen werden, lagen bereit, ebenso Scheren und Kleber. Die Schüler einigten sich paarweise, einzeln oder in Gruppen zu arbeiten. Großformatige Kartons, in deren Mitte das Gedicht stand, waren genügend vorhanden).

Während der folgenden Zeit – etwa eine Zeitstunde – beschränkte ich mich darauf, technische Hilfen zu geben, etwa bezüglich der Komposition, zu ermuntern, wo Zweifel aufkamen und unauffällig dem zuzuhören, was bei der Arbeit intern geäußert wurde.

So sehr die Arbeit intensiv und doch entspannt, beruhigt und doch lebhaft verlief, so sachlich und persönlich wurde zwischen Partnern oder in Gruppen diskutiert. Ich notierte mir bestimmte Äußerungen, auf die ich dann bei der Vorstellung der Ergebnisse zurückgriff.

Die fertigen Collagen zeigten – mit teilweise bemerkenswerten ästhetischen Kompositionen – eine zwar im Großen übereinstimmende, im Einzelnen jedoch detailreiche Fülle von „Verlorenem", von „Nichtwiederkommendem" bzw. von „Bedrohtem": Saubere Gewässer, blühende Ackerraine, unberührte Schneefelder, bedrohte bzw. ausgestorbene Tiere, ungefährdet spielende Kinder, tropische Wälder, gesunde Früchte etc.

In fast allen Collagen waren aber auch „persönliche Verluste" eingearbeitet, teilweise als fast versteckte Schriftelemente: „Eine glückliche Kindheit" (Schrift), Bilder von lachenden Erwachsenen, von friedlichen Zimmern, von aufblühenden Blumen (versehen mit dem Schriftzusatz „Mein Leben?"), von zärtlichen Eltern.

Erfreulicherweise tauchten hier und da Wunschbilder auf und Ermutigungssätze wie etwa: „Wer sich nichts wünscht, kann sich nichts erfüllen", „Mach's wie Noah"; „Europa, kein verlorener Posten". Manche „Verlustbilder" waren zu „Hoffnungsbildern" umgedeutet worden.

Ich bat die Schüler beim Vorstellen ihrer Arbeiten, beim Beschreiben der Einzelheiten möglichst viele „Weil-Sätze" zu gebrauchen. So wurde das bloße Benennen weithin zum Begründen. Kritische Einwände wurden in der Regel wohl tuend sachlich aufgenommen; mithilfe meiner Gesprächsnotizen konnte ich nachfragen, ermuntern, vertiefen, helfen.

Weil jeder zum Gedicht etwas Dingfestes produziert hatte, an dem er sich „festhalten" konnte, sprachen auch zurückhaltende oder ängstliche Schüler sicher, konkret und erstaunlich offen.

Einige begannen und beendeten ihre „Vorstellung", indem sie jeweils das Gedicht lasen.

(2b)* In einer 10. Klasse gestaltete ich den Unterricht zu „Es war einmal" (Doppelstunde) folgendermaßen:

Ich begann (ca. 20 Minuten) mit Aufwärmspielen (psychosomatische Lockerung, Beruhigung, Konzentration). In das beruhigte Gehen hinein sprach ich das Gedicht dem Geh-Rhythmus angepasst, die erste Zeile zweimal, ebenso die Schlusszeile; jede von mir gesprochene Zeile sprachen die Schüler nach; die Zeile „Voneinemderauszog" wurde gleitend-zusammengezogen gesprochen und wirkte als „Stolperstein".

Ich führte die Gruppe vor die Tafel, auf deren linke Innenseite ich den Text geschrieben hatte. Die Tafelseite wurde geöffnet, das Gedicht von einigen nochmals gelesen.

Unter anderem wurde Folgendes geäußert: „Das ist so wie bei uns: wenn man klein ist, werden einem noch Märchen erzählt, man wird umsorgt, wenn man älter wird, kümmert sich keiner mehr um einen, dann muss man selbst sehen, wie man fertig wird."

Ich öffnete die rechte Tafelseite; dort hing eine fertige Collage aus gerissenen Zeitschriftenbildern und -texten, die Mitte war in der Größe des Textes ausgespart.

Die Collage wurde betrachtet und kommentiert. Eine Schülerin heftete den Gedichttext in die freie Mitte.

Ich bat nun die Schüler selbst eine Collage zu versuchen. Zeitschriften, jeweils ein großer Karton, der Text, Stifte, Klebematerial, Scheren lagen auf den Gruppentischen bereit. Dauer der Gruppenarbeit ca. 35 Minuten.

Die Schüler kamen mit den fertigen Arbeiten in einen Kreis, stellten die Collagen vor und kommentierten, gaben Auskunft. Ich bat auf Geschmackswertungen zu verzichten.

Zum Schluss ließ ich alle Collagen umdrehen, auch an der Tafel war nur noch der Gedichttext zu sehen.

Das Gedicht wurde nochmals gelesen und das jetzige Lesen mit dem zu Anfang der Stunde verglichen. Dabei wurde unter anderem gesagt: „Man denkt sich jetzt viel mehr dabei. – Vieles kommt nicht wieder, weil es nicht erzählt wird. – Durch Erzählen wird etwas zum Bestandteil des eigenen Lebens".

Zum Schluss verdeckte ich im Text das Wörtchen „nicht" und fragte: Was müsste sich ändern, damit die Märchenfiguren und all das, was ihr dazugedacht habt, wiederkommen?

4. Rhythmisches und musikalisches Erspielen

4.1 Hinweise zum Verfahren *

Das rhythmische und musikalische Erspielen bedeutet ein Bündel möglicher Erschließungs- und Aneignungsverfahren, die praktisch erprobt werden müssen, ehe man ihnen einen konsensfähigen theoretisch-hermeneutischen Stellenwert zuweisen kann. Aber vor aller Erprobung und praxisbezogener theoretischer Reflexion ist der Frage nachzugehen, wie musikalisch-rhythmische Verfahren (Spiel-, Arbeitsweisen) in Anwendung auf poetische Texte zu legitimieren sind.

Hierbei geht es mir nicht um die Vertonung von Gedichten, sodass sie als Lieder singbar werden. Auch nicht um die romantisch-poetische Idee, das immanente Klangpotenzial der Sprache dichterisch bis zu jenem Punkt hervorzutreiben, in dem Sprachklang und Musik einander wie von selbst berühren. Die Frage heißt: Sind musikalische Aktivitäten oder Mittel geeignet das Verstehen und Aneignen von Gedichten zu unterstützen?

Musik und Poesie als „gebundene" Sprache haben ein gemeinsames Element, das für beide unverzichtbar ist, den Rhythmus. Nun bleibt bei den meisten „Gedichtbehandlungen im Unterricht" dieses für poetische Sprache konstitutive Element des Rhythmus außer Betracht.

Warum? Ich vermute, erstens, weil der Unterschied zwischen Rhythmus und Metrum nicht bekannt ist oder nicht deutlich gemacht wird; zweitens, weil das schulische Interpretieren auf den sogenannten Inhalt fixiert ist wie die Katze auf die Maus; drittens, weil in Verkennung des dialektischen Verhältnisses von Form und Inhalt formale Merkmale eines Gedichts registriert werden, als handele es sich lediglich um Randerscheinungen (Reim, Alliteration, Strophen, Metrum etc.), um dekorative Applikationen oder um stilistische Schnörkel. Dass dies auch heutzutage weithin noch so ist, weist auf eine Interpretationspraxis hin (von hermeneutischer Arbeit zu sprechen wäre ein Euphemismus), deren Bedingungen so vordergründig sind, dass sie bei einer ernsthaften und konsequenten Befragung erst gar nicht ins Auge fallen. Ich meine den körperlichen Habitus des schulischen Lernens, der dann die Vorstellung von Lernen überhaupt und dessen Praxis prägt. Der Lernende sitzt, und zwar vor einem Tisch oder einer „Bank", damit er die optimalen Voraussetzungen hat fürs Schreiben. Dieses, das Schreiben in all seinen Formen und Nuancen, vor allem aber in seiner körperlich reduzierten Ausgangslage, beansprucht den Ausübenden in der Auseinandersetzung mit dem Lernstoff. Dagegen wäre nichts einzuwenden, besonders nicht, falls es zu kreativen Schreibakten kommt, wenn diese körperlich ruhig gestellte Art des Lernens nicht eine fraglose und unangefochtene wäre und vor jedem Lernstoff sich breitmachte. Angesichts der Auseinandersetzung mit einem Gedicht wird niemand den Wert der vielfältig möglichen Schreibhandlungen bestreiten; sie sind sogar in einem äußeren Sinne angemessen, weil das Gedicht (weil der meiste Lernstoff) offeriert wird als etwas Geschriebenes, als Gedrucktes.

Um jedoch (beispielsweise) den Rhythmus eines Gedichts zu erfahren erweist sich die still gesetzte Haltung des Schreib (Hör-, Seh-)Lernens nicht nur als wenig geeignet, sondern als lernverhindernd.

Das metrische Schema eines Gedichts kann ich als Abfolge von Hebungen und Senkungen klopfen lassen, ohne dass ich mehr bewege als meine Finger. Der Rhythmus aber als die individuelle Gestik eines Gedichts, als seine spezifische Gangart, die mit den Wörtern deren Sinn bewegt, kommt nicht auf metronomischen Versfüßen daher. Das konnte und kann gelingen – im Deutschen – wenn ohne Vergewaltigung der auf Sinnbetonung angelegten Wörter das Quantitätenmetrum (kurzlang) der antiken Dichtung mit dem Duktus der deutschen Rede, der Bedeutungen qualifiziert (unbetont-betont), in vollkommene Kongruenz gebracht wurde. Dann entanden z.B. vollendete klopstocksche „Wortfüße". Wogegen die bis zum Schematismus regelgeleitete Lyrik Schillers teilweise eine Gangart hat, die so angelernt und zugelegt wirkt, als trüge ein schwäbelnder Alemanne eine römische Toga.

Was der Rhythmus in seiner Differenz zum Metrum und in seiner Nähe zu ihm bedeutet, was er im Gedicht selbst und im Leser/Hörer in Gang setzen kann, das mag deutlicher werden an einem Vers von Hölderlin, dem Meister rhythmischer Gestaltung.

Ich wähle den Eingang des „Neckar"-Gedichts. Es hat die Form der Ode, und zwar die der sog. alkäischen Ode. Ihr metrisches Schema kann so notiert werden:

∪ – ∪ – ∪ / – ∪ ∪ – ∪ –
∪ – ∪ – ∪ / – ∪ ∪ – ∪ –
∪ – ∪ – ∪ – ∪ – ∪
– ∪ ∪ – ∪ ∪ – ∪ – ∪

(Zwei Elfsilber, ein Neunsilber und ein Zehnsilber)

„In deinen Tälern wachte mein Herz mir auf
zum Leben, deine Wellen umspielten mich,
und all der holden Hügel, die dich
Wanderer! kennen, ist keiner fremd mir".

Liest man die Strophe gemäß dem alkäischen Metrum-Schema, so hört man ein fremdartig artifizielles Gebilde; Silben werden akzentuiert, die der deutschen Betonung zuwiderlaufen. Hölderlin hat seine Gedichtsprache nicht kongruent dem antiken Metrum angepasst. Aber er benutzt es sozusagen als rhythmisches Leitmotiv; das Metrum kommt seiner rhythmischen Absicht entgegen. Es schreibt in seinen steigenden und fallenden Teilen eine Wellenbewegung vor. Diese Wellenbewegung nimmt Hölderlin auf, durchformt sie spielerisch, sodass aus der starren Grundfigur eine dynamische Bewegung wird.

Das Metrum geht in den Rhythmus über, dient diesem gleichsam als Stabilisator, und aus der formimmanenten Auseinandersetzung zwischen Metrum und Rhythmus entsteht ein lebendig bewegter Sprach-Fluss, der den „Sinn" des Gedichts – inhaltlich ausgewiesen als „Neckar" – sicher trägt. Durch den wellenförmig auf- und abschwellenden, hinübergleitenden Rhythmus, den Hölderlin der alkäischen Strophe eingibt, unterlegt oder besser: belebt er seine poetische Aussage mit einer Gangart und Gestik, die diese Aussage weniger im Einzelnen als vielmehr im Allgemeinen sinnlich erfahrbar machen. Vor aller intellektuell bemühten Deutung und Auslegung (die „sitzend", schreibend, reflektierend erledigt werden kann) sollte es unerlässlich sein, die rhythmische Gestik eines sprechenden Sprachkörpers wahrzunehmen und in wörtlichem Sinne nachzuvollziehen. Dazu aber ist es notwendig, die der Rezeption angemessene Körperhaltung des Sitzens aufzugeben zugunsten einer bewegungsoffenen und -bereiten Stellung.

Bleiben wir noch eine Weile bei Hölderlin, an dessen Dichtungsgeschichte die Genesis einer genuin deutschen Sprachrhythmik abzulesen ist. Bis in seine Spätwerke hinein (die Hymnen vor allem) ist unterschwellig die klassisch-antike Vorgabe jeweils besonderer Metren als geregelte Abfolge, als Kurvatur von Hebungen und Senkungen, Betonungen und Minderbetonungen zu spüren. Mehr und mehr aber gewinnt der von metrischen Verbindlichkeiten freigespielte Vers die Oberhand. „Der Rhythmus geht von der Sprache, nicht von der – traditionalen – Versgestalt aus" (Binder 1983, 30). Man könnte auch sagen, der Rhythmus emanzipiert sich; aber nicht im Sinne einer geschichtslosen Verwerfung und Aufkündigung aller ehemals verbindlichen poetischen Normen, sondern als eine Integrations- und Weiterführungsarbeit, die Zäsuren, disparate Rhythmusblöcke, Kadenzen, harte Fügungen und „gegenrhythmische Unterbrechungen" (Hölderlin) nicht scheut. Jede neue dichterische Aussageabsicht – bei Hölderlin wäre das Wort „Botschaft" fraglos am Platz – erobert sich rhythmisch eine jeweils neu aus sich selbst bildende Sprachform.

Paul Celan hat gesagt, eingedenk des wohl höchstmodernen Erbes Hölderlins: „Jeden Pfeil, den du losschickst, begleitet das mitgeschossene Ziel." Hölderlins späte Sprache ist dieser Pfeil, der sein Ziel, die jeweilige Kunstform, mitschießt. Ein Beispiel dafür wäre der merkwürdige Vers, merkwürdig insofern, als er „mantisch" (seherhaft) und semantisch auf das noch gar nicht absehbare Wohnen im Tübinger Turm vorausdeutet:

Will einer wohnen,
so sei es an Treppen
und wo ein Häuslein hinabhängt,
am Wasser halte dich auf.

Abgesehen davon, dass dieser geniale Vers die niemals abzukappende „Modernität" (und gleichzeitig deren meisterhaft gültige Korrektur) Hölderlins belegt, stellt er ein rhythmisiertes Sprachgebilde dar, welches das daktylische Metrum ($-\smile\smile$) benutzt lediglich als Wirbelsäule, die aber erst in Ausbiegungen, in federnder Retardierung und in verhaltenem Nachschwingen zum beweglichen Rückgrat einer Sprachperson wird.

Vor jedem interpretatorischen Diskurs (konkret: vor jeder „Bankarbeit", die so oft der leer laufende Motor ist von ignorant-überheblichen, werkfernen Selbstdarstellungen) müsste der Raum dieses Gedichts ausgeschritten werden; mehr noch: müsste der Raum dieses Gedichts gestisch dimensioniert, also hergestellt werden: Die absichtgeleiteten, willentlich vorandrängenden Schritte kommen rasch an ihr Ende, dort wo ein Dilemma sich quer stellt; entweder „an Treppen" hinauf (bzw. hinunter) oder dorthin „wo ein Häuslein hinabhängt". Die rhythmische Gangart der beherzten Wohnungssuche ($-\smile\smile$, so das Metrum, das Überlieferte, die vorgegebene und wie von selbst sich einstellende hochgemute Schrittfolge eines, der endlich nach Hause will) wird gebremst durch die den Schritt, die Gestik, den körperlich manifesten Elan aufhaltende Einsicht, dass menschliches Wohnen in Wirklichkeit ein transitorischer Zustand ist, ein Aufenthalt am Vorübergehenden. Fließenden, am „Wasser".

Ein konkret ausgeführtes, metrisch-gehorsames, ja marionettenhaft automatisches oder mechanisches „Schritt-für-Schrittchen" ($-\smile\smile$) würde die vom Dichter intendierte, aus Fühlen, Empfinden, aus Erfahrung und Ahnung sich herleitende und mit jedem Wort stärker dominierende Rhythmus-Gangart erst deutlich und sinnverweisend erlebbar machen. Die Synkopen (der Ausfall einer Senkung) signalisieren bei „wo" und „Wasser" (bewusst alliterativ verbunden) keine poetische Verlegenheit, sondern eine unumgängliche „versetzte Betonung", eine rhythmisch gestische Auskunft, die im körperlichen Nachvollzug erfahren werden kann als Aufhebung des gedankenlos-metrischen Fortschreitens, als Störung, die zum individuellen Sich-innewerden Anlass gibt.

Wird diese Gangart-Inszenierung etwa von Rhythmusinstrumenten unterstützt, begleitet und verdeutlicht, so würde sich eine spontane Beschreibung, eine aktuelle Artikulation des Bewegungsablaufs der jeweils Gehenden schon mittendrin in der dichterischen Aussage finden. Die bewegungspraktische Vitalisierung des Rhythmus wäre also ein unmittelbar erfahrbarer Beleg für die gestalthafte Einheit von Inhalt und Form..[2]

Um zum praktisch-methodischen Ausgangspunkt zurückzukommen: Die Vitalisierung des Rhythmus eines Gedichts durch körperliche Aneignung mittels Gehen, Sichbewegen, instrumentaler Rhythmisierung (und deren unmittelbarer Beschreibung, Evokation) ist ein sinnvoller Ersatz bzw. eine Korrektur der sogenannten Spontanreaktionen, die, weil an Sprachäußerung gebunden, den zweiten Schritt vor dem ersten tut.

Sie ist zugleich eine relativ verlässliche Gewähr für eine werkgerechte Auslegung, ohne der Bedeutungsvielfalt eines Gedichts Grenzen zu stecken oder die bedeutungsherstellende, individuelle Arbeit des Rezipienten zu beeinträchtigen. Denn der Rhythmus ist gleichsam der Schwingboden, der das Gedicht trägt oder auf dem die Wörter des Gedichts sich bewegen. Er wird vom Dichter, ob bewusst oder unbewusst, ob willkürlich oder unwillkürlich, zuerst gelegt. Die „Idee" zu einem Gedicht, ein Satz, ein Wort, eine Metapher, sie ist immer ein rhythmisch bewegtes Wort, insofern es (nicht nur) als Bedeutungsträger „aus der Reihe tanzt", aus der Reihe nämlich des alltäglichen Sprachenensembles.

Wenn Rhythmus und Sprache intuitiv und von Anfang an „stimmen", d.h. wenn sie einander sich nachtanzen zum vollendeten Gedichtkörper, werden Rhythmus und Sprache einander die Priorität nicht streitig machen; sie verkörpern zusammen eine Gebärde, die praktisch nachzuvollziehen bedeutet: den sinnlichen Ausdruck einer Bedeutung mir aneignen, die ohne diesen körperlich-sinnlichen Ausdruck allzu leicht wegschwebt ins Spekulative.

Weswegen ich aber das „somatische Innewerden" des Rhythmus für so wichtig halte, viel wichtiger als Beliebigkeits-Statements, ist Folgendes: Der Rhythmus eines

---

[2] Das Verhältnis von Metrum und Rhythmus könnte man bildlich auch so verdeutlichen: Es gibt Aquarelle, z. B. von Cezanne, wo die sozusagen metrische Struktur als Bleistiftskizze überall durchscheint. Die rhythmisierende Farbgebung ist an einigen Stellen kongruent mit der Bleistiftkontur, an den meisten Stellen jedoch führt sie über diese Begrenzung hinaus, hält sich fern von ihr, sodass „weiße" Felder entstehen, oder sie benützt die Linien als Tanzseil. Aus solcher „formalen Anschauung" entsteht die Einsicht, dass Kunst immer ein Spiel ist mit einer Norm zwecks deren Infragestellung, ein Spiel von Ordnung und Neuordnung; ein ästhetischer Balanceakt von Norm und deren Aufhebung.

Gedichts ist vorgegeben; er ist gewissermaßen die spezifische Objektivität eines Gedichts. Er ist Fundament, Struktur und Movens eines poetischen Gebildes. Er kann vom Leser/Hörer/Sprecher nur in ganz beschränkten Spielarten individuell und subjektiv variiert werden. Darum soll er als „Raum" oder als „Richtung" oder als „Gangart" oder figurierende Gebärde für alle weiteren Auslegungen und Aneignungsmöglichkeiten erst mal erfahren und körperlich verinnerlicht, „veräußerlicht" und „eingeübt" werden. Er bildet sozusagen die Lineatur, auf der die vielfältigen Deutungen überhaupt erst diskussionsfähig, kritikwürdig und glaubhaft werden. Er stellt die vital-geistige Verbindlichkeit dar, deren Missachtung einen hermeneutischen Irrweg vorzeichnet.

Musikalisches Erspielen hingegen ist eigentlich schon ein zweiter, ein weiterer Schritt. Ob stimmlich oder instrumental – es drückt Empfindungen aus (oder will diese hervorrufen, bestärken oder in eine bestimmte Richtung weisen), die mehr oder weniger stark inhaltlich gewonnen und gestimmt sind. Musikalisches Erspielen (als Paraphrasieren, Intonation, Hintergrund bzw. „Vorhang", Begleitung etc.) ist gewissermaßen schon „Überbau" auf der Basis des Rhythmus. Darum vielfältiger, subjektiver, in positivem Sinne beliebig, kreativ oder fantasievoll probierend.

Es steht natürlich, wie das rhythmische Erschließen, in Verbindung mit verbalen Übereinkünften. Aber, sofern es eine hermeneutische Methode unter anderen ist (und sich nicht auf dem Weg befindet zu einer „gesamtkunstwerklichen Aufführung"), ersetzt es nicht eine verbale Interpretation; es kann sie vorbereiten oder weiterführen. Aber eigentlich liegt sein originaler Wert darin, dass es die kaum noch verbalisierbaren Bedeutungs-Ränder poetischer Aussagen zum Tönen bringt, sie empfindbar macht oder sie (durch einfallsreiche, witzige, provozierende Verklanglichung bzw. Musikalisierung) als Bemerkenswertes und Frag-Würdiges und Beachtliches zu Gehör bringt.

4.2 Unterrichtserfahrungen

4.2.1 Rhythmische Erschließung eines Gedichtes*

Der Trapper
Ralf Thenior

Aus den Savannen
kommt er geritten
mit heißem Gesicht
das Gewehr auf dem Rücken
er hätte noch weitergejagt
aber seine Mutti hat gesagt
wenn die Lampen angehn
kommst du nach Haus.

Fantasie und Wirklichkeit: Ein Kind, das im Spiel eine fantastische, neue Identität auslebt, wird von der Alltagsrealität überrascht und eingeholt; utopische, abenteuerliche Freiheit und erzieherische Begrenzung – dies wird von Ralf Thenior auf die poetische Reihe gebracht als eine witzig ironische Miniatur. Der kindlich-ernste Höhenritt wird überraschend zu Fall gebracht, aber er wird nicht als kindisch entlarvt, im Gegenteil; das abrupt ins Spiel fahrende Gebot nach Haus zu kommen wird, als Mutti-Sorge, preisgegeben, doch nicht dem Gelächter, sondern einem Schmunzeln, das beide Kontrahenten versöhnt, wenigstens auf der inhaltlichen Oberflächenebene.

Lässt man sich jedoch auf den Rhythmus ein, der die Gedichtzeilen trägt und bewegt, erfährt man eine untergründige, zweite Bedeutungsebene, die der zutage liegenden harmlos-witzigen eine nahezu bestürzende Tiefendimension gibt.

Das Gedicht wurde innerhalb einer thematischen Sequenz „Fantasie und Wirklichkeit, Wunsch und Realität" behandelt. Ich begann mit einer „erwartungsauslösenden" Musik (zusammengeschnitten aus einigen von Ennio Morricones Westernfilmmusiken). Sie wurde assoziiert mit „Weite, Ferne, bedrohlich, Berge im Hintergrund, Sonnenuntergang" etc., jedenfalls mit einer Art „Kulisse", vor der eine Handlung „passieren müsste".

In die leise gestellte Musik hinein klopfte ich den Takt des Gedichtes, rhythmisch umspielt; zuerst leise und gedehnt, dann lauter werdend und im Tempo forcierter, und zwar den Verstakt bis zum Ende der vierten Zeile („das Gewehr auf dem Rücken"). Nach einer Wiederholung klopften die Schüler mit. Die Bitte den Körper dabei mitzubewegen war fast überflüssig, da etliche ohnehin schon reiterartige Bewegungen mitmachten.

Vermutungen, Vorstellungen, Erinnerungsbilder, die der gehörte und mitvollzogene Rhythmus wachgerufen hatte, wurden geäußert und an der Tafel notiert: Da reitet jemand – er kommt näher – ein Cowboy – er trabt – jemand reitet durch die Prärie etc.

Erneut wurde der Rhythmus hörbar gemacht und mitvollzogen. Die jähe Zäsur nach „gejagt" (Ende der fünften Zeile) sowie der völlig aus dem Tritt geratene Rhythmus der letzten Zeilen ließen fantasievolle Vermutungen entstehen: Der Reiter ist gestürzt – das Pferd hat gescheut, vielleicht vor einer Schlange – er ist überfallen worden.

Ich fügte alle Stichwörter zu einem „lockeren" Gedicht. Daneben schrieb ich die ersten fünf Zeilen des Originals. Die Ähnlichkeit des rhythmisch antizipierten Textes mit dem Original war verblüffend.

Mit akustischen und Tempovariationen des Rhythmus wurde der Gedichtteil gemeinsam gesprochen.

Als ich den Schluss des Originaltextes anschrieb, löste sich die Spannung in einem befreienden Lachen; die Mutter wurde als Spielverderberin bezeichnet, vergleichbare eigene Erlebnisse wurden erzählt, und dass für ein Kind in solchen Augenblicken eine Welt zusammenstürzt, war das gemeinsame Resümee.

Während späterer Gedichtbehandlungen konnte ich auf diese rhythmische Erfahrung zurückgreifen, mit deren Hilfe der Sinn eines Gedichts nicht primär durch Befassung mit der Gedichtsprache (was von etlichen Schülern als hilfreich empfunden wurde) erschlossen worden war, sondern durch einen konkreten, mitvollziehbaren Bewegungsablauf, welcher die Bewegung des Gedicht-Körpers selbst ist.

Hinzugefügt sei: Das Rhythmusspiel verlief keineswegs störungsfrei: Zu Anfang versuchten einige, es für ihre eigenen „spontan-albernen" Einfälle zu vereinnahmen und zu verselbstständigen. Wo Unsicherheit offensichtlich der Auslöser war, verabredeten wir einen zeitweiligen Dispens, die anderen konnte ich mit Unterstützung der Spiel- und Lernwilligen dazu bewegen, den Kassettenrekorder zu bedienen bzw. mit mir zusammen am Tisch einen kongruenten Rhythmus zu versuchen.

4.2.2 Gedichten Musik zuordnen

Wie beim Zuordnen von Bildern zu Gedichten ist auch hierbei intendiert, durch eine primär emotionale Zuordnung von Musik zu einem vorgegebenen Gedicht potenzielle Übereinstimmung, Gleichklänge, subjektiv assoziierte Bezüge zu erfassen und in der verbindenden Zusammenfügung von Gedicht und Musik erfahrbar werden zu lassen. Und wie dort besteht auch hier der eigentliche Gewinn nicht im Finden einer „passenden" Musik, sondern im Prozess der Reflexion, wenn die verschiedenen Zuordnungen miteinander verglichen, wenn Begründungen für die Wahl gegeben werden. – Zur Anregung ein Textbeispiel mit Bearbeitungshinweisen:

Mählich durchbrechende Sonne
Arno Holz

Schönes.
grünes, weiches
Gras.

Drin
liege ich.

Inmitten goldgelber
Butterblumen !

Über mir … warm … der Himmel:

Ein
weites, schütteres,
lichtwühlig, lichtlebendig, lichtwog_g
zitterndes
Weiß,

das mir die
Augen
langsam … ganz … langsam
schließt.

Wehende … Luft … kaum merklich
ein Duft, ein
zartes … Summen.

Nun
bin ich fern
von jeder Welt,
ein sanftes Rot erfüllt mich ganz
und
deutlich … spüre ich … wie die
Sonne
mir durchs Blut
rinnt.
Minutenlang.

Versunken
alles … Nur noch
ich.

Selig!

– Klasse in Gruppen aufteilen. Das Gedicht gruppenweise lesen. Auftrag: Empfindet die dargestellten Bewegungen nach und gestaltet sie mit der Hand oder mit dem Oberkörper.
– Musik anbieten. Auftrag: Ihr hört von der Kassette fünf Melodien (u.a.: Edvard Grieg: Morgenstimmung. Aus: Peer Gynt-Suite, Nr. 1; Friedrich Smetana: Morgenstimmung. Aus: Die Moldau). Entscheidet, welche Musik besonders gut zum Text passt. Sprecht über die Gründe eurer Entscheidung.
– Alternativer oder ergänzender Auftrag: Ihr kennt deutsche und fremde Volkslieder. Summt die Melodien leise vor euch hin. Welche trifft die Stimmung und den Inhalt des Gedichtes besonders gut?
– Selbstständig Musik auswählen. Auftrag: Sucht zu Hause aus eurer (Lieblings-) Musik einen Titel aus, der eurer Meinung nach der Stimmung dieses Gedichtes entspricht.
– Gedicht sprechen und dazu leise die Musik spielen.

4.2.3 Ein Gedicht mit einer Melodie unterlegen

(1) Als Beispiel für dieses Verfahren wurde in einer 8. Hauptschulklasse* die Moritat gewählt; es lässt sich aber auch auf Formen der Naturlyrik, vor allem liedhafte Texte, übertragen.

Die Heldin Isabell

1. Eine Heldin wohl erzogen mit Namen Isabell,
   sie schoss mit Pfeil und Bogen so gut als Wilhelm Tell.

2. Ein Ritter jung an Jahren mit Namen Eduard
   bei einem Ritterspiele in sie verliebet ward.

3. Er schenkt ihr Papageien wohl aus Italien,
   er schoss ihr zum Erfreuen die schönste Wachtelhenn'.

4. Er schenkt ihr in der Stille den schönsten Ritterstrauß,
   doch nichts brach ihren Willen, sie schlug ihm alles aus.

5. Fahr hin, du Stolze, Spröde, dein Stolz wird dich gereun,
   wenn ich einst tot sein werde, wirst du in Tränen sein.

6. Einst ritt sie eine Strecke als Jägerin in das Holz,
   da erblickt sie in einer Hecke einen Bären gar ernst und stolz.

7. Gleich wie vom Blitz getroffen, fasst sich das kühne Weib
   und schoss mit Pfeil und Bogen dem Bären durch den Leib.

8. Das Ross musst' ihrer warten, sie eilt zum Bären hin,
   da erblickt sie Eduarden in Bärenhaut gehüllt.

9. Er konnte nicht mehr sprechen, sein Aug' umzog ein Flor
   und noch in seinem Röcheln warf er ihr Unrecht vor.

10. Sie schreit, sie jammert, klaget, rauft sich die Haare aus,
    schwingt sich aufs Ross und jaget halb bleich, halb tot nach Haus.

11. Und wieder nach sechs Wochen, von Gram verzehrt sie ward,
    begrub man ihre Knochen im Staube von Eduard.

Diese Moritat bekamen die Schüler mit nach Hause mit der Aufgabe eine bekannte Melodie zu suchen, die auf den Text passt. Das Ergebnis war überraschend. Einige Schüler kamen mit zehn und mehr Vorschlägen, wie z.B.:

– Bolle reiste jüngst zu Pfingsten
– Der Kuckuck und der Esel
– Sabinchen war ein Frauenzimmer
– So scheiden wir mit Sang und Klang
– Bald gras ich am Neckar

– Ein Heller und ein Batzen
– Kommt ein Vogel geflogen
– Die Tiroler sind lustig
– Aus grauer Städte Mauern

Alle Vorschläge wurden singenderweise auf ihre Brauchbarkeit hin überprüft. Fazit: Es war eine lustige Gedicht- und Singstunde!

(2) Sehr beliebt bei den Schülern ist Fritz Graßhoffs „Kleine Banditenballade". Es macht ihnen viel Spaß, sie, begleitet von Klatschen oder Rhythmusinstrumenten, zu sprechen oder nach unterlegten Melodien zu singen.

Kleine Banditen-Ballade
Fritz Graßhoff

Tief im Urwald Brasiliano
auf Plantage von Banano
wohnen Signor Don Juano
mit sein Schatz.
Signor spielen Pianino
Donna liegen, trinken Vino
auf Matratz.
O, prosito, sito, sito,
il finito, nito, nito,
erster Satz.

Plötzlich krauchen aus Jasmino
mit sein altes Carabino
böser Räuber Petrolino,
leis wie Katz.
Schreien: Herr mit die Peseto!
Schießen Löcher in Tapeto
batz, batz, batz.
O, prosito, sito, sito,
il finito, nito, nito,
zweiter Satz.

Signor schmeißen mit Pantino,
treffen Kerze Stearino,
alles duster wie im Kino
und Rabatz.
Aber Donna mit Caracho
knallen Räuber tacho, tacho
was vor'n Latz.
O, prosito, sito, sito,
il finito, nito, nito,
dritter Satz.

Mausetot sein Petrolino
nix mehr trinken wieder Vino,
auch nix rauchen mehr Flor fino,
nix mehr Schatz!
Donna schleppen aus Baracko
bösen Räuber huckepacko
weg vom Platz.
O, prosito, sito, sito,
il finito, nito, nito,
vierter Satz.

Tief im Urwald Brasiliano
spielen Signor Don Juano,
Donna singen zu Piano
schön wie Katz.
Alten bösen Banditillio
längst gefressen Krokodilio
mit sein Schatz.
O, prosito, sito, sito,
il finito, nito, nito,
letzter Satz.

Zu der Ballade gibt es auch eine Vertonung:

4.2.4 Eine Gedichtvertonung gemeinsam erarbeiten *

Die Schüler erhielten auf einem Arbeitsblatt die beiden Texte „Der Mond ist aufgegangen" und „Sah ein Knab ein Röslein stehn". Ersterer war allen Schülern bekannt, der zweite nur einigen. Die Texte wurden gelesen, zuerst still, dabei kam schon von einigen Schülern der Einwand: „Das sind aber keine Gedichte, das sind doch Lieder!" Dies wurde aufgegriffen und nach einem Durchlesen wurden die Lieder gesungen. Dann erhielten die Schüler das Gedicht „Frühlingsglaube" von Ludwig Uhland. Es wurde erst still gelesen, dann von einzelnen und schließlich von allen gemeinsam gesprochen. Während der Vortrag des einzelnen Schülers der Versuch ist „schön" vorzutragen, so ist der gemeinsame Vortrag immer ein chorisches Sprechen, bei dem ein gemeinsamer Ton und – beim gereimten Gedicht – das Versmaß gefunden werden müssen; zu beobachten auch beim gemeinsamen Gebet in der Kirche.

Nun wurde das Versmaß des Textes ermittelt. Dies geschah an der Tafel. Die Schüler stellten fest, dass sich unbetonte und betonte Silben abwechseln. Auch die unbetonte Silbe am Anfang (= Auftakt) wurde erkannt.

Die lin-den Lüf-te sind er-wacht,

sie säu-seln und we-ben Tag und Nacht,

sie schaf-fen an al-len En-den.

O fri-scher Duft, o neu-er Klang!

Nun, ar-mes Her-ze sei nicht bang!

Nun muss sich al-les, al-les wen-den.

Die Schüler erkannten jetzt auch die Abweichungen

– In der zweiten und in der dritten Zeile stehen jeweils zwei unbetonte Silben hintereinander.

– In der dritten Zeile sind es anstatt wie sonst vier betonte Silben nur drei.

Es folgte die Erarbeitung des Rhythmus. Dabei kamen die Schüler zu zwei Lösungen:

– betonte und unbetonte Silben sind gleich lang = gerader Takt, z.B. 2/4-Takt

– betonte Silbe ist doppelt so lang wie unbetonte = ungerader Takt, z.B. 3/4-Takt.

Dies wurde an der Tafel festgehalten:

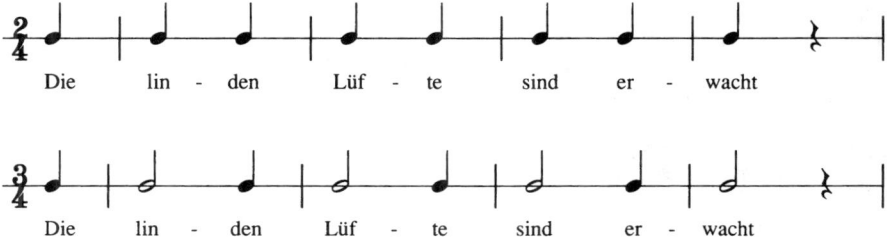

Jetzt erfuhren die Schüler, dass wir gemeinsam zu diesem Gedicht eine Melodie suchen wollten. Dazu mussten wir aus den beiden gefundenen Rhythmen einen als den „passenderen" heraussuchen. Die Schüler meinten, der ungerade Takt würde besser zum Frühling und zu „säuseln" und „weben" passen. Zu den beiden ersten Takten der Melodie kamen wir recht einfach: Die Schüler sollten mal was vor sich hinsummen. Natürlich musste der Lehrer in diesem Stadium stark mitmachen, ermuntern, helfen, verbessern.

Für den weiteren Verlauf setzten wir das Klavier ein. Dabei führte der Lehrer die Schüler durch das Vorspielen kleiner Melodien dazu, Stimmungen zu erkennen. Er fragte, zu welcher Textstelle das eine, zu welcher das andere Melodienangebot passt.

Die Schüler erkannten: Die Moll-Tonart wirkt düster, ernst; dagegen ist Dur unbeschwert, leicht. Dies führte dann wieder zum Text: Sind ernste Textstellen zu finden? Dort müsste die Melodie in Moll übergehen etc.

Die so kombinierte Melodie wurde dann ausprobiert. Den Schülern gefiel nach dem ersten Versuch die Stelle „O frischer Duft..." ganz und gar nicht. Die Silben „frisch" und „neu" wären zu stark betont, „Duft" und „Klang" müssten stärker betont werden. Also wurde geändert. Der Auftakt wurde in dieser Zeile weggelassen. Jetzt kamen sie aber mit der letzten Zeile nicht mehr zurande. Es wurde vorgeschlagen, ein „alles" wegzulassen, damit das „wenden" rhythmisch auf das „Enden" der dritten Zeile passt. Dann wurde wieder probiert, man einigte sich, und heraus kam eine Eigenproduktion, auf die alle mit Recht sehr stolz waren.

Frühlingslaube
Ludwig Uhland

Die lin - den Lüf - te sind erwacht, sie säuseln und we - hen Tag und Nacht, sie

schaffen an al - len En - den. O fri-scher Duft, o neu - er Klang!

Nun ar-mes Her - ze sei nicht bang! Nun muss sich al -les, al - les wenden.

Die Welt wird schöner mit jedem Tag,
man weiß nicht, was noch werden mag,
das Blühen will nicht enden.
Es blüht das fernste, tiefste Tal:
Nun, armes Herz, vergiss der Qual!
Nun muss sich alles, alles wenden.

4.2.5 Vertonung von Borcherts Gedicht „Was morgen ist" *

Was morgen ist
Wolfgang Borchert

Was morgen ist
auch wenn es Sorge ist,
ich sage: Ja.

So wie die Blume still
im Regen abends spricht,
weil sie im neuen Licht
auch wieder blühen will;

was morgen ist
auch wenn es Sorge ist,
ich sage: Ja.

In diesem Falle gingen wir etwas anders vor. Die Schüler erhielten den Text mit der
Aufgabe zu Hause eine Melodie zu finden. Wer sie aufschreiben konnte, sollte dies
tun. Das Ergebnis: zwei Schüler hatten ihre Melodie auf Kassette gesungen, vier
Schüler hatten ihre Melodie aufgeschrieben. Notiert sah das erste Beispiel so aus:

Diese Melodie kehrte immer wieder. Die Klasse fand sie deshalb langweilig. Das
zweite Beispiel ähnelte einem Sprechgesang, war nur rhythmisch zu erfassen. Der
Schüler hatte an seiner Orgel einen Rhythmus gewählt und den Text dazu gesungen.
Diese Lösung fand die Klasse „ganz gut", und vor allem „sehr mutig".

Von den vier Notationen war eine Arbeit besonders fleißig und ausführlich gestaltet,
ausgearbeitet mit Vorspiel und Zwischenspiel. Allerdings hatte sich die Schülerin
teilweise an die Erkennungsmelodie zur Fernsehserie „Die Schwarzwaldklinik" gehalten. Die Schüler wählten spontan diese Vorlage zu „ihrer" Melodie, wollten aber
weder Vor- noch Zwischenspiel.

Die Arbeit an der Melodie verlief wesentlich flotter als beim ersten Beispiel, da jetzt
ja eine Vorlage benutzt werden konnte. Die Schülerin hatte die Melodie in Moll geschrieben. Dies änderten die Schüler bei der Wiederholung des Zweizeilers „Ich sage ja", da sie meinten, die Melodie sei sonst zu traurig.

Das Ergebinis:

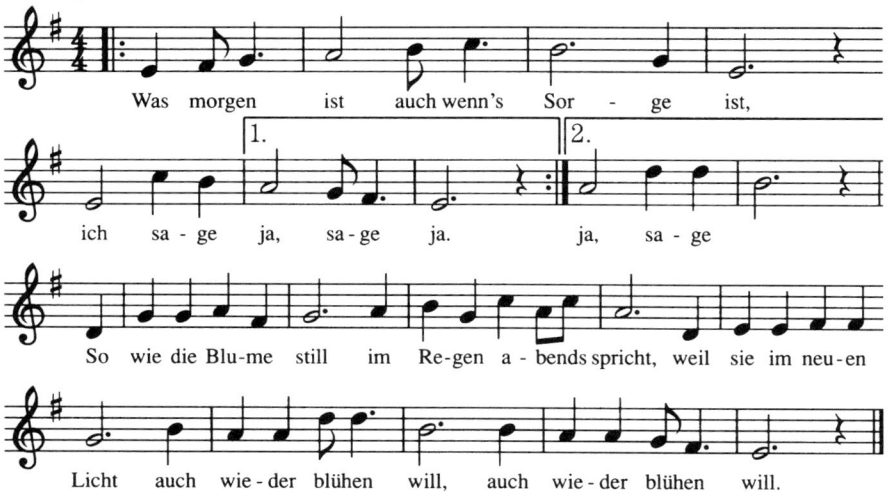

4.2.6 Kombination von gemeinsam und individuell erarbeiteter Vertonung*

Luftveränderung
Kurt Tucholsky

Fahre mit der Eisenbahn,
fahre, Junge, fahre!
Auf dem Deck vom Wasserkahn
wehen deine Haare.

Tauch in fremde Städte ein,
lauf in fremden Gassen;
höre fremde Menschen schrein,
trink aus fremden Tassen.

Flieh Betrieb und Telefon,
grab in alten Schmökern,
sieh am Seinekai, mein Sohn,
Weisheit still verhökern.

Lauf in Afrika umher,
reite durch Oasen;
lausche auf ein blaues Meer,
hör den Mistral blasen!

Wie du auch die Welt durchflitzt
ohne Rast und Ruh-:
Hinten auf dem Puffer sitzt
du.

Dieser Text wurde gemeinsam rhythmisiert. Die Schüler sollten dann zu Hause eine
Melodie finden. Eine Arbeit war so gut gelungen, dass sie fast original übernom-

men werden konnte. Dieses Lied ist seither der Hit und das meistgesungene Lied der Klasse. Was gemeinsam dazu erarbeitet wurde, ist der Refrain. Dies deshalb, weil die letzte Strophe, die als Refrain genommen wurde, inhaltlich und metrisch aus dem Rahmen fällt.

Fah - re mit der Ei - senbahn, fah - re, Jun - ge, fah - re!
Auf dem Deck vom Was-serkahn we-hen dei - ne Haa - re.

Refrain: Wie du auch die Welt durch - flitzt oh - ne Rast und

Ruh: Hin - ten auf dem Puf - fer sitzt *(klatschen)* du.

5. Dialogisieren mit einem Gedicht

5.1 Hinweise zum Verfahren *

Beim Dialogisieren mit einem Gedicht wird die Aufforderung zur Kommunikation zwischen Text und Schüler auf produktive Weise ernst genommen. Der Schüler setzt sich recht genau mit der einzelnen Verszeile bzw. syntaktischen Einheit auseinander, stellt dazu Fragen, gibt Kommentare, bewertet die Aussage und – schreibt alles unter die jeweilige Verszeile. Es genügt, wenn ein Schüler jeweils nur eine Strophe genauer untersucht. Indem er selbstständig und in relativer Ruhe jede Verszeile durchdenkt und befragt, dringt er entsprechend seinen literarischen Erfahrungen und seiner Fantasie tiefer als gewöhnlich in die Textstruktur ein. Er versucht dabei auch zu ermitteln, was nicht gesagt ist, schafft sich einen eigenen Untertext. Oft gerät er bei seiner Auseinandersetzung sogar in eine Opponentenstimmung, geht streitbar einen Dialog mit dem Autor ein.

Selbstständigkeit, Rezeptionsbefähigung und Diskursfähigkeit der Schüler können sich so kontinuierlich erhöhen, wenn der Lehrer dieses Verfahren einsetzt. Besonders geeignet hierfür sind (im Gegensatz etwa zur Stimmungslyrik) jene Gedichte, in denen ein Geschehen vorgeführt wird, deren Handlung zerlegt werden kann, die Ansätze zur differenzierten Stellungnahme bieten, die mit ihren Aussagen Reaktionen herausfordern – Zustimmung, Fragen oder auch „Dreinrede", Widerspruch.

(1) *Eine deutsche Mutter* von Erich Weinert

Eine deutsche Mutter
Erich Weinert

Paris 1933

Am Freitag holten sie den Jungen weg.
Er griff noch schnell nach ihrer Hand: „Nicht weinen!"
Sie weinte nicht. Sie stand ganz weiß vor Schreck,
Ganz weiß vor Schreck. Sie hatte nur den einen.

Sie lag im Fenster bis um Mitternacht.
Dann rannte sie zum Polizeirevier.
„Um sieben ist er aus dem Haus gebracht."
„Hans Fischer? Jakobstraße sechs? Nicht hier."

Sie lief zum Polizeipräsidium.
„Hans Fischer? Ist hier gar nicht eingetragen."
„Nicht eingetragen?" Lange stand sie stumm,
Ganz weiß vor Schreck. „Wo kann man das erfragen?"

Die lachten nur. „Das ist so eine Sache.
Vielleicht im Tempelhof, Columbiahaus!"
Sie lief dorthin. Da stand ein Posten Wache.
„Hans Fischer, lieber Herr, ist der schon raus?"

„Das weiß ich nicht. Es sind so viele hier."
Sie fasste seine Hand: „Es ist mein Sohn!"
„Dann fragen Sie beim Polizeirevier!"
Sie stand ganz weiß vor Schreck: „Da war ich schon."

Der Posten sagte: „Bitte weitergehn!"
Sie lief zurück zum Polizeirevier.
Es war schon Morgen. „Ach, Sie suchten wen!
Hans Fischer, Jakobstraße – der ist hier."

Die Tränen liefen über ihr Gesicht.
„Kann ich ihn sprechen? Kommt er nicht bald raus?"
Der Mann am Tische sagte: „Leider nicht.
Er ist gestorben. Sieht auch nicht gut aus."

Ihr Mund stand offen. Doch es kam kein Wort.
Man führte sie behutsam vor die Tür.
Im kalten Morgen stand sie wie verdorrt.
Und sank zusammen wie ein Stück Papier.

Vor tausend Türen tausend Mütter sterben.
Doch einmal wird ein wilder Wind aufstehen,
Die kalte Asche ihres Grams verwehn
Und wird die bleichen Mütterwangen färben.
Und tausend Mütter stehen auf im Land,
Der toten Söhne Fahne in der Hand.

In einer 7. Klasse in Greifswald* wurde das Dialogisieren an Weinerts Ballade erprobt. Die sonst oft beobachtete Gleichgültigkeit der Schüler gegenüber antifaschis-
tischer Dichtung wich schnell, als es zu einer eigenständig-produktiven und damit
präziseren Textanalyse kam. Die Schüler entdeckten sonst Verborgenes und setzten
sich im Wortsinne mit Text und Dichter auseinander. Im Folgenden sind ausgewählte Schülerreaktionen zu den beiden ersten Strophen zusammengefasst:

1. Am Freitag holten sie den Jungen weg.
Wer ist der Junge? Wer holte ihn warum?
Er griff noch schnell nach ihrer Hand. „Nicht weinen!"
Wie hat er das wohl gemacht? Warum der Trost? Wie hat er gesprochen?
Sie weinte nicht. Sie stand ganz weiß vor Schreck,
Woran dachte sie wohl? Was hätte sie sonst tun können?
Ganz weiß vor Schreck. Sie hatte nur den einen.
Es muss also ganz schlimm sein! Und wenn sie mehrere gehabt hätte?

2. Sie lag im Fenster bis um Mitternacht.
So sind Mütter. Doch Warten hilft oft nichts.
Dann rannte sie zum Polizeirevier.
Sie wollte etwas tun. Doch sie begreift nicht die Lage.
„Um sieben ist er aus dem Haus gebracht."
Die geben dir sowieso keine Antwort.
„Hans Fischer? Jakobstraße sechs? Nicht hier."
*Tu nur so, als ob du nachschlägst. Du musst ja auch so antworten, denn es ist dein
Befehl.*

(2) *Familienbild* von Jacques Prévert

Familienbild
Jacques Prévert

Die Mutter macht Strickarbeit
Der Sohn macht Krieg
Sie findet das ganz in Ordnung die Mutter
Und der Vater was macht der Vater?
Er macht Geschäfte
Seine Frau macht Strickarbeit
Sein Sohn Krieg
Er Geschäfte
Er findet das ganz in Ordnung der Vater
Und der Sohn und der Sohn
Was findet der Sohn?
Er findet nichts absolut nichts der Sohn
Seine Mutter macht Strickarbeit sein Vater Geschäfte er Krieg
Wenn der Krieg zu Ende ist
Wird er Geschäfte machen wie sein Vater

Der Krieg geht weiter die Mutter macht weiter sie macht Strickarbeit
Der Vater macht weiter er macht Geschäfte
Der Sohn fällt und macht nicht weiter
der Vater und die Mutter gehen zum Friedhof
Sie finden das ganz in Ordnung der Vater und die Mutter
Das Leben geht weiter das Leben samt Strickarbeit und Geschäften
Geschäften Krieg Strickarbeit Krieg
Geschäften Geschäften Geschäftigkeit
Das Leben samt Friedhof.

In einer 9. Hauptschulklasse* blieb bei der ersten Begegnung der Eindruck der Langeweile, der Teilnahmslosigkeit, der stupiden Ordnung haften; die Tätigkeiten der Familienmitglieder erschienen austauschbar; gleichgültig, ob sie Strickarbeit, Geschäfte oder Krieg machen – sie „machen".

Die Schüler wurden dann aufgefordert nach jeder Verszeile einen darauf bezogenen kurzen Kommentar zu geben oder in den Text hineinzufragen. Sie sollten sich dadurch klar werden und darüber nachdenken, welche Gefühle, Gedanken und Handlungen von den im Text vorkommenden Menschen ausgesagt werden. Durch dieses Hineinreden in den Text sollten sie sich fragen, ob die Mitglieder der hier beschriebenen Familie bloß ausgeliefert sind an von außen aufgezwungene Situationen, die sie nicht beeinflussen können, oder ob es ihre Stupidität und „Hirnlosigkeit" ist, die sie alles „in Ordnung" finden lässt.

Ihre Fragen, Meinungen, Kommentare haben die Schüler in den Text hineingeschrieben. Dadurch entstand zwar kein echter Dialog, aber eine Art Rede und Dreinrede, durch die die Deutungsansätze der Schüler erkennbar und mitteilbar wurden. (Denkbar wäre sogar, noch einmal Antworten auf die jeweiligen Schülerreaktionen zu geben und so an Schlüsselstellen des Textes in ein tiefgründiges Gespräch zu kommen.) Die „Reden" wurden dann auch mit verteilten Rollen vorgetragen. Ein Ausschnitt aus einer Gruppenarbeit:

Der Krieg geht weiter die Mutter macht weiter sie macht Strickarbeit
  – *sie lässt sich tatsächlich nicht aus der Ruhe bringen*
Der Vater macht weiter er macht Geschäfte
  – *Geschäfte blühen im Krieg*
Der Sohn fällt und macht nicht weiter
  – *keiner merkt' s, keinen interessiert' s*
Der Vater und die Mutter gehen zum Friedhof
  – *ordentlich, wie es sich gehört*
Sie finden das ganz in Ordnung der Vater und die Mutter
  – *sie sind Marionetten und machen*
Das Leben geht weiter das Leben samt Strickarbeit und Geschäften
  – *was man ihnen sagt*

Geschäften Krieg Strickarbeit Krieg
 – *Krieg gehört zum Leben*
Geschäften Geschäften Geschäftigkeit
 – *nur fleißig sein, nicht denken*
Das Leben samt Friedhof.
 – *und die Wut, das Gefühl sind weg.*

(3) Ein weiterer Textvorschlag mit Bearbeitungshinweisen

im delikatessenladen
Ernst Jandl

bitte geben sie mir eine maiwiesenkonserve
etwas höher gelegen aber nicht zu abschüssig
so, dass man darauf noch sitzen kann.

nun, dann vielleicht eine schneehalde, tiefgekühlt
ohne wintersportler, eine fichte schön beschneit
kann dabei sein.

auch nicht bliebe noch – hasen sehe ich haben sie da hängen.
zwei drei werden genügen, und natürlich einen jäger.
wo hängen denn die jäger?

Bearbeitungshinweise:
– Text sprechen. Vorbereitend dazu Pausenzeichen einbringen und hervorzu-
 hebende Wörter unterstreichen.
– Intention des Textes diskutieren: Welche Erscheinungen, gesellschaftlichen Phänomene und Verhaltensweisen stellt er dar? Mit welcher Absicht?
– Den Text als „Rollenspiel" inszenieren: ein Spieler spricht den Text, ein zweiter
 reagiert darauf im stummen Spiel, z.B. als Darsteller der jeweiligen Situation
 oder als gedachter Verkäufer.
– Dialogisieren: In den Text die Gedanken oder die Antworten des gedachten Verkäufers hineinschreiben. Überlegen: Wen vertritt er überhaupt? Welche Begründungen kann er geben? Werden seine Gedanken mit dem, was er sagt, überein-
 stimmen?
– Gedicht einschließlich der Reaktionen rollenverteilt lesen (evtl. dazu auch spielen
 lassen).

6. Gedichte inszenieren und dramatisieren

6.1 Gedichte inszenieren

6.1.1 Hinweise zum Verfahren*

Zwischen der Inszenierung eines Theaterstücks und eines Gedichtes besteht ein erheblicher Unterschied. Eine der wichtigsten Differenzen scheint mir in Folgendem zu bestehen: Während ein Theaterstück seiner Natur nach dialogisch ist (selbst die Einpersonenstücke sind auf Dialoge mit imaginären Partnern, mit dem Publikum oder als innerer dialogischer Monolog angelegt), bleibt ein Gedicht seiner sprachlogischen Struktur entsprechend die Aussage eines (lyrischen) Subjekts; die ist mit „Monolog" schlecht beschrieben.

Bühnen-Monologe bzw. Dialoge artikulieren persönliche (ethische) Positionen und deren Entwicklungen innerhalb eines Handlungsfeldes. Insofern sind die Redeanteile, trotz poetisch-formaler Fixierung grundsätzlich offen; nicht offen im Sinne von vieldeutig, sondern offen als korrigierbare Äußerungen einer in Handlungsvollzügen befindlichen Person.

Ein Gedicht aber – so könnte man bildlich sagen – ist eine nach vielen Korrekturen an ihr endgültiges Ziel gekommene Aussage. Nicht bloß Form und Gehalt sind identisch, sondern (vor allem bei modernen Gedichten) auch das lyrische Ich, das Aussagesubjekt, ist mit der Aussage so verwoben, dass es nicht herausoperiert werden kann. Ausgesagte Handlungen, die aufgrund bestimmter Wortorganisation dem Leser nahe gelegt werden, erweisen sich als scheinbar, da sie innerhalb des Sprachaktes „Gedicht" weder Ziel- noch Begründungscharakter haben; sie markieren keine bestimmte Stelle in einem Handlungsverlauf, sind also keine Handlungen mit Entscheidungsqualität, sondern ein im Gedichtganzen vernieteter Sprachteil.

Ein Gedicht will (sollte, muss) mit dem Vermögen eines Atems gesprochen werden. Und weil es wohl schwerlich eine intimere Art der Aussage gibt als ein Gedicht, kann es eigentlich gar nicht inszeniert werden; denn inszenieren heißt, in Szene setzen, d. h. nach draußen ins Öffentliche bringen, nicht als Intimes, sondern als zuvor fürs Öffentliche schon Aufgelöstes.

Heißenbüttel hat gesagt: Ein Gedicht sagt nicht, was der Fall ist. Eine Tagesmeldung sagt, was der Fall ist. Was im Gedicht „der Fall" ist, ist nicht der Fall, der in der Tagesmeldung der Fall wäre. Man könnte auch sagen: Die „Botschaft" eines Gedichts ist nicht referenziell.

Das bedeutet: Das im Gedicht so und nicht anders Ausgesagte – besser: das Gedicht als So-und-nicht-anders-Ausgesagtes – kann seiner eigenen Formtendenz nach nicht anders gesagt werden. Und doch ist die Absicht Gedichte zu inszenieren, um sie sich mit „Kopf" und „Gefühl" anzueignen, nicht zu verwerfen. Alle inszenatorischen Veränderungen können allerdings nur vorläufigen, heuristischen Charakter haben, die ihr Ziel – das unveränderbare Gedicht – als Konvergenzlinien in allen Besonderheiten Auslegungen und Abwandlungen deutlich machen müssen. Denn Ziel des Verstehens ist ja nicht ein auf halbem Wege veranstaltetes, inszeniertes Produkt, das nie mehr als eben nur halbwegs gelungen sein kann, Ziel ist das Gedicht als Unikat. Freilich lässt es unendlich viele Verstehensweisen zu; die aber hätten jeweils subjektivistische Un-Geltung, blieben sie nicht intelligent verbunden mit einem Gedicht, das über die Geltungsqualität jeder einzelnen Verstehensweise befindet.

6.1.2 Zur Vorbereitung von Gedichtinszenierungen*

Die ernsthaft-spielerische Arbeit an und mit einem Gedicht erfordert die Öffnung und das Geschmeidigwerden all der sinnlichen Fähigkeiten, die sich normalerweise unter verbalen Überspielungen verstecken: still werden, warten, zuhören, sich vertrauensvoll auf den anderen einlassen, den anderen ernst nehmen, sich selbst loslassen und relativieren in der Gewissheit gehalten zu werden.

Solche oft als überflüssige „Spielerei" abgewehrte und mit der üblichen Bezeichnung „Warming-up-Phase" allzu einseitig funktionalisierte Tätigkeit sollte vor jeder Gedichtinszenierung versucht werden – aber nicht nur bei solchen Vorhaben, sondern möglichst auch vor oder während einer methodisch anders verlaufenden Gedichtstunde. Den Schülern sollte jedoch (besonders beim ersten Mal) Sinn und Zweck dieser „Spielerei" offen gelegt werden. So erscheint es mir sinnvoll, immer wieder kurze Reflexionsphasen dazwischen zu schieben: Was haben wir jetzt gemacht? Warum? Wie habt ihr euch gefühlt? Diese Phasen sollten vom Lehrer mit großer Ernsthaftigkeit durchgeführt werden, Albernheiten sollten unterbunden werden. Das klingt etwas autoritär, dient aber der Sache ungemein. Eine conditio sine qua non ist, dass der Lehrer selbst mitmacht und nicht bloß Anweisungen gibt. Solch vielfältig variierbares Miteinanderumgehen (im wörtlichen Sinne) schafft eine Atmosphäre, die dem vom Gedicht nahe gelegten personalen Umgang mit ihm angemessen und förderlich ist.

6.1.3 Unterrichtserfahrungen

(1) *He Joe* von Ralf Thenior (8. Schuljahr)*

He Joe
Ralf Thenior

Da kommt er angehumpelt
hallo Leute
mit seinem verbundenen Zeh
was läuft denn heute
mit seiner Hand in der Tasche
was gibts Neues
mit seiner Tasche voller Erdnüsse
is hier Stimmung oder was
mit seinem Mundgeruch

glotzt nich so trübe
mit seinen abgekauten Fingernägeln
wir machen einen drauf
mit seiner Quasseltour
habt ihr keinen Bock oder was
mit seinem schwitzenden Pullover
Mensch was is den los mit euch
mit seinem Tatter
warum haut ihr denn jetzt ab

Gedanken zum Gedicht: Ralf Thenior hat zweierlei Aussageweisen – je neun Sätze – zu einem Text montiert, den man inhaltlich-allgemein als „Das Nicht-Zustandekommen eines Dialogs" bezeichnen könnte. Ein Einzelner, Joe, versucht, mit einer Gruppe, die er kennt und der er bekannt ist, Kontakt aufzunehmen. Die Gruppe lehnt ihn ab; die Kontaktierungsversuche scheitern.

In regelmäßigem Wechsel kommt die Gruppe, kommt Joe zu Wort. Das, was die Gruppe sagt, ist ein einziger Satz, der neun despektierliche, verunglimpfende Aussagen aneinander reiht. Die Gruppe nennt Joe nicht mit Namen, sie redet „über" ihn (Pronomen, 3. Person). Aus diesem lakonisch abwertenden Mauer- oder Ausschließungssatz spricht ein Gruppen-Ego, das so eingeigelt ist in Vorurteilen, dass Joe keine Chance hat mit ihm Kontakt aufzunehmen.

Dabei spricht Joe, wenngleich aufgesetzt, so doch den Jargon der Gruppe. Er redet im Vokativ, also unmittelbar anrufend, was seinen Sätzen Dringlichkeit verleiht und die letzten beiden Fragen hilflos erscheinen lässt.

Mit Joes letzter Frage „warum haut ihr denn jetzt ab" ist die Sprachsituation des Gedichts im wörtlichen Sinne aufgelöst, sie ist negativ am Ende. Das „Problem" dagegen ist inhaltlich nicht gelöst.

Indem Ralf Thenior aber seinen „Stoff" nicht auf einen „lösenden" Begriff bringt, kommt er ihm ästhetisch bei, und zwar mittels der Textform.

Der jargonhafte Gedichttitel „He Joe" lässt erkennen, wem der Autor seine Sympathie schenkt, auf wessen Seite er steht. Aber dieser eher angetupfte Sympathieerweis wird im Text selber völlig beiseite gelassen. Dort stehen, in streng durchgehaltener, quantitativer Gleichwichtung, Aussage gegen Aussage, und zwar unlösbar verschränkt innerhalb ein und derselben Textform. Und auf wessen Seite der Leser sich auch immer schlagen wird (der Autor gibt keiner von beiden einen vorentscheidenden Bonus), mit wem er es, das Gedicht verlassend und eigene Erfahrungen reflektierend, schließlich halten wird, er sollte in der Richtung des Gedichts bleiben; die aber führt am Ende wieder ins Gedicht zurück. Darin ist formal „aufgehoben" und beisammen, was in der Lebenspraxis unwiderruflich auseinander driften mag: der Ausgestoßene und die Ausstoßenden, der Vereinzelte und die Gruppe.

Wie immer sich der „Fall" tatsächlich entwickeln mag, das Gedicht als Kunstwerk wirkt integrativ; es belehrt nicht, es entscheidet nicht, noch verurteilt es; es beharrt, als ästhetisches Gebilde auf dem Zusammengefügtsein dessen, was in der Regel und um des „lieben Friedens willen" (der nie der Friede eines Gedichts ist) getrennt wird.

Intention: Dieses vom Gedicht veranlasste und dargestellte Zusammensein (in einem Boot sein), welches, da es gegen jede Tagesvernunft spricht, die Vernunft eines Gedichtes ist, wollte ich den Schülerinnen und Schülern insbesondere einsichtig werden lassen. Unterrichtlicher Kontext waren die Themen: Einsamkeit, Ausgestoßensein, Außenseiter/Gruppe; Isolation/Integration.

Durchführung: Da das Gedicht innerhalb einer Themensequenz zur Sprache kam, verzichtete ich auf eine situationelle Rahmung. Ich schrieb den Text, ohne Überschrift, an die Tafel. Das Schreiben wurde begleitet von halblautem Mitlesen, aber (natürlich) auch von Gelächter und von Kommentaren, die sich an einige Jargonfloskeln des Textes sozusagen anhängten. Auch Bewertungen sowie Unmutsäußerungen über das Verhalten der Gruppe wurden laut.

Anschließend wurde reihum, einzeln und dialogisch gelesen. Um die Redestruktur des Gedichts optisch zu verdeutlichen machten wir eine grafische Skizze:

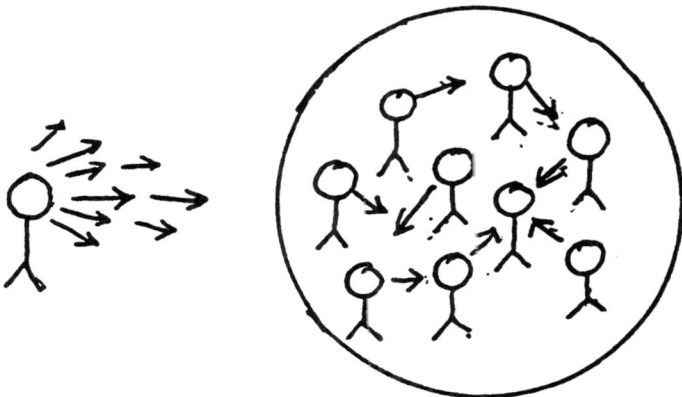

Deutung der Grafik: Was in der Gruppe gesagt wird, bleibt in der Gruppe. Es bildet sozusagen eine Mauer, die unübersteigbar ist und von der alles, was der Einzelne sagt, ungehört abprallt.

Das Entstehen und optische Verweilen bei dieser Grafik führte dazu, dass immer wieder aufkommendes Gelächter verstummte. Nachdenklichkeit stellte sich ein.

In der folgenden Schreibarbeit notierte eine Gruppe das, was der Einzelne sagt, und zwar mit möglichen Satzzeichen, je Satz eine Zeile. Eine andere Gruppe schrieb die Sätze „der anderen" als Prosatext. Das Rollenlesen gelang jetzt besser (Klangproben etwa aufgrund verschiedener Satzzeichen). Einige Schüler schlugen vor den Text zu „spielen". Ich bat, dafür noch weitere Äußerungen sowohl der Gruppe wie des Kontaktsuchenden zu überlegen.

Vorschläge für die Inszenierung: Die Gruppe steht eng beisammen, spricht zu sich selbst, nimmt keinen Blickkontakt mit dem Außenseiter auf. Dieser nähert sich, kommt – sprechend – gegen die geschlossene Rückenwand nicht an, bleibt schließlich allein zurück, die Gruppe entfernt sich, einer nach dem andern, ohne ihn eines Blickes zu würdigen. Die Inszenierung wurde mehrmals mit jeweils vorher abgesprochenen „Temperamenten" durchgeführt.

Jetzt erst schrieb ich den Titel über das Gedicht. Er wurde rasch als eine Art Begrüßung oder Aufmunterung Joes durch den Autor interpretiert. Der Autor erklärt sich mit Joe solidarisch; er steht auf der Seite des Schwächeren.

Bisher war durch das Lesen, die inszenierende Darstellung und durch die Interpretation des Titels die Entfernung zwischen der Gruppe und Joe verdeutlicht worden; jetzt versuchte ich durch die Frage „Wie stehen die Kontrahenten denn im Text des Gedichts zueinander? Sauber getrennt voneinander?" die Parteinahme zu relativieren und die Aufmerksamkeit wieder aufs Gedicht selbst zu lenken. Einige Antworten: „Die lösen sich regelmäßig ab.– Was der Joe sagt, steht immer zwischen dem, was die anderen sagen, und trotzdem kommt das nicht an bei denen – Was der Joe sagt, finde ich auch ziemlich blöde. – Der ist auch nicht viel besser als die andern. Aber die sind in der Überzahl. Dass die abhauen, damit ist auch nichts gelöst".

Wir kamen ins Gespräch darüber, dass die negativen Aussagen über Joe reichlich oberflächlich und fadenscheinig seien, die Annäherungsversuche Joes ziemlich aufdringlich; dass einseitige Wertungen oder Verurteilungen also nicht angebracht seien. Der „Fall" müsse von beiden Seiten angegangen und gelöst werden, vielleicht durch Vermittlung eines Dritten.

Hier kam die Überschrift „He Joe" wieder ins Spiel, die ich jetzt zusätzlich als Unterschrift unter das Gedicht schrieb. Sie wurde als Aufmunterung an Joe ausgelegt nicht nachzulassen und es vielleicht anders zu versuchen, über sich selbst nachzudenken und über die andern.

So löste das Gedicht einerseits Spekulationen aus über mögliche Lösungen, diente als Brücke zu eigenen Erfahrungen, die kritisch bedacht wurden; andererseits wurde es aber auch akzeptiert als Dokument eines Dilemmas, das gleichzeitig alle Beteiligten auffordert miteinander auszukommen.

Einen kleinen, erfrischenden Beweis dafür, dass das Gedicht nachgewirkt hatte, erhielt ich Wochen später: Auf dem Flur kam mir eine Schülerin, die meinem Gedichtunterricht als Gast beigewohnt und den Joe gespielt hatte, entgegen, hob die Hand, lachte und grüßte „He Joe".

(2) Ein weiterer Textvorschlag mit Bearbeitungshinweisen

Fahrend in einem bequemen Wagen
Bertolt Brecht

Fahrend in einem bequemen Wagen
Auf einer regnerischen Landstraße
Sahen wir einen zerlumpten Menschen bei Nachtanbruch
Der uns winkte, ihn mitzunehmen, sich tief verbeugend.
Wir hatten ein Dach und wir hatten Platz und wir fuhren vorüber
Und wir hörten mich sagen, mit einer grämlichen Stimme: Nein
Wir können niemand mitnehmen.
Wir waren schon weit voraus, einen Tagesmarsch vielleicht
Als ich plötzlich erschrak über diese meine Stimme
Dies mein Verhalten und diese

Ganze Welt.

Bearbeitungshinweise:
- Fragen stellen und szenisch beantworten: Wie kann es zugehen, wenn man jemand mitnimmt? Verschiedene Möglichkeiten im Rollenspiel erproben. Was spielt sich im Kopf des zerlumpten Menschen, des (lyrischen) Sprechers, des Fahrers, der Mitreisenden ab? Vorschläge als (innere) Monologe in Szene setzen. Was bedeutet bzw. was kann die Aussage „die ganze Welt" bedeuten? Mehrere Deutungsmöglichkeiten erproben, d.h. Szenen entwickeln, in denen ähnliche Verhaltensweisen der Menschen sichtbar werden.
- Über die Intention Brechts „spielend" nachdenken: Will er die berichtete Verhaltensweise als richtig bestätigen, kritisieren, verändern, zukünftig in ihr Gegenteil umkehren? Modelle und Gegenmodelle (z.B. den Traum vom guten Menschen) szenisch darstellen.

6.2 Gedichte dramatisieren

Gedichte dramatisieren, das muss nicht nur heißen sie in szenisch-darstellende Bühnen- oder Sprech-„Schau"-Spiele umzusetzen, infrage kommen auch Formen wie das Puppenspiel (z.B. mit – selbst hergestellten – Marionetten), das Schattenspiel (als Figuren- oder Menschenschattenspiel), die Pantomime und selbstverständlich auch die medialen Formen der Hörszene oder des Hörspiels (s. u. S. 161 ff.).
Nicht jedem Gedicht ist eine Dramatisierung angemessen, es eignen sich dafür Texte, die eine „Handlung" haben und auf mimisch-gestische Aktionen zielen. Erzählgedichte (vgl. z.B. „Das verhexte Telefon" oder „Die Sache mit den Klößen" von Erich Kästner) und Balladen erfüllen diese Kriterien zumeist, aber auch andere Gedichte entsprechen ihnen. Beispielsweise um außer den nachfolgend abgedruckten und kommentierten wenigstens einige zu nennen,
- für ein Schattenspiel: „Fink und Frosch" oder „Ein dicker Sack" von Wilhelm Busch, „Das Pflaumenhuhn" von Peter Hacks oder – thematisch anspruchsvoller – „Der Schneider von Ulm" von Bertolt Brecht;
- für ein Marionettenspiel: „Die kleine Banditenballade" von Fritz Grashoff (vgl. S. 86)
- für eine Pantomime: „Tragische Geschichte" von Adalbert von Chamisso oder – sehr viel anspruchsvoller - „Vor der Abfahrt" von Christa Reinig (vgl. Haas 1984, 62 f.);
- für ein darstellendes Spiel: Ernst Jandls Texte „fünfter sein", „im delikatessenladen" (vgl. S. 95) und „die tassen", „Legende von der Entstehung des Buches Taoteking auf dem Weg des Laotse in die Emigration" von Bertolt Brecht oder „Die Hirtenstrophe" von Peter Huchel.

(1) Das Gedicht „Schnee" von Ralf Thenior als Anlass für eine Kurzszene (8. Schuljahr)*

Schnee

Ralf Thenior

Ich such ne Glaskugel
so mitm Dorf drin
die man schütteln kann
dann schneit das
einfach son Dorf
in ner Glaskugel
wo das schneit
wenn man schüttelt
ne Glaskugel
so zum Schütteln
dann fällt Schnee
verstehn Sie

Gedanken zum Text: Wie oft, so nimmt Rolf Thenior auch in dem Gedicht „Schnee" etwas Unauffälliges, Banales zum Anlass, um eine alltägliche Situation poetisch so auszuleuchten, dass deren Hintergründigkeit sichtbar wird.

Da versucht einer – vermutlich in einem Laden – eine „Schneekugel" zu bekommen. In reduzierter Umgangssprache beschreibt er das „Ding". Die Warenbezeichnung „Schneekugel" scheint er nicht zu kennen; er sagt „Glaskugel" und schildert anschaulich und genau, was darin passiert, wenn man sie schüttelt. Er spricht insistierend, weil er offensichtlich nicht verstanden wird.

Mögen der Gegenstand selbst und das Reden von ihm auf den ersten Blick kindlich, naiv, nostalgisch oder gar kleinkariert anmuten – auf den zweiten Blick wird deutlich: da steht kein versierter Kunde, sondern ein Mensch, der sich einen Wunsch, einen klein-großen Traum erfüllen möchte. Gewiss sucht er mehr als ein Spielzeug. Womöglich sucht er eine kleine Weltkugel aus Glas, in deren Innerem, als Dorf und fallender Schnee, Erinnerungen an Kinderzeit, an Heimat, an Längstvergangenes oder Verlorenes en miniature überleben. So lautet der Gedichttitel denn auch vielsagend „Schnee".

Verlauf:

a) Ich zeigte den Schülerinnen und Schülern eine Schneekugel. (Während der Adventszeit; – Zeit der Weihnachtsmärkte; übergreifendes Thema war: wünschen kaufen – konsumieren – schenken)
Versuche, die Schneekugel zu beschreiben, erwiesen sich als ziemlich schwierig, weil bloße Merkmalsbeschreibungen mit solchen der Funktion nicht leicht auf die Reihe gebracht wurden; auch wurden Geschmacksurteile und Qualitätsurteile miteinander vermischt.

b) Dieser Versuch wurde als ein Laden- oder Kundengespräch wiederholt und erweitert: jemand kommt in einen Laden, möchte eine Schneekugel kaufen, hat aber diesen Namen vergessen und ist aufs Beschreiben angewiesen. Der Verkäufer ist irritiert, fragt nach. Andere Kunden mischen sich ein. (Hierbei kam die vorangegangene Reflexion der Geschmacksurteile ins Spiel; sprachlich als: „Kinderkram, Kitsch, blödes Ding, Spielzeug, langweilig etc." sowie szenisch: Der Verkäufer benutzte keine abwertenden Wörter, die dabeistehenden anderen wohl).

c) Lesen des Gedichts, zuerst still, dann als Reihumlesen. Überlegungen zum Idiom, zur Wortquantität, zur Zeilenanordnung, zur variierenden Wiederholung. (Äußerung einer Schülerin: „Der spricht ganz einfach, so wie wir. Man weiß, was der will. Trotzdem ist das interessant!)

d) Schreibaufgaben: Nach einzelnen oder mehreren Zeilen des Gedichts sollen Fragen, Bitten, Kommentierungen des begriffsstutzigen Verkäufers dialogisch eingeschoben werden (Partner- bzw. Einzelarbeit).
Zusätzliche Aufgabe: Das Gespräch endet nicht mit der Schlusszeile „verstehn Sie", sondern es geht weiter, weil (und nachdem) der Verkäufer herausbekommen hat, dass es sich um eine Schneekugel handelt. Er befragt den „Kunden" nach den Gründen für seinen Wunsch. Der Mann (die Frau) erzählt; vielleicht aus seinem Leben.

e) Partnerweise bzw. zu mehreren (falls andere sich einmischen) wurden die originale und die dazugeschriebene Les-Sprechart aufeinander abgestimmt und szenisch-lesend vorgetragen.

f) Nach einer Entspannungspause las ich abschließend Theniors Gedicht vor.

Ergebnis: Die meisten Schülerinnen und Schüler erkannten die dringlich-insistierende Sprechweise des Gedichts; in ihren jeweiligen Dialogfassungen wiederholten sie verschiedene Zeilen des Originals oder ließen den „Kunden" den Text von Anfang an wiederholen. Einige hatten die Szene auf die Straße verlegt und ließen den Schneekugelsucher Passanten ansprechen. In einigen der erweiterten Dialoge kam zum Ausdruck, dass der „Jemand" ein Mensch sei, der einsam ist und ein verlorenes Glück sucht. Ein Beispiel:

Ein Geschenkladen. Eine Verkäuferin, zwei Kundinnen. Ein Mann betritt den Laden und sucht mit den Augen die Regale ab.

Verkäuferin: Suchen Sie was Bestimmtes?
Mann: Ja, ich such ne Glaskugel.
Verkäuferin: Eine Glaskugel? Schauen Sie mal hier, da haben wir große, kleine, bunte…
Mann: Nein, ich such'ne Glaskugel mit'm Dorf drin.
Verkäuferin: Eine Glaskugel mit einem Dorf drin? Mit einem richtigen Dorf drin?

Mann: Nein, kein richtiges Dorf. So 'ne Glaskugel, die man schütteln kann, dann schneit das. Einfach so'n Dorf, wo das schneit, wenn man schüttelt…

Eine Kundin leise zur andern: Ich glaube, ich weiß, was der sucht, so ein Kinderspielzeug. So was hatte ich früher auch mal. Wie heißt das denn noch? Eine Schneekugel.

Andere Kundin: Ja, eine Schneekugel. Vielleicht will er das für sein Enkelkind.

Verkäuferin: Könnten Sie die Glaskugel ein bisschen genauer beschreiben?

Mann: Ja, 'ne Glaskugel such ich, so zum Schütteln, dann schneit das; dann fällt Schnee, wenn man schüttelt.

Kundin zur Verkäuferin: Der sucht eine Schneekugel.

Verkäuferin: Ja, wenn Sie das sofort gesagt hätten! Nein, Schneekugeln bekommen wir erst im Herbst, für's Weihnachtsgeschäft. Jetzt im Sommer führen wir die nicht.

Mann: Schade, ich hätte sie gerne jetzt schon gehabt, so 'ne Glaskugel mit'm Dorf drin, wo es schneit.

Verkäuferin: Brauchen Sie ein Geschenk? Ich kann Ihnen was anderes zeigen.

Mann: Nein, ich möchte die Kugel für mich haben. Für mich ganz allein.

Verkäuferin: Aber ist das nicht mehr was für Kinder?

Kundin leise zur anderen: Der spinnt. Der ist nicht ganz richtig im Kopf. Will unbedingt eine Schneekugel zum Spielen.

Mann: Ich bin in einem Dorf groß geworden. Da dauerten die Winter viel länger als hier und es lag viel mehr Schnee. Ich bin nie mehr in dem Dorf gewesen und werde es auch nie mehr wiedersehen. Darum such ich so 'ne Glaskugel mit'm Dorf drin, wo das schneit, wenn man schüttelt. Verstehen Sie?

(2) Weiterer Textvorschlag mit Bearbeitungshinweisen*

Herr von Ribbeck auf Ribbeck im Havelland
Theodor Fontane

Herr von Ribbeck auf Ribbeck im Havelland,
Ein Birnbaum in seinem Garten stand,
Und kam die goldne Herbsteszeit
Und die Birnen leuchteten weit und breit,
Da stopfte, wenns Mittag vom Turme scholl,
Der von Ribbeck sich beide Taschen voll,
Und kam in Pantinen ein Junge daher,
So rief er: „Junge, wist 'ne Beer?"
Und kam ein Mädel, so rief er „Lütt Dirn,
Kumm man röver, ick hebb 'ne Birn."

So ging es viele Jahre, bis lobesam
Der von Ribbeck auf Ribbeck zu sterben kam.
Er fühlte sein Ende. 's war Herbsteszeit,
Wieder lachten die Birnen weit und breit,
Da sagte von Ribbeck: „Ich scheide nun ab.
Legt mir eine Birne mit ins Grab."
Und drei Tage darauf, aus dem Doppeldachhaus,
Trugen von Ribbeck sie hinaus,
Alle Bauern und Büdner, mit Feiergesicht,
Sangen „Jesus, meine Zuversicht",
Und die Kinder klagten, das Herze schwer:
„He is dod nu. Wer giwt uns nu 'ne Beer?"

So klagten die Kinder. Das war nicht recht.
Ach, sie kannten den alten Ribbeck schlecht,
Der neue freilich, der knausert und spart,
Hält Park und Birnbaum streng verwahrt,
Aber der alte, vorahnend schon
Und voll Misstraun gegen den eigenen Sohn,
Der wusste genau, was er damals tat,
Als um eine Birn ins Grab er bat,
Und im dritten Jahr, aus dem stillen Haus
Ein Birnbaumsprössling sprosst heraus.

Und die Jahre gehen wohl auf und ab,
Längst wölbt sich ein Birnbaum über dem Grab
Und in der goldenen Herbsteszeit
Leuchtets wieder weit und breit.
Und kommt ein Jung übern Kirchhof her,
So flüsterts im Baume: „Wiste 'ne Beer?"
Und kommt ein Mädel, so flüsterts „Lütt Dirn
Kumm man röver, ick gew di 'ne Birn."

So spendet Segen noch immer die Hand
Des von Ribbeck auf Ribbeck im Havelland.

Bearbeitungshinweise:
- Hintergrundinformationen: geschichtlich, kultur- und sozialgeschichtlich, z.B. Ribbeck, Gutshof, Doppeldachhaus, Büdner, Deern, Pantinen.
- Gedichtvortrag; eventuell Sprechplatte einsetzen.
- Entwicklung des rollenverteilten Lesens verschiedener Figurengruppen (z.B. Kinder, Baum, Leichenzug), musikalische Begleitung, Unterlegung, Darstellung, (evtl. Orff-Instrumentarium).
- Dialogisches Ausformulieren verschiedener Szenen:
  Kinder freuen sich auf Ribbecks Birnen (möglich auch: zusätzliche, kritisch-verfremdende Kommentierungen aus heutiger „Wohlstandssicht");
  Begräbniszug (Lied: „Jesus, meine Zuversicht");
  Klage der Kinder, Konfrontation der Kinder mit dem Nachfolger des alten von Ribbeck;
  Schlussszene mit sprechendem (flüsterndem) Baum.
- Überlegungen: Beschränkung materialer Requisiten durch andeutendes pantomimisches bzw. sprechendes Darstellen.
- Vorstellung des Ergebnisses möglichst vor „Gästen" (vor einer anderen Klasse).

(3) Anmerkungen zum Melodrama

Schon die griechische Tragödie kannte die instrumentale Begleitung der Einzelstimme wie des sprechenden Chores, nutzte die Geheimnisse ihres gesteigerten seelischen Ausdrucks und der dramatischen Belehrung. Aus der Deklamation oder dem Schauspiel mit Musikbegleitung, d.h. aus dem Zusammenwirken von gesprochenem Wort und Musik, hat sich als Gattung das Melodrama entwickelt. Ihre Blütezeit erreichte diese Form der musikalischen „Dramatisierung" im 19. Jahrhundert, in dem es zugleich eine große Vorliebe für die Ballade gab. Zahlreiche Komponisten, unter ihnen auch so bedeutende wie Franz Schubert, Robert Schumann und Franz Liszt, gestalteten Balladen von Gottfried August Bürger, Friedrich Schiller, Ludwig Uhland u.a. zu Melodramen.
Es kann interessant sein, mit Schülern ein solches Melodrama (oder einen Ausschnitt daraus) anzuhören. Sie können dann an sich selbst wahrnehmen und überprüfen, ob die Musik die Wirkung der Ballade steigert, und sie können zudem erfahren, dass ihre eigenen Dramatisierungsversuche durchaus keine bloß schulischen Spezialübungen sind, dass Dramatisierungen vielmehr im kulturellen Leben wirklich vorkommen.
Melodramen finden sich u.a. auf den Schallplatten:
- „Melodramen von Liszt, Strauss und Nietzsche nach Balladen und Geschichten von Bürger, Tolstoi, Uhland, Eichendorff, Lenau und Jókai (Jecklin-Disco 570),
- „Der traurige Mönch. Romantische Melodramen" (opus 7020).

C Formen eigener Textproduktion

Selber schreiben und sich nicht bloß schriftlich mit einem Gedicht auseinander setzen, das bedarf einer sorgfältigen methodischen Vorbereitung und Begleitung. Gedichte sind das Gegenteil von Beliebigkeit. Dieser wohl kaum in Zweifel zu ziehende Grundsatz sollte kritisch alle Übungsformen des poetischen Selberschreibens begleiten.

Zu einigen Schreibformen werden nachfolgend Hinweise gegeben, ohne dass damit eine konsequente Systematik angestrebt wird. Die Differenzierung der Schreibformen dient primär der orientierenden Zuordnung verschiedenartiger methodischer Möglichkeiten, erst in zweiter Hinsicht deutet sie auch eine Stufenfolge an: Zuerst sollte sich das Schreiben an vorgegebenen Mustern orientieren. Mit zunehmender Übung werden die Vorbilder dann ergänzt: um Schreibimpulse wie Leitbegriffe und Wortgitter, um Schreibanlässe wie Bilder und Bücher und schließlich auch um Formen des freien Schreibens. Der erhoffte Ertrag ist ein doppelter: Die Schüler lernen zum einen Aussageformen und Inhalte von Lyrik besser verstehen, und sie erfahren das Selberschreiben zum anderen als eine hilfreiche Möglichkeit ihrer eigenen Identitätsfindung.

1. Analoges Schreiben

Das Verfassen eigener Gedichte gelingt den Schülern bei ersten Versuchen am ehesten, wenn sie sich an vorgegebenen Mustern orientieren können, mit deren Aussageform und Inhalt sie sich zuvor operativ oder analysierend hinreichend gründlich beschäftigt haben. Die Gefahr bloß nachahmender Reproduktion des Musters ist sicher nicht ganz von der Hand zu weisen, doch es hat durchaus auch didaktischen Wert, Schreibübungen zu praktizieren, bei denen – zumindest potenziell – alle Schüler zu einem vorzeigbaren Ergebnis kommen (können). Außerdem ist immer die Chance gegeben, dass das angebotene Vorbild kreativ zu eigenständigen Texten verarbeitet wird.

In der Schreibdidaktik ist das Schreiben nach Mustern lange bekannt und gern geübt, es wird dort vielfach auch unter der Bezeichnung „Schreiben von Paralleltexten" abgehandelt; dementsprechend spricht Gerhard Haas (1984, 27) in seinem produktionsorientierten Unterrichtskonzept von „Parallelgedichten", die die Schüler verfassen sollen. Diese Kennzeichnung ist gewiss nicht unzutreffend, „parallel" heißt ja „gleichlaufend"; dennoch sprechen wir lieber von „Analogie", weil damit, der sprachwissenschaftlichen Verwendung des Begriffs entsprechend, „die Bildung einer sprachlichen Form nach dem Muster einer anderen" (Duden-Fremdwörterbuch) präziser zum Ausdruck kommt. Vorbild gebend ist also zuerst die Form, nach der die Gedichte verfasst werden, und erst in zweiter Hinsicht der Inhalt.

Darum eignen sich für das analoge Schreiben besonders Gedichte mit einer klaren Form.

Bevor komplizierte Strukturen (z.B. Metrum, Rhythmus, Zeilensprung, Strophen) thematisiert werden, sollten einfache Schreib-Spiel-egeln – etwa parataktische Reihung, Kontrastbildung, Parallelismen – erprobt werden. Als motivierende Schreibmuster bewähren sich immer wieder die Formen der konkreten und visuellen Poesie. Aber auch Gedichte, deren Themen die Lebenswelt und den Erfahrungshorizont der Schüler unmittelbar treffen, können anregende Muster für das Selberschreiben sein, wenn ihre Form nicht zu komplex ist. Die unterrichtliche Arbeit zeigte, dass dann das durch die „Spielregeln" des Vorbilds geleitete Schreiben ohne Widerstände aufgenommen wurde. Die meisten Schüler empfanden die „einfache" Schreibweise als Erleichterung und „Wohltat", einmal, weil sie die „Angst vor langen Sätzen" nahm, zum andern, weil sie half Erfahrungen der eigenen Lebenswirklichkeit „auf den Punkt" zu bringen und somit gesprächsfähig zu machen.

(1) *Wenn die Möpse Schnäpse trinken* von James Krüss (5./6. Schuljahr)

James Krüss hat den Text (s. Seite 108) nach dem Grundmuster der „Wenn-Dann-Folge" aufgebaut. Er spielt mit den Möglichkeiten dieses Musters, indem er zwölf konditionale Nebensätze aneinander reiht. Durch die Wiederholung der Konjunktion „wenn" wird die Verkettung der Sätze verdeutlicht. Der spielerische Umgang mit dem Muster wird auch in der grafischen Gestaltung deutlich: der Text ist in vertikalen Reihen angeordnet; vier Wenn-Satzreihen steht ein Dann-Aber-Satz gegenüber.

Zugleich wird einerseits durch die Aufeinanderfolge gleicher oder ähnlicher Vokale in nebeneinander stehenden Substantiven eine Art Binnenreim erzeugt, andererseits entstehen duch unterschiedliche Konsonanten vor diesen Vokalen Zungenbrecher, sodass allein schon das Hören und erst recht eigene Leseversuche literarisches Vergnügen bereiten. Da auf der nichtbegrifflichen Ebene ohnehin keine Sinnzusammenhänge entstehen, begreifen die Schüler auf einfache Weise und doch sehr bildhaft, dass nicht alles Lyrik ist, was sich reimt.

In der 5. und 6. Jahrgangsstufe findet das Gedicht zumeist viel Resonanz. Die Schüler reagieren erfahrungsgemäß sehr motiviert auf den Text, sie erkennen recht schnell seine Grundstruktur und sind dann mit viel Spaß, aber auch Konzentration dabei, eigene Texte nach dem Muster des Vorbilds zu verfassen. Zur Anregung sollten mit den Klassen jeweils einige als Reimpaare geeignete Tiernamen gesucht und an der Tafel notiert werden, dazu Verben, die einen lustigen Widerspruch oder eine lustige Ergänzung zu dem normalen Verhalten der Tiere aussagen; die Texte selber können in Partner- oder Gruppenarbeit geschrieben werden.

Die 6. Klasse der Hauptschule Taubenfeld, Quierschied*, war sehr stolz darauf, dass ein Ausschnitt ihres in Gemeinschaftsarbeit verfassten Gedichts in der Schülerzeitung„Schülerfuchs" veröffentlicht wurde:

Ein Gedicht als Vorlage für Schüler

Dass auch Schüler dichten können, beweist euch folgende Seite:

Die Klasse VI_1 der Hauptschule Taubenfeld behandelte in einer Deutschstunde das Gedicht von James Krüss „Wenn Möpse Schnäpse trinken...".
Durch dieses Sprachspiel angeregt verfassten die Schüler ein eigenes Gedicht unter dem Titel: „Wenn die Lärchen Märchen lernen...".
Lest es euch einmal durch! Vielen wird es sicher gefallen. Versucht es doch auch einmal? Es macht bestimmt sehr viel Spaß!

James Krüss
Wenn die Möpse Schnäpse trinken

Wenn die	Wenn die	Wenn in	Wenn ein	Dann
Möpse	Ochsen	Wecken	Häuslein	Entsteht zwar
Schnäpse	Boxen	Schnecken	Läuslein	Ein Gedicht,
Trinken,	Gehn,	Stecken,	Wiegt,	Aber
Wenn vorm	Wenn im	Wenn die	Wenn an	Sinnvoll
Spiegel	Schlafe	Meise	Stangen	Ist es
Igel	Schafe	Leise	Schlangen	Nicht!
Stehn,	Blöken,	Weint,	Hangen,	
Wenn vor	Wenn im	Wenn	Wenn der	
Föhren	Tal	Giraffen	Biber	
Bären	Ein Wal	Affen	Fieber	
Winken,	Erscheint,	Fangen,	Kriegt,	

Klasse VI_1
Wenn die Lärchen Märchen lernen (gekürzte Ausgabe! Das Originalgedicht der Klasse ist noch um einiges länger!)

Wenn die	Wenn die	Wenn die	Wenn die	Dann
Lärchen	Mäuse	Schweine auf	Hähne	Entsteht zwar
Märchen	Läuse	Zwei Beinen	Zähne	Ein Gedicht,
Lernen,	Kriegen,	Gehen,	Ziehen,	Aber
Wenn der	Wenn die	Wenn die	Wenn die	Sinnvoll
Wal	Hasen	Bäume	Tiger	Ist es
Im Tale	Nasen	Träume	Krieger	Nicht!
Singt,	Klauen,	Haben,	Werden,	
Wenn die	Wenn die	Wenn die	Wenn die	
Wanzen	Kröten	Aale	Fische	
Lanzen	Flöten	Wale	Tische	
Tragen,	Gehen,	Fangen,	Decken,	

(2) *Urlaubsfahrt* von Hans Adolf Halbey (5./6. Schuljahr)

urlaubsfahrt
Hans Adolf Halbey

koffer koffer kindertragen
flaschen taschen puppenwagen
papa mama koffer kinder
autokarte notlichtblinker

früh geweckt gefrühstückt raus
winke winke schlüssel haus
autobahnen autoschlange
kinderplappern mama bange

schlange kriechen sonne heiß
stinken staub benzin und schweiß
stockung hunger mama brote
papa skatspiel radio: tote

schlafen schimpfen hupen schwitzen
weiterfahren weitersitzen
müde mitternacht hotel pension
dreißigtausend warten schon

Dieses Gedicht, das wie die konkrete Poesie bestimmte Regeln unserer Sprache durchbricht und die Wörter grammatisch und syntaktisch unverbunden nebeneinander stellt, ist für die 5. und 6. Jahrgangsstufe gut geeignet.

Nach der Begegnung mit dem Text – durch Lehrervortrag oder eigenes Erlesen – reagieren die Schüler meist zuerst auf die Form. Sie beobachten, dass alle Wörter klein geschrieben, keine vollständigen Sätze gebildet und die Wörter einfach aneinander gereiht sind. Dies geschieht freilich auf eine Art und Weise, die einen charakteristischen Aufbau und Rhythmus entstehen lässt. Unübersehbar ist auch für die Schüler der Paarreim am Ende, möglicherweise finden sie auch die Binnenreime und Stabreime heraus. All diese Formmerkmale sind jedoch nur Verweise auf den Inhalt, was durch Vorlesen leicht erfahren werden kann. Die Hektik der Vorbereitungen, die Unruhe und Hetze bei der Fahrt und die Erschöpfung bei der Ankunft am Urlaubsort werden offenkundig. Als Ergebnis stellt sich heraus, dass dieser Text mittels ungewöhnlicher formaler Mittel eine Erfahrung zur Sprache bringt, die von fast allen Schülern aufgrund eigenen Erlebens nachvollzogen werden kann.

Diese Einsicht motiviert zu dem Versuch analoge Situationen auf die gleiche Weise darzustellen. Im Gespräch werden Vorschläge gemacht und auf ihre Eignung überprüft. Als mögliche Themen kommen beispielsweise infrage: Unterricht, Rummelplatz, im Zoo, Umzug, Fastnachtsparty. Ihre Bearbeitung erfolgt wahlweise in Einzel-, Partner- oder Gruppenarbeit. Manuela aus der 6. Klasse einer Ludwigshafener Hauptschule* wählte das Thema Unterricht und schrieb dazu folgenden Text:

unterricht

tasche bücher hefte richten
hektik eile schule fahren
kinder lehrer denken dichten
große pause freizeit haben

lernen lernen hausaufgaben
schreiben rechnen immer fragen
erdkäs bio sozi geschichte
blöde streiche dumme witze

letzte stunde deutsch igitt
diktat schreiben so ein mist
stunde fertig eins zwei drei
schule große plagerei

Der Beleg dokumentiert, dass nicht alle Formmerkmale der Vorlage wiederkehren müssen und auch der Umfang des gesamten Textes variabel gehalten werden darf. Bedeutsamer als eine bis in Einzelheiten reichende Nachgestaltung ist die eigenständige Verarbeitung der Grundmuster des als Modell dienenden Ausgangstextes.

(3) Zuweilen entstehen analoge Texte, indem am Ausgangstext auf den ersten Blick ganz einfach scheinende inhaltliche Veränderungen vorgenommen werden, die im Ergebnis jedoch zu einem ganz neuen Thema und zu einer ganz anderen Grundstimmung führen. Initiiert werden die Veränderungen durch Anwendung der aus dem Sprachunterricht bekannten Ersatzprobe. Einen Textvorschlag von Gerhard Haas (1984, 56) aufnehmend haben wir dieses Verfahren unter anderem mit Elisabeth Borchers' Gedicht „Ich erzähl dir" erprobt.

(3a) *Ich erzähl dir* von Elisabeth Borchers (8./9. Schuljahr)

Ich erzähl dir
Elisabeth Borchers

Ich erzähle dir eine Geschichte
von einem Himmel

der Himmel hat keine Bäume
der Himmel hat keine Vögel
der Himmel ist auch kein Erdbeerfeld

Der Himmel ist ein Kleid
das der Erde zu weit ist

Der Himmel hat morgens
und abends ein Dach

Der Himmel ist ein Bauch
in den sollen wir kriechen

Der Himmel ist nicht so wie du denkst
der Himmel ist blau

Je nachdem, welcher Begriff in diesem Gedicht für das Wort „Himmel" eingesetzt wird, hat das geringere oder größere inhaltliche Veränderungen zur Folge, weil ja nicht allein das „Grundwort" ersetzt wird, sondern aufgrund dieses Austauschs immer auch die weiteren Aussagen angepasst werden müssen.

Der Begriff, der in der Vorstellung eine neue Situation evoziert, kann nahe am Muster bleiben, aber auch zu stärkeren Loslösungen führen. Ebenso bedeutsam wie die angestrebten Einsichten in die Formelemente, die Lyrik kennzeichnen, sind auch die psychischen Prozesse, die beim Schüler ablaufen. Im Schreiben von Texten kann er Erfahrungen ausdrücken und verarbeiten, die er sonst wahrscheinlich nie artikuliert hätte, die ihn gleichwohl existenziell betreffen. Wenn es um solche Inhalte geht, werden formale Aspekte zweitrangig. Das Beispiel: die Schule; hierzu Christina (9. Schuljahr)*:

Ich erzähle dir eine Geschichte
von der Schule
die Wände sind kalkweiß
im Raum ist Stille und Leere
die Schule ist kalt
die Schule hat kein Licht und keine Wärme
die Schüler sind stumm
der Lehrer schweigt
jemand geht über den Flur
nur Gedanken schwirren leise davon
in der Schule gibt es kein Leben
über der Schule liegen Nebel und Schweigen

(3b) *Manchmal möchte man faulenzen* von Josef Reding (5./6. Schuljahr)

Manchmal möchte man faulenzen
Josef Reding

Manchmal möchte
man
faulenzen
wie ein
Auto
ohne Motor
wie ein
Sonnenschirm
im Winter
wie ein Nachthemd
am
Tag

Den Wunsch zu faulenzen, den Josef Reding in diesem kleinen Text ausspricht, kann jeder Schüler aus eigener Erfahrung nachvollziehen. Interessant ist, wie er hier artikuliert wird, welche Vergleiche gebraucht werden, um das Nichtstun bildhaft-anschaulich plausibel zu machen.

Bei diesen Vergleichen setzen auch die Nachgestaltungsversuche der Schüler an. Zu finden sind Dinge, mit denen sich in einem Vergleich die Eigenschaft „faulenzen" adäquat ausdrücken lässt. Werden diese neuen „Bilder" gegen einige von Redings Beispielen ausgetauscht, entstehen Variationen wie die folgenden aus einem 6. Schuljahr*:

Manchmal möchte	Manchmal möchte	Manchmal möchte
man	man	man
faulenzen	faulenzen	faulenzen
wie ein Füller	wie ein	wie ein
ohne Tinte	Auto	Freibad
wie ein	ohne Motor	im Winter
Boot	wie ein	wie ein
ohne Wasser	Sonnenschirm	Auto
wie ein	im Winter	ohne Reifen
Schüler	wie eine	wie ein
ohne Lehrer	Schule	Nachthemd
	ohne	am
	Kinder	Tag

Texte gleicher Form, aber mit einem ganz neuen Inhalt erhält man, wenn nicht nur die „Bilder", sondern die zu vergleichende Eigenschaft (das Tertium comparationis) „faulenzen" selbst ersetzt wird, zum Beispiel durch den Gegenbegriff „arbeiten" oder durch andere Tätigkeiten wie „lesen", „schreiben", „schreien", „still sein" usw.

(4) Schulgeschichten von Herbert Sleegers (7./8. Schuljahr)*

Schulgeschichten
Herbert Sleegers

Martin ist immer bei der Sache.
Ariane weiß nie so recht.
Tanja kommt zurecht.
Max wartet lieber ab.
Andreas ist anderweitig beschäftigt.
Margret lässt lieber die anderen.
Karola findet es blöd.
Petra ist sehr vernünftig.
Heinz fühlt sich nicht angesprochen.
Tim tut so als ob.
Christian möchte was ganz anderes.
Elke richtet sich nach der Nachbarin.
Anke hat Angst.
Claudia hört auf ihre Eltern.
Mit Mark ist das so eine Sache.
Sven ist ein hoffnungsloser Fall.
Frauke übertreibt.
Liesa ist im Grunde gar nicht da.
Anne ist eine Musterschülerin.
Jenni ist das Gegenteil davon.

112

Im dem Text werden einfache Aussagesätze, die teilweise nicht zu Ende geführt sind, aneinander gereiht. Solche parataktische Schreibweise (in der Regel gilt sie dem „Schulschreiben" als etwas, das überwunden werden muss) eignet sich besonders gut dafür, eigenes Schreiben zu motivieren; denn sie ist relativ leicht, knüpft sie doch an die ursprüngliche Wahrnehmungs- und Erzählform des Aufzählens an. Zudem eignet ihr – und das ist schon eine literarisch-ästhetische Schreibweise – bei insistenter Beibehaltung des Schreibmusters eine sich von selbst einstellende Ausdrucksintensität. Durch Variationen, kontrastierende Einschübe, durch hypotaktische Satzerweiterungen etc. können aus diesem „einfachen" Muster differenziertere Schreibweisen entwickelt werden.

Der Text wurde reihum gelesen; die Sprechsituation einer Lehrerkonferenz wurde zugrunde gelegt für das Rollenlesen (unterschiedliche Temperamente, Vorurteile führten zu verschiedenartigen Leseweisen).

Schreibaufgaben:
– Der Text wird nach dem gegebenen Muster weitergeschrieben.
– Einige „Satzgeschichten" werden ausgeschrieben, indem ein Weil-Satz angefügt wird.
– Die Schulgeschichtensituation wird „von unten" neu geschrieben; statt Schülernamen werden (fingierte) Lehrernamen verwendet.
– Andere Schulsituationen werden erfunden, z.B. Zeugnisausgabe; Rückgabe einer Klassenarbeit; ein Geldbetrag ist entwendet worden.

Für alle Schreibaufgaben war als Spielregel ein Minimal- bzw. Maximallimit angegeben: mindestens fünf, höchstens zehn Zeilen.

Die Ergebnisse zeigten, dass die relativ leicht zu erreichende Schreibform Gelegenheit und Zeit ließ konkrete Erfahrungen oder Fantasie auszuspielen. Wegen der knappen, geschlossenen Form wurden die Texte – mehr oder weniger kalligraphisch – auf gesonderte Blätter übertragen und an der Pinnwand „ausgestellt". Zwei Proben:

Herr X hat was gegen mich.
Herr Y kennt mich überhaupt nicht.
Frau X hat viel Verständnis.
Frau Y fallt mir immer ins Wort.
Herr Z interessiert sich nicht für das, was ich sage.

Ein Diebstahl

Vanessa tut unschuldig.
Markus verkriecht sich.
Linda hat nie eine Ahnung.
Ingrid weiß was, aber sie sagt nichts.
Thomas könnte es gewesen sein, weil er nie Geld hat.
Richard käme nie auf eine solche Idee.
Und ich?

(5) *Nachricht* von Hans Kasper (9. Schuljahr)

Nachricht

Frankfurt. Zehntausend Fische erstickten
im öligen Main.
Kein
Grund für die Bürger der Stadt
zu erschrecken.
Die
Strömung ist günstig,
sie treibt
das Heer der silbernen Leichen,
der Fliegengeschmückten,
rasch
an den Quais vorbei.
Der Wind
verweht den Geruch,
eh er unsere verletzlichen Sinne
erreicht.
Alles
ist auf das Beste geordnet.

Der Titel „Nachricht" assoziiert zunächst ganz allgemein und sachlich eine Meldung, wie wir sie täglich in den Zeitungen lesen können oder im Rundfunk und Fernsehen verlesen bekommen. Mitgeteilt wird dann jedoch ein schlimmes Faktum, ein großes Fischsterben im Main, das durch eine Ölverschmutzung ausgelöst worden ist. Die eigentliche Nachricht wird in einem einzigen Satz ausgesagt, im Zentrum des Gedichts stehen die Bemühungen der „Verantwortlichen", der „Behörden", den Vorfall in seiner Bedeutung zu verharmlosen und ihn zu einem Ereignis herunterzuspielen, das ebenso schnell und ohne Nachwirkungen vorbeigehen wird, bevor der Wind den Gestank der toten, verwesenden Fische in die Stadt hineinweht. Das (Miss-)Verhältnis von (Nicht-)Information über das Besorgnis erregende Geschehen der im Öl erstickten Fische zu den wortreichen Beschwichtigungsversuchen ist ein treffendes Spiegelbild der Haltung derer, die diese Nachricht verfasst und ein Interesse an ihrer Verbreitung haben. Nichts ist zu erfahren von einem Entsetzen über den Vorfall, nichts von einer verurteilenden Bewertung, die Nachricht dient einzig der Mitteilung, alles sei „auf das Beste geordnet". Tatsächlich haben die „Verantwortlichen" nicht einmal den Schaden „im Griff' (gar nicht zu reden von der Ursache), sie schreiben sich jedoch bedenkenlos als Verdienst zu, was ihnen lediglich die Umstände gewähren: günstige Strömung und günstiger Wind. Beide treiben den Unrat weiter, aus ihrem Zuständigkeitsbereich hinaus – und damit ist die Sache für die Autoren der fiktiven Nachricht ebenfalls erledigt.

Nicht erledigt ist die Angelegenheit aber für den Autor Hans Kasper. Was er an seine Leser weitergibt, ist nur scheinbar die bloße Nachricht der Behörde, wie er sie etwa in einer Pressekonferenz notiert haben könnte. Seine Mitteilung an die Leser ist zu einer „Nachricht" voller Sarkasmus verdichtet, die das genaue Gegenteil dessen bewirkt, was die ursprünglichen – fiktiven – Nachrichtenmacher beabsichtigt haben: Unruhe statt Ruhe, Besorgnis statt Sorglosigkeit. Der Text ist ein Aufruf gegen alle Verharmlosungstendenzen, ein einziger Appell der Zerstörung von Natur und Umwelt nicht tatenlos zuzusehen.

Die Wirkung dieses Gedichtes beruht wesentlich auf seiner Form. Was auf den ersten Blick als die Prosa der Nachrichtensprache erscheint, enthüllt sich – vor allem beim Sprechen des Textes – als durchkomponierte, in das Versmaß des Hexameters gegossene Sprache. Der dadurch entstehende Rhythmus evoziert eine Diskrepanz von Aussageform und Inhalt. Gerade darin aber wird die Absicht des Autors ganz deutlich: Er will provozieren, um eine Veränderung zu ereichen.

Die Chance auf Wirkung in schulischen Lernprozessen ist umso größer, wenn sich die Beschäftigung mit dem Gedicht nicht auf die Analyse beschränkt, sondern auch ein Bezug zur eigenen Lebenswirklichkeit gesucht wird, beispielsweise durch das Schreiben analoger Texte. Dazu kann ein aktuelles Ereignis Anlass geben, es muss aber angesichts der gegenwärtig latenten Bedrohung unserer Umwelt nicht Voraussetzung sein. Auch ohne unmittelbaren räumlichen oder zeitlichen Bezug gibt es genug Beispiele für „Anwendung" und Transfer: Frankfurt ist überall.

Der un-glückliche Zufall wollte es, dass im August 1986 im Raum Trier/Saarburg ein fast identischer Fall eingetreten war: Gift war in die Saar eingelassen worden, was zu einem großen Fischsterben in der Saar und der Mosel führte. Die Schüler einer 9. Hauptschulklasse*, die dieses ihre Region betreffende Ereignis unmittelbar mitverfolgen konnten, hatten ein großes Interesse am Thema des Gedichtes. Sie brachten selbst Zeitungsausschnitte mit, die über den Fall berichteten.

Fischsterben nimmt kein Ende: Bisher 60 Tonnen aus der Saar geborgen(!)
Alarmierende Zahlen der Einsatzleitstelle Saarburg

Das Fischsterben nimmt kein Ende. Weitere schockierende Zahlen, die das Ausmaß der durch Blausäuresalz verursachten Katastrophe in der Saar deutlich werden lassen, wurden gestern in der Einsatzleitstelle in Saarburg bekannt. Danach sollen am Dienstag zwischen der Landesgrenze zum Saarland und der Saarmündung 25 Tonnen tote Fische eingesammelt worden sein. Helmut Pleines von der Einsatzleitung schätzt die gestrige Menge sogar auf rund 30 Tonnen. Wenn diese Rechnung stimmt, dann wurden seit Montag von den überall entlang der Saar eingesetzten Hilfskräften etwa 60 Tonnen Fischkadaver gesammelt!

Trierischer Volksfreund vom 31. 7. 1986

Von hier aus war es dann nur noch ein kleiner Schritt zu eigenen Texten, analog der Vorlage. Als Hilfe für den Anfang des selbst zu produzierenden Textes wurde gegeben:

„Sechzig Tonnen Fische starben
in der cyanidverseuchten Saar"

Nachrichten!

Konz

Sechzig Tonnen Fische
starben in der cyanid-
verseuchten Saar!

Kein!

Grund für die Bürger
der Stadt Konz zu er-
schrecken.

Alles ist aufs beste ge-
ordnet!
Die Wassersportler,
Bachfreunde und Ang-
ler können wieder un-
bedenklich ihren Freizeit-
vergnügen nachgehen!!

Die Giftwelle ist
abgeklungen!

Dirk Leitz

(6) Weitere Textbeispiele mit Bearbeitungsvorschlägen

(6 a) *Lebe Wohl* von Heiner Feldhoff

LEBE WOHL!
Heiner Feldhoff

Wenn du erst mal laufen kannst
Wenn du erst mal versetzt bist
Wenn du erst mal konfirmiert bist
Wenn du erst mal richtig arbeiten lernst
Wenn du erst mal selber Geld ins Haus bringst
Wenn du erst mal bei den Soldaten gewesen bist
Wenn du erst mal die Prüfung in der Tasche hast
Wenn du erst mal die Frau für's Leben gefunden hast
Wenn du erst mal eigene Kinder in die Welt gesetzt hast
Wenn du erst mal die Raten für deine Möbel bezahlt hast
Wenn du erst mal die Kinder aus dem Haus hast
Wenn du erst mal eine Lohngruppe höher bist
Wenn du erst mal die Rente durch hast
Wenn du erst mal im Jenseits bist
                    dann hast du's
                    geschafft.

– Textstruktur untersuchen.
– Aussageabsicht anhand der Doppeldeutigkeit der Überschrift aufdecken und durch Textaussagen belegen; dazu bei der Überschrift mit Ersatzproben operieren, zum Beispiel: lebe wohl, . . . gut, . . . zufrieden, . . . schlecht, . . . wohl oder übel.
– Eigene Variationen schreiben: Die Aufzählung der Bedingungen durch Beispiele der eigenen Erfahrung oder Zukunftsprojektionen ersetzen.

(6 b) *Reifezeugnis* von Reinhardt Jung*

Reifezeugnis
Reinhardt Jung

Ich wollte	und bekam	Moral	Ich wollte
Nähe	Zeugnisse	Ich wollte	Hoffnung
und bekam	Ich wollte	einen Beruf	und bekam
die Flasche	denken	und bekam	Angst
Ich wollte	und bekam	einen Job	Ich wollte
Eltern	Wissen	Ich wollte	ändern
und bekam	Ich wollte	Glück	und erhielt
Spielzeug	einen Überblick	und bekam	Mitleid
Ich wollte	und bekam	Geld	Ich wollte
reden	einen Einblick	Ich wollte	…
und bekam	Ich wollte	Freiheit	
ein Buch	frei sein	und bekam	
	und bekam	ein Auto	
Ich wollte	Disziplin	Ich wollte	
lernen	Ich wollte	einen Sinn	
	Liebe	und bekam	
	und bekam	eine Karriere	

117

- Den Text zerschnitten aushändigen (ich wollte Nähe / und bekam die Flasche etc.)
- Neu legen; allein oder in Partnerarbeit.
- Auf leeren, mitausgehändigten Zetteln kann der Text um eigene Wünsche und Erfahrungen erweitert werden.
- Vorlesen der Ergebnisse – Strukturbeschreibung – Variationen, z.B. Umkehrung: „Ich bekam…, dabei hatte ich …gewollt".
- Thematische Variation: „Ich bin…/du bist…", oder „Wenn ich … bin/dann bist du …" Die Kontrastform beibehalten.

(6 c) *Konversation* von Rolf Sellin*

Konversation
Rolf Sellin

Sagte die Baronin
meinte die Tochter des Hauses
setzte der Forstadjunkt fort

der Landrat warf ein
die Hausherrin fragte
die Gouvernante erwiderte

entgegnete die Baronin
versetzte der Forstadjunkt
fuhr der Baron fort …

Die Großmutter des Grafen
winkte ihm noch lange nach.

Schreibmuster: Reihung, Durchspielen des Wortfeldes „sagen"; mittels objektloser, ungefüllter Sätze wird eine bestimmte Gesprächsform persifliert und als leeres Gerede entlarvt.
Eigene Versuche mit neuem Thema und anderen Personen, z.B. Schulstunde, Talkshow.

(6 d) *Gedicht ohne Titel* von Ernst Eggimann*

ernst eggimann

der hof des bauern
der hut des bauern
der sonntagsanzug des bauern
der schweinestall des bauern
das vaterland des bauern
die milch des bauern
das vieh des bauern
der hund des bauern
die frau des bauern

In eine Serie von syntaktischen Versatzstücken (hier Genetivus possessivus) wird ein entlarvendes (Vaterland) „hineingeschmuggelt". Einige thematische Variationen erproben; zu „vollständig(er)en" Aussagen ausschreiben (z.B.: Der Hof des Bauern war sein ganzer Stolz…).

(6 e) *Erziehung* von Uwe Timm

Erziehung
Uwe Timm

Lass das
komm sofort her
bring das hin
kannst du nicht hören
gib das sofort her
kannst du nicht verstehen
sei ruhig
fass das nicht an
sei ruhig
nimm das nicht in den Mund
schrei nicht
leg das sofort wieder weg
pass auf
nimm die Finger weg
sitz ruhig
mach dich nicht schmutzig
bring das sofort wieder zurück
schmier dich nicht voll
sei ruhig
lass das

wer nicht hören will
muss fühlen

Der Text „Erziehung" – ebenfalls reihendes, wiederholendes bzw. kontrastierendes Schreibmuster – wirkt schon dadurch motivierend, dass er Erziehungs- und Verhaltensnormen durch bloßes Nennen befragt oder gar in Zweifel zieht. Eigene Erfahrungen können auf diese Weise geäußert und bedacht werden.

(7) Des Krieges Buchstaben von Friedrich von Logau

Zur Zeit des Barock war es üblich, einzelne Buchstaben oder Wörter, die für die Aussage eines Textes bedeutsam waren, auch grafisch hervorzuheben. Zuweilen fügen sich (im sog. Akrostichon) die Anfangsbuchstaben (-silben oder -wörter) in Verbindung gelesen zu neuen, tragenden Begriffen (Wörtern, Sätzen) zusammen; so beispielsweise in Friedrich von Logaus Gedicht „Des Krieges Buchstaben" zu dem Wort „Krieg" (I und J waren im Barock grafisch identisch). In dieser Formgebung weist das Gedicht auf die konkrete Poesie voraus.

Des Krieges Buchstaben

K ummer, der das Mark verzehret
R aub, der Hab und Gut verheeret,
J ammer, der den Sinn verkehret,
E lend, das den Leib beschweret,
G rausamkeit, die Unrecht lehret,
    sind die Frucht, die Krieg gewähret.

Den Zugang zum Inhalt des Gedichtes finden die Schüler über die Einsicht in seine Gestaltungsweise: Die Anfangsbuchstaben jeder Zeile bilden zusammen das Wort KRIEG, dessen Bedeutung bzw. Folgen in den Aussagen der einzelnen Zeilen entfaltet werden.

Das Verfassen analoger Texte zu diesem „Muster" setzt das Vorhandensein von Begriffen voraus, die sich zu gleichartigen Gestaltungen eignen; zum Beispiel „Friede", „Freude", „Ferien", „Liebe", „Bücher", „Bäume" oder „frei", „treu", „grau". Johannes aus der 6. Klasse* einer Reutlinger Hauptschule verfasste den folgenden Text:

Bücher

B ücher sind bei mir zu Haus
Ü ber Lesen geht nichts
C lever werden wir durch Bücher
H eute lese ich schon wieder
E ine Geschichte lesen macht Spaß
R eisen zu den Sternen

Der Schüler hat zwar zu den einzelnen Buchstaben des Grundwortes inhaltlich zutreffende Aussagen formuliert, er hat diese aber, unter Verzicht auf Versmaß und Reim, noch nicht zu einer Ganzheit gestaltet. Seine Lösung ist auf dieser Altersstufe gleichwohl akzeptabel, denn die prägende Struktur der Vorlage ist erkannt und nachvollzogen.

Zu den „Buchstaben der Liebe" schrieb in einer 8. Klasse* auch Petra ein Gedicht, diesmal aber der Vorlage in Versmaß und Reim deutlich mehr angenähert. Auch sie verzichtet aber auf die von Logau gestaltete letzte Zeile, die wie eine Conclusio das Fazit der Einzelaussagen enthält. Doch auch ohne diese Steigerung darf ihr Schreibversuch akzeptiert werden.

Liebe

L achen, das die Kehle verschnürt,
I llusion, die meinen Körper regiert,
E rlebnis, das mein Leben verziert,
B egegnung, die mich elektrisiert,
E reignis, das mein Herz berührt.

120

(8) Visuelle Poesie als Schreibmuster

(8 a) *Apfel* von Reinhard Döhl

```
         ʌpfelApfelApfelApfer,
       ɔfelApfelApfelApfelApfelA,
      felApfelApfelApfelApfelApfe
    ApfelApfelApfelApfelApfelApft
   pfelApfelApfelApfelApfelApfel,
   ApfelApfelApfelApfelApfelApfe
   pfelApfelApfelApfelApfelApfelA
   ApfelApfelApfelApfelApfelApfe
   ɔfelApfelApfelApfelApfelApfel/
   \pfelApfelApfelApfelApfelApf
    ɘlApfelApfelApfelWurmAp'
     ʿelApfelApfelApfelApfel/
      ʿ ofelApfelApfelApfel/
        ʌfelApfelApfelAʳ
         ʌ ɔfelAnfelʌ
```

Der Text ist ein repräsentatives Beispiel „visueller" Poesie. Das geschrie-
bene Wort ist nicht mehr Sprachzeichen, das auf etwas verweist. Es ist
grafisches Material, mit dem man das
Bezeichnete durch figürliche Anord-
nung und Konstellation (d.h. der auf dem
Wort beruhenden Dichtung) darstellen
kann.

Döhls „Bildgedicht" besteht aus der
Konstellation der gleichen Wörter, die
teils vollständig, teils nur noch als Partikel abgedruckt sind und das flächige Bild eines Apfels ergeben. Als witziger Einfall erweist sich die Tatsache, dass der Autor einen „Wurm" im Apfel versteckt. Er durchbricht damit allerdings die Spielregel, verwendet dieses Sprachzeichen nicht als grafisches Material, sondern in seiner konventionellen Funktion.

Bei der Erstbegegnung mit diesem Bildgedicht werden die Schüler zunächst versuchen die „Spielregel" seines Aufbaus zu erfassen. Es ist möglich, dass sie beim Lesen bzw. Betrachten den „Wurm" im „Apfel" gleich entdecken. Ist dies nicht der
Fall, kann der Lehrer andeuten, dass der Apfel noch „etwas" enthalte. Ist das Wort
gefunden, sollten die Schüler darauf aufmerksam gemacht werden, dass Döhl hier
nur das Sprachzeichen verwendet, also anders als beim „Apfel" kein Bild des Tieres
mit Wörtern gezeichnet hat.

Was aber kann das Bildgedicht bedeuten, was kann es aussagen? Zunächst spricht
es von der alltäglichen Erfahrung, dass ein Apfel jederzeit von einem Wurm befal-
len werden kann. Er ist dann äußerlich meist völlig unverändert, innen jedoch „wurmstichig", und das befallene Teil muss, soll der Apfel überhaupt noch
genießbar sein, ausgeschnitten werden. Die Botschaft von einem Wurm im Apfel
wäre allerdings zu banal, um schon einen poetischen Text zu rechtfertigen. Es muss
darum wohl noch eine zweite Bedeutungsebene geben. In der Tat spricht man ja
im übertragenen Sinne auch vom „Wurm" in einer Sache, wenn man damit ausdrücken möchte, dass sich unter einer schönen, sauberen, glatten Hülle etwas
Falsches, Unangenehmes, Kaputtes verbirgt. So dürfte wohl auch der Döhl'sche
Wurm im Apfel gemeint sein.

121

Haben die Schüler über die Deutung des Bildgedichtes nachgedacht und seine Struktur, den „Spielwitz", durchschaut, können sie selbst versuchen analoge Bildgedichte zu erstellen. Sie müssen dazu zuerst Redewendungen finden, die zum einen zwei Dinge durch ein Lagewort (z.B. in, vor, hinter, um, neben, über, unter) miteinander in Beziehung setzen und die außerdem nach Möglichkeit sowohl in einer wörtlichen wie übertragenen Bedeutung vorkommen. Beispiele sind etwa: (einen) Stein im Brett (haben), Herz in der Hose, Floh im Ohr, Schuh im Eimer. - Zum „Mann im Mond" als Probe eine Schülerarbeit:

(8 b) Als eine Spielart des Bildgedichtes darf man das Figurengedicht nehmen (vgl. die historischen Beispiele aus dem Barock auf S. 59 f.) Das sind Gedichte, „bei denen ein lyrischer, in der Regel auch versifizierter Text durch seine besondere äußere und innere Bauform eine grafische Figur konstituiert, die zu dem sprachlichen Gehalt in semiotischer Beziehung steht" (Adler/Ernst 1987, 320). Nach diesem Muster ist in einer 10. Klasse eines Gymnasiums die nachfolgende Schülerarbeit entstanden. Angemerkt sei allerdings noch, dass anders als hier die auf Übereinstimmung angelegte semiotische Beziehung zwischen grafischer Figur und Textaussage in der zeitgenössischen visuellen Poesie nicht beibehalten ist. Insbesondere in den Arbeiten von Claus Bremer (z.B. „Taube", 1968; „Panzer", 1968), ist sie völlig aufgegeben; in provokativer Absicht werden beide Elemente bewusst zueinander in Widerspruch gesetzt.

```
                Das Das Das Das Das
               Auto Auto Auto Auto A
               bringt bringt bringt br
              den den den den den den d
          Menschen Menschen Menschen Menschen Mensch
          ıort fort fort fort fort fort fort for
          egal egal egal egal egal egal egal egal egal
        wohin wohin wohin wohin wohin wohin wohin wohin
        zu zu zu zu zu zu zu zu zu zu zu zu zu zu zu
          jedem jedem jedem jedem jedem jedem jedem j
               Ort Ort            Ort Ort
               Ort O              Ort O
               Ort                Ort
```

(8 c) Abschließend noch ein Beleg aus der Schülerzeitung „Die Spinne" der Real-
schule Neustadt/Weinstraße. Dokumentiert sind hier sowohl Figurengedichte wie
Gittergedichte (Texte, bei denen bestimmte Buchstaben der horizontalen
[Vers-]Zeile optisch hervorgehoben sind, und in der Vertikale gelesen einen Text
[Intext] bilden).

WOLFRAM SCHÄDLER:
10a *Konkrete Poesie*

DEUTSCHUNTERRICHT	TURNSTUNDE	DIKTAT
D iktat	T raining	D oof
Z E ichensetzng	Spr U ng	I diotisch
U ngenügend	R inge	Be K nackt
T afelbild	Bode N	T raurig
Fal S ch	Reck S tange	L A ngweilig
Deuts C h	T urner	Zei t raubend
Reimsc H ema	U nfall	
A U fsatz	Handsta N d	SCHULBUS
N oten	Ra D	
T ermine	Barr E n	S chule
Ordn E r		Deuts C h
R echtschreibung		Unter H altung
R ichtig		Ha U saufgaben
I nhalt		L ernen
S C hrift		A B schreiben
H ausaufgaben		D U rchlesen
Gramma T ik		S timmen

```
                                    HOCH                +
                                    HOCHHAUS            K
                                    HOCHHAUS            KIR
                                    HOCHHAUS            KIRCH
                                    HOCHHAUS            KIRCHEK
                                    HOCHHAUS            KIRCHEK
                   BAH              HOCHHAUS            KIRCHEK
                   BAHNH            HOCHHAUS            KIRCHEK
                   BAHNHOF          HOCHHAUS            KIRCHEKIRCHEKIRCHE
                   BAHNHOF          HOCHHAUS            KIRCHEKIRCHEKIRCHEK
                   BAHNHOF          HOCHHAUS            KIRCHEKIRCHEKIRCHEKI
                BAHNHOFBAHNHO        HOCHHAUS            KIRCHEKIRCHEKIRCHEKIR
         BAHNHOFBAHNHOFBAHNHOFBAHN   HOCHHAUS            KIRCHEKIRCHEKIRCHEKIR
         BA    HNHOFBAHNHOFB    AH   HOCHHAUS            KIRCHEKIRCHEKIRCHEKIR
         BA    HNHOFBAHNHOFB    AH   HOCHHAUS            KIRCHEKIRCHEKIRCHEKIR
         BA    HNHOFBAHNHOFB    AH   HOCHHAUSHOCH        KIRCHEKIRCHEKIRCHEKIR
         BA    HNHOFBAHNHOFB    AH   HOHOCHHAUSCH        KIRCHEKIRCHEKIRCHEKIR
```

2. Assoziatives Nachgestalten

Das analoge Schreiben von Gedichten erfährt eine gleichermaßen verfremdende wie innovatorische Version, wenn als Ausgangstexte nicht deutsch-, sondern fremdsprachige Texte gewählt werden oder auch dadaistische Gedichte. Das Verfremdende wird dadurch wirksam, dass es nicht wie beim Nachgestalten eigensprachlicher Gedichte dazu kommen kann, dass die Vorlage einfach imitiert wird. Bei fremdsprachigen oder dadaistischen Vorlagen geht es darum, die Strukturen als „Spielregeln" zunächst zu erfassen und dann als Grundmuster für die eigenen Texte zu verwenden. Dies nun bewirkt die Innovation.

Die Vorlage wird gleichsam „übersetzt", aber freilich nicht wörtlich; ihre Lautgestalt, der Rhythmus ihrer Verse und Strophen, d.h. also ihre sprachliche Struktur, rufen vielmehr die Assoziationen hervor, wecken die Vorstellungen und regen die Ideen an, die dann in den neuen, eigenen Texten verarbeitet werden. Auf diese Weise initiiert eine derartige Aufgabe Schreibhandlungen, die in besonderer Weise die Kreativität herausfordern und freisetzen.

(1) *Eskimolied* (5./6.Schuljahr)

Atte katte nuwa,
atte katte nuwa,
emi, sademi, sadula misa de.

Hexa kola misa woate,
hexa kola misa woate.

Atte katte nuwa,
atte katte nuwa,
emi sademi, sadula misa de.

Dieses Gedicht, das sogenannte „Eskimolied", lebt ganz von seinem Rhythmus, es sollte darum lesend (auch: singend; Melodie in: Liederbuch Student für Europa. Bad Soden/Ts. 1974, S. 2) erschlossen, der Rhythmus vor allem auch durch Bewegungen erfahren werden. Für das Lesen können folgende Impulse hilfreich sein: Stelle dir beim Sprechen vor,
– du bist eine ältere vornehme Dame/ein älterer vornehmer Herr;
– du bist ein geheimnisvoller Zauberer im langen Zaubermantel;
– du bist sehr wütend und ärgerlich.

Auch zum chorischen Sprechen eignet sich der Text:
Erste Strophe: Chor I
Zweite Strophe: Chor II
Dritte Strophe: Chor I.

Beim Umsetzen des Rhythmus' in Bewegung sind mindestens zwei Grundformen denkbar:
- Gehen: Wir waten durch Wasser/stapfen durch Schnee
- Armschwingen: Wir winken…

Beim Schreiben geht es darum, durch „Übersetzen' eine analoge Gestaltung zu verfassen. Die Spielregel lautet: für das jeweils gleiche „fremde" Wort muss ein jeweils gleiches deutsches Wort eingesetzt werden. Angezielt sind Sinn tragende Texte, wobei die Inhalte frei gewählt werden können; prinzipiell sind auch Unsinnsverse zulässig, wenn sie der Spielregel entsprechen. Eine Probe:

Alter, kalter Eisbär,
alter, kalter Eisbär,
du bist so weiß wie der Schnee im kalten Eis.

Warum fängst du keine Fische?
Warum fängst du keine Fische?

Alter, kalter Eisbär,
alter, kalter Eisbär,
du bist so weiß wie der Schnee im kalten Eis.

(2) *avenidas* von Eugen Gomringer

Ein besonders geeigneter Text, der sich in vielen Erprobungen in allen Klassen der Sekundarstufe bewährt hat, ist Eugen Gomringers „konkretes" Gedicht „avenidas".

avenidas

avenidas
avenidas y flores
flores
flores y mujeres
avenidas
avenidas y mujeres
avenidas y flores y mujeres y
un admirador

Dieser Text ist ein typisches Beispiel der konkreten Poesie, dessen Form als „Konstellation" bezeichnet wird. Der Autor Eugen Gomringer erläutert: „unter konstellation verstehe ich die gruppierung von wenigen verschiedenen worten, sodass ihre gegenseitige beziehung nicht vorwiegend durch syntaktische mittel entsteht, sondern durch ihre materielle, konkrete anwesenheit im selben raum. dadurch entstehen statt der einen beziehung meist deren mehrere in verschiedenen richtungen, was dem leser erlaubt, in der vom dichter (durch die wahl der worte) bestimmten struktur verschiedene sinndeutungen anzunehmen und auszuprobieren. die haltung des lesers der konstellation ist die des mitspielenden, die des dichters die des Spiel gebenden." (Zit. nach Th. Klopfermann, Hrsg.: Theoretische Positionen zur konkreten Poesie. Tübingen 1974, S.93).

Nehmen wir Gomringers Gedanken vom Leser als dem „Mitspielenden" auf, heißt das, dass dieser nicht fragen soll: „Was ist das konkrete Gedicht?" (Heißenbüttel), sondern: Wie konkretisiere ich für mich das „Konkrete" des Gedichts? Die Frage zielt also auf eine erhöhte Aktivierung und Sensibilisierung des Lesers, auf eine umfassendere Sinneswahrnehmung.

Konstellationen sind nicht nur mit eigensprachlichen Wörtern möglich, Gomringer komponiert sie auch mit fremdsprachigen, hier aus sechs spanischen Wörtern. „Avenidas" sei sogar seine erste Konstellation gewesen, seine „Grundform" (zit. in Schmieder/Rückert 1977, 100). Die Wörter der Konstellation bedeuten:

avenidas = Straßen
flores = Blumen
y = und
un = ein
mujeres = Frauen
admirador = Bewunderer

Schmieder/Rückert (ebd., 62 ff.) schlagen vor den Zugang zu dieser Konstellation über das Hören zu wählen, obwohl der streng strukturierte und inhaltlich pointierte Text nicht primär vom Klanglichen her lebe, wie etwa viele Kinderreime oder moderne Lautgedichte. Dieses Vorgehen entspreche aber am ehesten dem Vergnügen an fremdartigen Wortklängen und deren spielerischer Nachahmung.

Im Sinne des „Mitspielens" als Leser (Gomringer) werden dann analoge Gestaltungen produziert, anders gesagt: der fremdsprachige Text wird in eigene deutsche Konstellationen „übersetzt". Dazu ist es nicht erforderlich, die Bedeutung der spanischen Wörter zu kennen, es ist für das kreative „Übersetzen" sogar anregender, wenn sie unbekannt sind. Voraussetzung ist allerdings, dass die Strukturen des fremdsprachigen Textes (als Sprachspielregeln) so durchschaut sind, dass sie als Grundmuster für die eigenen Texte verwendet werden können. Die Spielregel lautet: Ersetze jedes spanische Wort durch ein deutsches und wähle für dasselbe spanische auch immer ein und dasselbe deutsche Wort. Die Themen des produktiven Spiels „Übersetzen" können aus verschiedensten Bereichen genommen werden: dem schulischen, familiären, emotionalen, aus der Natur, dem Sport usw. Außerdem birgt die Form mit ihrer zum Ende hin orientierten Aufgipfelung, mit der „Pointe", ein Kriterium, wie viel Spannung der Text auf den Leser ausübt. – Als Beleg einige Schülerarbeiten einer 6. Klasse*, die von der Schülerzeitung der Hauptschule Salmtal veröffentlicht wurden.

(3) „Die Karawane" von Hugo Ball

KARAWANE

jolifanto bambla o falli bambla
großgiga m'pfa habla horem
egiga goramen
higo bloiko russula huju
hollaka hollala
anlogo bung
blago bung blago bung
bosso fataka
ü üü ü
schampa wulla wussa olobo
hej tatta gorem
eschige zunbada
wulubu ssubudu uluwu ssubudu
tumba ba- umf
kusa gauma
ba - umf

127

Literaturgeschichtlich betrachtet gehört dieser Text zum Dadaismus, sein Autor war einer der repräsentativen Vertreter dieser Bewegung, die während des Ersten Weltkriegs und in den Jahren danach ihren Protest gegen die herrschende Gesellschaft in einer Kunstform zum Ausdruck brachte, die Normen aufheben wollte, darum sich Provokation als Ziel verordnete und Befreiung im Spiel suchte. Von der Programmatik des Dadaismus her lag es nahe, dass die Kunst zur politischen Aktion drängte. Einige Autoren sind diesen Weg gegangen. Hugo Ball aber erprobte den Rückzug „in die innerste Alchemie des Wortes", auf das „Klanggedicht", „eine neue Gattung von Versen […], ‚Verse ohne Worte'" (Ball, zit. in Best 1975, 302). Die „Zerstörung des syntaktischen Gefüges öffnete dem Dichter einen Weg neue, inhaltlich nicht definierte individuell-anarchische Freiheit zu begründen" (Best, ebd.).

Klaus Dencker hat das Klanggedicht „Karawane" mit gutem Recht in eine Anthologie „Deutsche Unsinnspoesie" (Stuttgart: Reclam 1978) aufgenommen; denn einen Sinn im konventionellen Verständnis unserer Sprache ergeben die dort vorkommenden Worte nicht. Und doch ist dieses Gedicht nicht sinn-los. „Auf verschiedenen Ebenen der Sinnhaftigkeit entsteht ein klangvolles Gestammel, das ausgehend vom Titel als dem einzigen Wegweiser zu einer Fülle von Deutungen und Vermutungen Anlass gibt. Dass es sich um eine Elefantenkarawane handelt, geht aus jenen drei Wörtern hervor, die wie Küchenlatein klingen: jolifanto, großiga, russula. Von diesem semantischen Feld aus enträtselt man ohne stichhaltigen Grund das ‚ü üü ü' als Trompeten der Tiere, die drei Stellen, an denen die sonst seltenen t und k zwischen zwei a stehen (hollaka/fataka/tatta) als Rufe der Treiber, vielleicht nur, weil man auf der Sinnsuche, die jeden Leser leitet, auf die benachbarten Interjektionen ‚hollala' und ‚hej ' stößt; schließlich stellen sich Assoziationen des Stampfens ein", die in verschiedenartigen Lautverbindungen mehrfach wiederkehren und auch das Gedichtende signalisieren, „das konsequent nur klanglich und nicht vom Sinn her gesetzt werden kann" (Kliewer 1974, 76 f.).

Bei den assoziativen Vermutungen und Deutungen, die dieses Klanggedicht beim Leser initiiert, setzt auch die unterrichtliche Erschließung an. Folgendes Vorgehen hat sich als praktikabel erwiesen:
– Stilles Einlesen (Wirkenlassen des optischen Eindrucks) mit anschließenden Vortragsversuchen und Besprechung der Beobachtungen zu Form und Inhalt.
  Oder: rollenverteiltes Vorlesen von 4 Schülern. Die Schüler stellen fest, dass der Text aus Unsinnswörtern besteht, dass er von einer Karawane (Überschrift) aus Elefanten (jolifanto) oder Kamelen (Assoziation) handeln könnte.
– Solche Ansätze werden weiter ausgebaut, wobei Sprechversuche, Strukturbeschreibungen und Dechiffrierung eng miteinander verknüpft werden. An der Tafel festgehaltene Teilergebnisse geben den Anstoß zu einer Art „Rückübersetzung" des Lautgedichts in die konventionell vertraute Sprache, etwa in der folgenden Art:

jolifanto bambla o falli bambla: eine Herde Elefanten stapft durch die Steppe ü üü ü:
ein Elefant schreit unter den Schlägen eines Treibers auf …

Schüler einer 8. Hauptschulklasse* in Salmtal haben das Gedicht in der skizzierten Weise erschlossen und „rückübersetzt", d.h. an die Stelle der Laut malenden Unsinnswörter „sinnvolle" Wörter gesetzt. Das Ergebnis einer Gruppenarbeit:

Kamele gehen und gehen
in der Gluthitze der
    Sahara.
Die Treiber haben Durst
Oh heiliger Mohammed,
    gebe uns Wasser!
      Bitte Wasser!
      Bitte Wasser!
Eine Fata Morgana.
     üüüüüüüü
Da hinten ist eine Oase, Efraim,
der große Prophet hat uns
    Wasser geschenkt.
Unser Gelobter, oh Allah
Er hat uns nicht
    vergessen.
    Oh Allah!

(4) Weitere Textvorschläge und Bearbeitungshinweise

(4 a) *Das große Lalula* von Christian Morgenstern (8./9. Schuljahr)

Das große Lalula
Christian Morgenstern

Kroklokwafzi? Semememi!	Hontraruru miromente	Simarar kos malzipempu
Seiokronto - prafriplo:	zasku zes rü rü?	silzuzankunkrei (;) !
Bifzi, bafzi; hulamemi:	Entepente, leiclente	Marjomar los: Quempu Lempu
quasti basti bo …	klekwapufzi lü?	Siri Suri Sei [ ] !
Lalu lalu lalu lalu la!	Lalu lalu lalu lalu la!	Lalu lalu lalu lalu la!

Christian Morgenstern in seinen Aufzeichnungen über „Sprache": „Man mag sagen, was man will, die Menschen tun so und so oft auch nichts anderes als – bellen, gackern, krähen, meckern usw. Verfolge nur einmal die Tischgespräche einer Kneipe, die Ausrufe eines Wirts, der Kellner, der Kartenspieler, kurz, all das Geschwätz, was nichts weiter ist noch sein will als Essen, Trinken, Schlafen oder irgendeine sonstige einfache Lebensäußerung." (Morgenstern 1979/3, 194)

– Das „Lautgedicht" als Ausdruck von Sprachkritik erkennen.
– Im eigenen Tun die Aussage Morgensterns über die Bedeutung seiner „Galgenlieder" erfahren: „[…] machen sie zugleich Lust, ihre närrische, aber darum in sich nirgends unlogische, nirgends unkonkrete Welt geistig nachzuimprovisieren, und locken damit die heute so beengte und zurückgedrängte Fantasie auf einen höchst erwünschten Tummelplatz." (Morgenstern 1979/4, 189.)

– Das Lautgedicht als Impuls für das Assoziieren in verschiedener Weise sprechen:
  Mit gleich bleibender Lautstärke vorlesen.
  Jede Zeile in einer anderen Lautstärke vorlesen.
  Beim Vorlesen immer schneller werden.
  Jede Silbe gleich lang sprechen.

(4 b) *Seepferdchen und Flugfische* von Hugo Ball (9./10. Schuljahr)

Seepferdchen und Flugfische
Hugo Ball

tressli bessli nebogen leila
flusch kata
ballubasch
zack hitti zopp

zack hitti zopp
hitti betzli betzli
prusch kata
ballubasch
fasch kitti bimm

zitti kitillabi billabi billabi
zikko di zakkobam
fisch kitti bisch

bumbalo bumbalo bumbalo bambo
zitti kitillabi
zack hitti zopp

tressli bessli nebogen grügrü
blaulala violabimini bisch
violabimini bimini bimini
fusch kata
ballubasch
zick hiti zopp

– Das Klanggedicht sprecherisch erschließen und im erprobenden Sprechen prüfen,
  ob Zuordnungen der Phonemsequenzen zu den beiden in der Überschrift genann-
  ten Tieren entdeckt werden können.
– Im eigenen Tun, in assoziativen „Übersetzungen" die „ständige Möglichkeit" des
  Dadaismus (Huelsenbeck, zit. in Best 1975, 292) erfahren, als „Idee der kreativen
  Irrationalität" des „schöpferischen Spiels" (ebd.) gelten zu können.

3. Schreiben nach Leitbegriffen und Wortgittern

Wie beim analogen Schreiben von Gedichten gibt es auch bei diesen Verfahren
Parallelen in der Aufsatzdidaktik: Das Schreiben nach Leitbegriffen ähnelt der
Reizwortmethode, das Schreiben nach Wortgittern dem Ausfüllen von Lücken-
texten. Beide Verfahren sind schreibdidaktisch gesehen nicht unproblematisch
und darum auch nicht mehr unumstritten, doch Gerhard Haas (1984, 31) hat ihre
Verwendung im Gedichtunterricht gleichwohl mit drei einsichtigen Gründen ge-
rechtfertigt:
– „Lyrische Texte sind stark durch das einzelne Wort bestimmt; die Vorgabe eines
  Wortgitters entspricht deshalb dem lyrischen Duktus in besonderer Weise.
– Dieses Wortgitter bezeichnet den Spiel-Raum für den produktiv Interpretierenden und zugleich einen hohen Spiel-Anreiz.

– Das Wortgitter enthält zugleich die Nötigung zu einer ‚schlanken' und oft lapidaren Füllung: der Interpret kann die im Gitter enthaltenen Möglichkeiten erproben, die eigenen assoziativ geweckten Erfahrungen und Gefühle einbringen, aber nicht mit ihnen ins quasi Beliebige hinein davonlaufen."

(1) Beim Schreiben nach Leitbegriffen sind als methodisches Arrangement mehrere Variationen denkbar: Der Lehrer kann beispielsweise Begriffe zu einem bestimmten Thema bzw. Themenkreis vorgeben oder diese von den Schülern selbst finden lassen oder man kann aus einem vorliegenden Gedicht die sinn- bzw. stimmungstragenden Wörter heraussuchen, um sie dann für die eigenen Schreibversuche zu verwenden.

(1 a) Vorübungen

Nicht immer fällt es den Schülern leicht, Leitbegriffe für ihre Gedichte zu finden. Ein Schreibspiel kann hier weiterhelfen: Die Schüler „buchstabieren" ihre Vornamen mit Dingen oder Eigenschaften, die ihnen gefallen, und verwenden diese dann als Leitbegriffe für ihre Gedichte. Ein Beispiel für den Namen „Andreas":

*A*nsprechbar
*N*atürlich
*D*urchblick
*R*uhe
*E*hrlich
*A*usgefallen
*S*chule

(1 b) Joseph von Eichendorffs Gedicht „Der Abend" als Quelle für Leitbegriffe

Der Abend
Joseph von Eichendorff

Schweigt der Menschen laute Lust:
Rauscht die Erde wie in Träumen
Wunderbar mit allen Bäumen,
Was dem Herzen kaum bewusst,
Alte Zeiten, linde Trauer,
Und es schweifen leise Schauer
Wetter leuchtend durch die Brust.

Gegeben wird pro Zeile des neu zu schreibenden Gedichtes ein Wort. Der Auftrag ist die einzelnen Worte in jeder Zeile so zu ergänzen, dass ein (neues) Gedicht entsteht. In einem Versuch in einer 6. Gymnasialklasse* wurden beispielsweise folgende Wörter gegeben:

Der Abend
Eine Schülerarbeit:

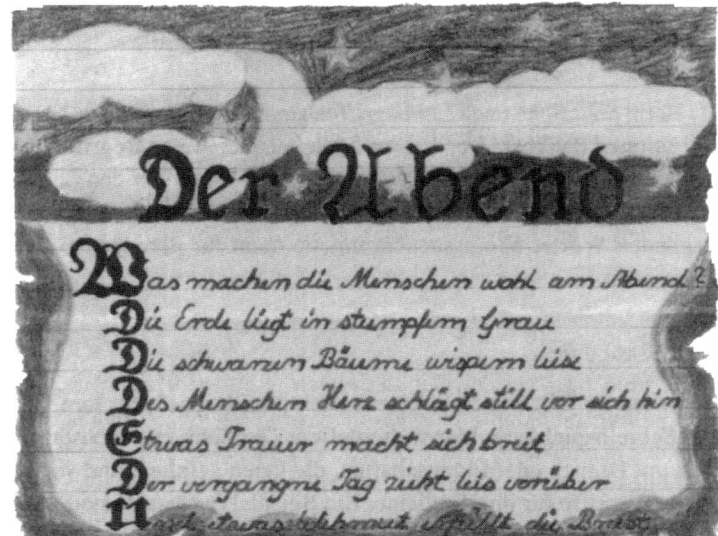

1 Menschen
2 Erde
3 Bäume
4 Herz
S Trauer
6 leise
7 Brust

Nach dem Schreibprozess wird das Gedicht von Eichendorff neben die Texte der Schüler gestellt und es werden die Unterschiede besprochen. Von hier aus wird dann versucht Eichendorffs Thema zu erschließen und die sprachlichen Bilder zu verstehen, derer er sich bedient.

(1 c) Schreibversuche mit Cluster und Leitwörtern*

bohs odemnen menschenhauch
ein jugendlied
Bert Papenfuß-Gorek

das wasser steht ueber unseren aengsten
es gibt kein lachen
               es gibt auch kein laecheln
alles   was ihnen bleibt
gelaechter
ein einsam ferdrekktes fensterbrett
          reisst rauschende wesen
abwaerts
     droehnen ebenfalls offen stehende
tueren
         gleichen unserer unheimlichkeit

132

```
tueren angeblichen
                entkoerperte haeuslichkeit
tueren kloeppeln
                heimliche unsamkeit
eine tuer bricht zum sinn
                gebricht zum sinn
sinn gleichnisgeschwaerzt
                waehnt man fuer sinn
wir ferstanden fenster
                wir ferstanden finster
wer lacht loetet
                wer laechelt luegt
wer gelaechtert waehnt
heit ist heit
                heiten bleiben heiten
auch feitenkeiten
                keit ist keit
keiten bleiben keiten
                auch keitenheiter
das wasser steht ueber unseren aengsten
                danke
```

Hinweise zu Autor und Text: Bert Papenfuß-Gorek, 1956 geboren, gehört zu einer Gruppe junger Lyriker, die in den 70er- und vor allem 80er-Jahren – das Gedicht entstand 1975 – in der DDR neue künstlerische Wege beschreiten, um politische, ideologische und kulturelle Einengungen zu durchbrechen. In kritischer und ablehnender Haltung gegenüber der gesellschaftlichen Wirklichkeit versuchen sie konventionelle – nicht nur apologetische – Kunst mit ihren inhaltlichen, sprachlichen und auch visuellen Klischees zu erweitern und innovativ und radikal neue Inhalte und Formen zu finden.

Eines ihrer auffallenden künstlerischen Mittel ist die Sprachveränderung und -erneuerung. Man knüpft dabei an Traditionen von Walter von der Vogelweide über Fischart, Chlebnikow, Majakowski, Schwitters bis Jandl an; natürlich gibt es keine homogene Gruppe oder Gesamtkonzeption. Man nimmt die Sprache als entscheidendes Zeichen und Mittel erstarrten gesellschaftlichen Denkens und Handelns: Da die sozialistische Gesellschaft stagniert, ist auch ihre Sprache erstarrt. Formeln, Worthülsen und Phrasen bestimmen die Kommunikation. So sucht man sich der gewohnten Sprache zu entziehen. Man experimentiert mit Lexik und Grammatik, verändert Klang und Schreibweisen, Schriftbilder und Strukturen. Die Attacke gegen die Sprache ist vor allem eine Attacke gegen das herrschende sozialistische System.

Doch massive Sprachveränderung bedeutet auch Trennung von der Masse der Sprechenden; Hermetisierung impliziert die Gefahr der Dialogunfähigkeit. Zudem erhielt dieser sogenannte „underground" durch die Kulturpolitik der ehemaligen DDR kaum Möglichkeiten zu publizieren. So erreichte er auch keine Massenwirksamkeit.

Eine Unterrichtserfahrung: Als eine 10. Klasse des Greifswalder Gymnasiums auf traditionelle Weise keinen Zugang zu dem Text „ein jugendlied" fand, konzentrierte sich der Lehrer auf den letzten Abschnitt und seine kreative Erschließung. Methodisches Vorgehen:

– stilles Lesen und Vorlesen
– Nachdenken über Autorintentionen: Ist das Geheimsprache, ein Kinderspielreim, ein Sprechübungstext oder etwas anderes Ungewöhnliches?
– Ermittlung der Textbestandteile:
  Verb „bleiben",
  Hilfsverb „ist",
  Adverb „auch",
  Suffixe „heit/keit"
– Substantive zu den Suffixen bilden und aufschreiben, z.B.

Torheit	Neuigkeit
Weisheit	Freundlichkeit
Neuheit	Bösartigkeit
Freiheit	Höflichkeit
Dummheit	Halsstarrigkeit
Klugheit	Kleinigkeit
Einheit	Gesetzmäßigkeit
	usw .

– Einsatz des Clustering-Verfahrens (vgl. S. 143 f.) individuell oder in Gruppenarbeit, mit dem Ziel Wortnetze zu schaffen; z.B.:

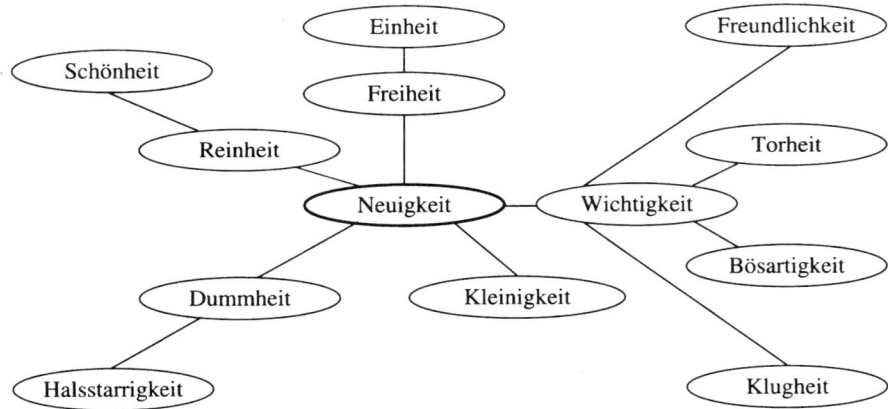

– Diskussion über entstandene Assoziationslinien und Erkenntnis, dass diese Substantive besonders auf geistig-moralischer Ebene menschliche und gesellschaftliche Situationen und Haltungen benennen und auch bewerten. Vermutung: Offensichtlich wollte der Autor solche Sachverhalte und Erscheinungen einfach zusammenfassen.

- Prüfung der Verben und Erkenntnis, dass durch die Prädikate „ist/bleiben" ein statischer Zustand gekennzeichnet werden soll: Es gäbe demnach keine Entwicklung. Da sich die Realität aber immer fortbewegt, können nur Dummköpfe, Halsstarrige, Senile oder Dogmatiker ewig Existierendes verkünden und verteidigen. Der bereits bei den Substantiven erahnte politische Bezug wird den Schülern offensichtlich.
- Schwieriger ist die Deutung des reduzierten „ist" (Da solche dogmatischen Formeln ständig wiederholt werden, alltäglich sind, schleift sich alles ab.) und der Suffix-Komposita „feitenkeiten/keitenheiten" (Sogar der Unsinn, neue Sinnlosigkeit sollen nach dem Willen der Verkünder bleiben, werden permanent bestätigt.)
- Zusammenfassung, dass die eigenwillige Verfremdung abstoßen kann, aber den aufmerksamen Leser auch zum Verharren und Nachdenken zwingt, auf Werte und ihre Brechung aufmerksam macht und sich gegen die dogmatische Wirklichkeit richtet.
- Eigene produktive Schreibversuche mit Clustering oder Leitwörtern. Schülerergebnisse:

Beispiel 1:

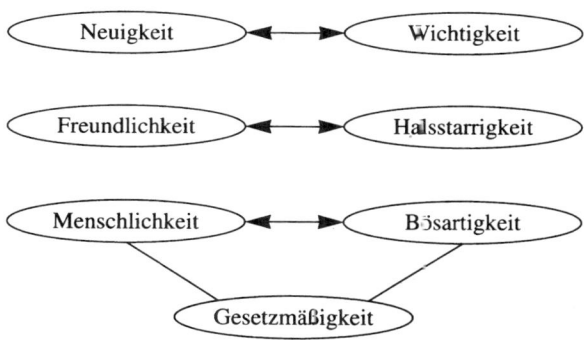

Beispiel 2:

Torheit oder Weisheit?
Dummheit oder Klugheit?
Darüber niemals Einigkeit?

Beispiel 3:

wem dient sie schon
mit ihrer wichtigkeit
ist sie ein ton
von schöner freundlichkeit
bringt sie den lohn
für die bösartigkeit
– die neuigkeit

(2) Schreiben nach Wortgittern

Textquelle für den Schreibversuch mit einem Wortgitter, mit dem eine 6. Hauptschulklasse* in Bitburg arbeitete, war das folgende Gedicht von Arno Holz:

Hinter blühenden Apfelbaumzweigen
Arno Holz

Hinter blühenden Apfelbaumzweigen
steigt der Mond auf.
Zarte Ranken
blasse Schatten
zackt sein Schimmer in den Kies.
Lautlos fliegt ein Falter.
Ich strecke mich selig ins silberne Gras
und liege da
das Herz im Himmel!

Aus dem Text des Gedichtes ist folgendes Wortgitter erstellt worden:

1	Apfelbaumzweige		blühen	hinter
2	Mond		aufsteigen	
3	Ranken	zart		
4	Schatten	blass		
5	Schimmer		zacken	in den Kies
6	Falter	lautlos		
7	ich		ausstrecken	im Gras silbern
8			daliegen	
9				im Himmel

Die „Spielregel" für das Schreiben lautet: Das Gedicht soll neun Zeilen haben, weitere dürfen nicht hinzugefügt werden. Nach Möglichkeit sind alle Wörter zu benutzen; einige müssen grammatisch verändert werden.

Hinter blühenden Apfelbaumzweigen,
steigt der Mond auf.
Die zarten Ranken, lassen blasse
Schatten in den Kies schimmern.
Lautlos streckt sich ein silberner
Falter im Gras aus,
liegt da wie im Himmel.

Sabine Poewen 6b

136

Nach Beendigung der Schreibphase lesen die Schüler ihre Formulierungsvorschläge vor, wobei auch Gestaltungsschwierigkeiten angesprochen werden. Ein – nicht ganz der Spielregel entsprechendes – Beispiel ist auf der vorausgehenden Seite abgedruckt.

Einige besonders stark voneinander abweichende Texte werden gegenübergestellt und verglichen. Die Klasse befragt die Verfasser, warum sie sich für eine bestimmte Formulierung entschieden haben. Es entwickelt sich ein Gespräch über Form und Inhalt der Texte.

Schließlich wird das Original von Arno Holz präsentiert. Die Schüler vergleichen damit ihre eigenen Lösungen und sprechen über Aussage und sprachliche Gestalt des Gedichtes.

4. Schreiben zu einem Bild

Die Möglichkeiten ein Bild zum Gegenstand eines Gedichtes zu machen wurden immer wieder erprobt. Die von Gisbert Kranz herausgegebene Anthologie und Galerie „Gedichte auf Bilder" (1975) stellt eindrucksvolle Beispiele dafür zusammen. Im Vorwort dieses Bandes heißt es unter anderem:

„Paul Klee fand es schwer, zu einem poetischen Motiv, ein Formmotiv zu erfinden, das sich vollständig mit ihm deckt. Ebenso schwer ist es, zu Gemälden, Skulpturen oder Grafiken Wortkunstwerke zu schaffen, die ihnen vollkommen entsprechen. Da müsste der Dichter schon zu jenem Urgrund hinuntersteigen, in dem die Gesetze des Seins verborgen liegen, dem sich Mathematik und Traum von entgegengesetzten Seiten nähern und aus dem alle Bilder und alle Worte emporquellen; er müsste etwas von jener Urharmonie und jenem Urzwiespalt erfahren, der das halb bewusste, halb unbewusste Leben hervorbringt, das allen Künsten gemeinsam ist.

Wem dies nicht gegeben ist, der begnügt sich damit, das Bild zu beschreiben, zu rühmen oder zu kritisieren, es anzusprechen oder reden zu lassen, seinen Inhalt oder seine Entstehung zu erzählen, es zum Anlass von Meditationen oder witzigen Bemerkungen zu nehmen oder es mit eigenen Erlebnissen zu verbinden." (ebd.)

(1) Ein literaturhistorisches Beispiel

Rainer Maria Rilke hat sich vielfach von Gemälden und Plastiken zu Gedichten anregen lassen. Nicht zufällig steht darum wohl auch am Beginn der Anthologie von Kranz sein Gedicht „Archaischer Torso Apollos", mit dem er die Wirkung beschreibt, den der „Torso von Milet" (Paris, Louvre) in ihm hervorruft; Rilke selbst eröffnet mit diesem Text „Der Neuen Gedichte anderer Teil" aus dem Jahre 1908. In diesem Band findet sich auch das Gedicht „Abendmahl", das von der Darstellung des christlichen Abendmahls durch Leonardo da Vinci angeregt ist. Rilke hat die Szene auf eine das Abendbrot einnehmende Familie bezogen und damit dem Bild seine eigene Deutung gegeben (vgl. A. Stahl 1978, 247).

Abendmahl
Rainer Maria Rilke

Ewiges will zu uns. Wer hat die Wahl
und trennt die großen und geringen Kräfte?
Erkennst du durch das Dämmern der Geschäfte
im klaren Hinterraum das Abendmahl:

wie sie sichs halten und wie sie sichs reichen
und in der Handlung schlicht und schwer beruhn.
Aus ihren Händen heben sich die Zeichen;
sie wissen nicht, dass sie sie tun

und immer neu mit irgendwelchen Worten
einsetzen, was man trinkt und was man teilt.
Denn da ist keiner, der nicht allerorten
heimlich von hinnen geht, indem er weilt.

Und sitzt nicht immer einer unter ihnen,
der seine Eltern, die ihm ängstlich dienen,
wegschenkt an ihre abgetane Zeit?
(Sie zu verkaufen, ist ihm schon zu weit.)

(2) Eine Unterrichtserfahrung

Im Unterricht kommt ein derartiger Schreib- bzw. Deutungsprozess, wie wir ihn exemplarisch an Rilkes „Abendmahl" skizziert haben, nicht von selbst zustande, er
muss feinfühlig vorbereitet und gelenkt werden. Dazu wird eine Auswahl von Bildern vorgegeben, aus denen die Schüler eines auswählen, das sie anspricht. Es
kommt also darauf an, solche Bilder anzubieten, von denen vermutet werden darf,
dass sie mit den Neigungen und Interessen, den Motiven und dem Horizont der
Schüler korrespondieren (vgl. Grünewald 1987, 27).

Die Erfahrung zeigt, dass das Schreiben zu Bildern bei den Schülern auf großes Interesse stößt. Die gute Motivation bestätigt nicht nur das Verfahren, sie bleibt auch
nicht ohne Auswirkung auf die Qualität der Ergebnisse. In einer 7. Hauptschulklasse* beispielsweise hat sich Petra die „Tänzerin" von Degas ausgewählt und dazu dieses Gesicht geschrieben.

138

Die Träume einer Ballerina

Sie tanzt und dreht sich,
sie träumt von einer großen
Karriere.
Für sie ist das Tanzen wie ein
Traum.
Sie meint, sie schwebe
wie die Vögel in einer
endlosen Zeit.
Sie tanzt sich frei von all den
Sorgen,
bis dann die Musik aus ist.
Sie spürt noch
den Tanz in ihren Träumen.

Es ist offensichtlich, dass der Text primär beschreibenden Charakter hat. Das ist aber, wenn wir Gisbert Kranz folgen, durchaus der Sache angemessen. Wir sollten von den Schülern – prinzipiell gemeint, nicht in der graduellen Abstufung – nicht mehr erwarten als anerkannte Autoren leisten. Die Beschreibung ist der erste Deutungszugriff, von ihr aus ergeben sich weitere Gedanken und Bezüge.

5. Auf ein Gedicht „antworten"

„Antworten" sind in unserem Alltagssprachhandeln Aussagen, die als Reaktion auf Fragen gemacht werden. Frage und Antwort haben eine komplementäre Struktur und dies nicht nur in Alltagsgesprächen, sondern auch im literarischen Handeln, wenn ein Text in unmittelbarer Reaktion auf einen bereits vorliegenden Text geschrieben wird. Auch die Lyrik kennt solche „Antworten", sei es in Form der echten Replik, sei es als Parodie, sei es, in Verbindung mit Musik, als Kontrafaktur.

(1) Replik

Parodien auf Gedichte gibt es reichlich (vgl. die entsprechenden Anthologien), seltener ist die Replik; deshalb dazu ein literarisches Beispiel.

Der Text: | Die Replik:

Rondeau
Hans Magnus Enzensberger

Reden ist leicht.

Aber Wörter kann man nicht essen.
Also backe Brot.
Brot backen ist schwer.
Also werde Bäcker.

Replik
Richard Pietrass

Reden ist leicht
Sagen ist schwer

Und wir haben doch
etwas zu sagen

Aber in einem Brot kann man nicht wohnen.
Also bau Häuser.
Häuser bauen ist schwer.
Also werde Maurer.
Aber auf einen Berg kann man kein Haus
bauen.
Also versetze den Berg.
Berge versetzen ist schwer.
Also werde ein Prophet.

Aber Gedanken kann man nicht hören.
Also rede.
Reden ist schwer.
Also werde was du bist

und murmle weiter vor dich hin,
unnützes Geschöpf.

Aber wir sagen immer
wenn wir reden

Und wissen wir immer
was wir reden
wenn wir etwas sagen
Und ist alles gesagt
wenn wir geredet haben

Manche die sagen
reden nur noch

Und andere die nie redeten
schweigen

Sagen wir also
in unserem Reden

solange wir etwas
zu sagen haben

(2) Kontrafaktur

Von einer „Kontrafaktur" spricht man, wenn einem Lied, unter Beibehaltung seiner
Melodie, ein anderer Text unterlegt wird. Die Schüler tun das in aller Regel gern,
auch Kritisches lässt sich so aussagen. In Reaktion auf die Lieder „Bunt sind schon
die Wälder" und „O Tannenbaum" entstanden in einer 7. und 8. Gymnasialklasse*
zum Beispiel folgende Texte:

(a)
Bald ruhen alle Wälder
dazu so manche Felder
in unserm Heimatland.
Die Menschheit schläft hinieden,
der Tod ist ihr beschieden.
Was mag die Ursach hierfür sein?

Es ist der saure Regen
und wir tun nichts dagegen
in unserm Heimatland.
Es ragen kahle Äste
und wir, wir feiern Feste.
Bald werden's Totenfeste sein.

(b)
O Tannenbaum, o Tannenbaum,
wie kahl sind deine Äste
Du stirbst nicht nur zur Regenzeit,
nein auch, wenn's gelben Schwefel schneit.

O deutscher Wald, o deutscher Wald,
wie kahl sind deine Täler
Du stirbst nicht nur zur Reisezeit
nein auch, wenn man den Ofen heizt.

6. Schreiben zu einem Jugendbuch

In dem Jugendroman „Liebste Abby" von Hadley/Irvin (Weinheim: Beltz & Gelberg 4. Aufl. 1990) schickt Lehrer Hansen seine pubertierenden Schüler auf eine Entdeckungsfahrt – in die Lyrik. „Ein großes Stöhnen erfüllte den Raum. Ich stöhnte nicht. Niemand wusste, nicht einmal Mom, dass ich Gedichte liebte, sie immer gern gelesen und zum Teil auswendig gelernt hatte." (25) Auf Chip, den Protagonisten des Romans, macht ein Gedicht von Masters besonderen Eindruck, das von einem unbekannten Soldaten handelt; denn Chips Vater ist in Vietnam vermisst. „…ich las eines Nachts in meinem Zimmer, wie gelähmt von den Schrecken des Krieges…" (26). „Ich las auch über Masters, den Dichter. Irgendwie fehlt mir jetzt dauernd die Zeit für meine Kumpel." (26) Ein Gedicht, das ihnen am besten gefällt, sollen die Schüler vor der Klasse vortragen. Karen hat ihr Gedicht auswendig gelernt. Zunächst ist Unruhe in der Klasse, verlegenes Lachen, Albernheiten – doch bald lacht niemand mehr. „Die Klasse war ganz still, als sie sich setzte." (28) Auch Chip trägt sein Gedicht frei vor, unsicher zunächst, dann immer klarer in der Stimme. „Der Leser spürt, dass da etwas geschieht – zwischen dem Jugendlichen und dem Gedicht, und so, wie es erzählt wird, ist es glaubwürdig, keineswegs aufgesetzt, kein Lehrer-Wunschdenken. Chip beginnt zu sich selbst zu finden. Es wird nicht berichtet, ob über die Gedichte gesprochen, über ihre Form, ihren Gehalt diskutiert wird. Nur ein Hinweis: Karen lächelt Chip an und sieht so aus, ‚als kenne sie den tieferen Sinn dieser Worte' (29)." (Grünewald 1987,7 f.)

Dass Gedichte die Funktion der Überlebenshilfe annehmen können, davon berichten die authentischen Schilderungen von Miep Diekmann und Dagmar Hilarová in dem Jugendbuch „Ich habe keinen Namen" (Würzburg: Arena 1985, Arena Taschenbuch 1510). Dagmar Hilarová muss sich im Prag des Jahres 1943 an ihrem 15. Geburtstag bei der deutschen Besatzungsmacht zum Transport melden, weil ihre Mutter Jüdin ist. Völlig auf sich allein gestellt, kommt sie ins Konzentrationslager Theresienstadt. Aus dem Lesen ihrer Lieblingsdichter und dem Schreiben von Gedichten schöpft sie die Kraft das Lagerleben zu ertragen – und zu überleben.

Das sind nur zwei von zahlreichen Jugendbüchern, in denen die Beschäftigung mit Literatur, hier mit Gedichten, thematisiert wird. Begibt sich der lesende Schüler in seinem Rezeptionsprozess unmittelbar in das Handlungs- bzw. Kommunikationsgefüge des Buches hinein, kann er, die Rolle einer Figur übernehmend oder eine Situation nachvollziehend, selbst zum Handelnden werden und aus der jeweiligen Rollenperspektive heraus Gedichte vortragen oder selbst schreiben. Aber auch dann, wenn der Schüler in der distanzierteren Rolle des Lesers bleibt, kann das Jugendbuch zum Schreibanlass lyrischer Texte werden, und zwar unabhängig davon, ob Gedichte ein Handlungsmoment sind oder nicht. Der Schüler reagiert mit seinen Texten dann auf bestimmte Handlungssituationen oder auf das Geschehen des ganzen Buches. Solche Texte sind ein Spiegel der Identifikations- und Verarbeitungsvorgänge, welche die Lektüre auslöst.

Zwei Proben, beide entstanden in der 10. Klasse eines Mainzer Gymnasiums*, seien gegeben. Der erste Schülertext bezieht sich auf das Buch „Bleibst du, wenn ich frage?" von Eve Bunting (dtv 78007), der zweite wurde zu dem Buch „Spiegelblicke" von Maria Hede (Würzburg: Arena 1990) geschrieben.

Viele Jahre warst du alleine.
Nur auf dich gestellt.
Doch dann, eines Tages, war sie da.
Ein Mensch, der sich, wenn auch nur für
kurze Zeit, in dein Leben drängen wollte.
In deine Wohnung!
Was sollst du machen?
Du willst alleine sein.
Du willst weiterhin so leben wie früher.
Alleine!
Willst ihr aber auch nicht weh tun.
Weh tun?
Wieso eigentlich nicht?
Schließlich kennst du sie doch gar nicht.
Du willst alleine sein.
Willst nichts mit ihr zu tun haben.
Wieso sollst du ihr dann nicht weh tun?
Du versuchst es.
Schreist sie an.
Redest nicht mit ihr.
Ziehst dich zurück.
Hast Angst, sie könnte dein Leben
verändern.
Es hilft nichts.
Sie bleibt.
Verzweiflung.
Verzweiflung?
Ist sie denn wirklich so schlimm?
Nein!
Du fragst dich, wieso.
Wieso?
Willst du dein Leben nicht ändern?
Du weißt es nicht.
Oder doch?

Nicole Prellwitz

Vor einem Jahr hat alles angefangen.
Ich war fett, wabbelig, einfach ekelhaft.
Schlecht hätte einem jeden bei diesem
Anblick werden müssen!
Damals wollte ich alles ändern –
am liebsten nicht mehr leben!
Jetzt möchte ich das Leben anhalten
können …
Ich habe einen Freund. Eberhard.
Ein schrecklicher Name.
Genau so schrecklich wie meiner,
unter dem ich schon als Kind gelitten habe.
Aber – wir lieben uns; das ist das Einzige,
was zählt.
Oft habe ich mich gefragt: Wieso gerade du,
Evelyne?
„Einen trifft' s immer", pflegte mein Vater
zu sagen.
Er hatte Recht!
Was damals war, hat mein Leben geprägt.
Ich
habe daraus gelernt, gelernt, mit meiner
Krankheit umzugehen, damit zu leben.
Sie ist ein Teil von mir geworden, mit dem
ich zurechtkommen muss! Doch nicht
alleine!
Mit der Hilfe meiner Familie und meiner
Freunde werde ich es schaffen!
Ich fange langsam an mich zu akzeptieren,
ja sogar mich zu lieben, so,
wie ich bin!

Dina Kürten

7. Freies Schreiben

Die freieste Form der lyrischen Eigenproduktion ist das Schreiben ohne jegliches Muster und ohne jeden vorgegebenen Schreibimpuls oder -anlass. Freilich haben die Schüler auch beim freien Schreiben immer Vorbilder oder Regeln im Hinterkopf und das ist auch gut so; denn freies Schreiben hat nichts gemein mit Beliebigkeit in der Form, das Attribut „frei" beschreibt lediglich den Verzicht auf zielgerichtete didaktische Vorgaben.

Beachtenswert ist zudem der Hinweis Spinners (1984, 43), dass es nicht darum gehen solle, „im Unterricht kleine Dichter heranzuziehen"; darum sei „das selbstständige Verfassen von Gedichten" weniger in isolierten Schreibübungen, sondern „vor allem im Zusammenhang mit anderen Unterrichtstätigkeiten sinnvoll."

Wie bei allem selbstständigen Schreiben ist auch beim Verfassen von Gedichten die Erschließung eines Themas vielfach ein nicht unerhebliches Hemmnis. Hier kann das Cluster-Verfahren eine praktikable Hilfe sein. Cluster bedeutet so viel wie zusammengefügt, zugeordnet, beigeschlagen; in der Sprachwissenschaft bezeichnet er „die ungeordnete Menge semantischer Merkmale eines Begriffs" (Fremdwörterduden). Anders gesagt: Der Begriff Cluster beschreibt das gesamte denotative und konnotative Umfeld, das uns bei der Wahrnehmung eines Wortes durch den Kopf geht.

> Manche forsch-kreativen Schreiblehrgänge setzen vornehmlich aufs assoziative Cluster-Schreiben oder (bzw.) auf eine „écriture automatique", wobei die Ergebnisse mehr beliebige als bedachte Kombinationen darstellen, die den Wartezimmercharakter eines therapeutischen Schreibens in der Regel nicht verleugnen können. Sicherlich können solche Schreibformen, etwa als Lockerungs- oder Fingerübungen, unterrichtlich verwendet werden; doch weil sie objektivierbare Spielregeln eines poetischen Sprachgebrauchs weithin außer Acht lassen, sind sie m.E. wenig geeignet den immer unterschätzten hohen Anteil des Kognitiven an sogenannten kreativen Prozessen zu fördern und erfahrbar zu machen.
>
> *Herbert Sleegers*

Hieran knüpfen die schreibdidaktischen Verwendungen an. Der Cluster gibt das Muster ab zur Lösung folgender Aufgabenstellung: Ein vorgegebenes oder selbst gewähltes Wort – zum Beispiel WALD, BAUM, STRASSE, MUSIK, LIEBE, HERBST – wird in die Mitte eines Blattes geschrieben und eingekreist. Alle Gedanken (Assoziationen), die dem Schreiber einfallen, notiert er um das Zentralwort herum, kreist sie ebenfalls ein und verbindet sie mit dem Zentralwort. Fallen ihm noch weitere Gedanken ein, schreibt er auch diese auf, kreist sie ein und verbindet sie mit den vorigen. Ein Beispiel:

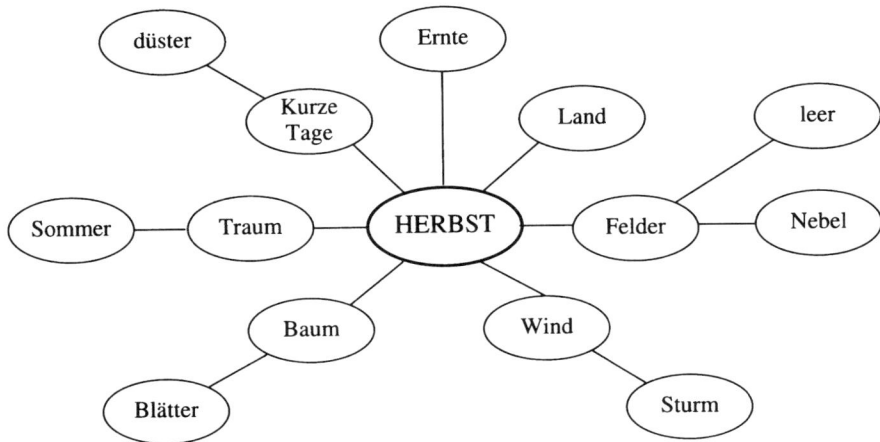

Von den gefundenen Worten her wird nun versucht ein Gedicht zu „bauen". Dazu müssen nicht alle Worte verwendet werden, die in dem Cluster notiert wurden. Aber je mehr Worte man zum Zentralwort findet, umso leichter kann man arbeiten.

8. Gedichtcollagen machen

Die literarische Collage entspricht in ihrer Technik den gleichnamigen Klebebildern der modernen Kunst. Es ist aber kein bloßes Spiel, wenn ein Text mit Zitaten anderer Autoren versetzt wird, es ist damit die Absicht verbunden, das vorfindbare sprachliche Material neu zu organisieren und dadurch auch dem Thema weitere Horizonte abzugewinnen. Literarische Vorbilder zur Collage finden sich insbesondere im Dadaismus und in der konkreten Poesie. Wie man sie erstellen kann, erklärt – ironisch – die folgende „Handlungsanweisung":

Um ein dadaistisches Gedicht zu machen
Tristan Tzara

Nehmt eine Zeitung.
Nehmt Scheren.
Wählt in dieser Zeitung einen Artikel von der Länge aus, die
Ihr eurem Gedicht zu geben beabsichtigt.
Schneidet den Artikel aus.
Schneidet dann sorgfältig jedes Wort dieses Artikels aus
und gebt sie in eine Tüte.
Schüttelt leicht.
Nehmt dann einen Schnipsel nach dem anderen heraus.
Schreibt gewissenhaft ab
in der Reihenfolge, in der sie aus der Tüte gekommen sind.
Das Gedicht wird euch ähneln.
Und damit seid ihr ein unendlich origineller Schriftsteller
mit einer charmanten, wenn auch von den Leuten
unverstandenen Sensibilität +

Literarische Collagen entstehen, wenn in Gedichte früherer Epochen moderne oder zeitgenössische Texte hineingeschrieben werden, Barockgedichte derart beispielsweise mit expressionistischer Lyrik kontrastiert werden.

Die Schülerin Christine hat in einer 10. Gymnasialklasse Goethes Gedicht „Um Mitternacht" mit Hölderlins „Sonnenuntergang", Eichendorffs „Der Abend" und Erich Frieds „Nacht in London" versetzt. Ihre Collage:

Um Mitternacht ging ich, nicht eben gerne,
Klein, kleiner Knabe, jenen Kirchhof hin

Die Hände
vor das Gesicht halten
und die Augen
nicht mehr aufmachen

Zu Vaters Haus, des Pfarrers; Stern am Sterne,
Sie leuchteten doch alle gar zu schön;
Was dem Herzen kaum bewusst,
Alte Zeiten, linde Trauer,
Um Mitternacht.
Und es schweifen leise Schauer
Wetter leuchtend durch die Brust.

und oben über den Fichten
in langsamen Kreisen ein Vogel
klein und schwarz
gegen das Himmelblau

Wenn ich dann ferner in des Lebens Weite
Zur Liebsten musste, musste, weil sie zog,
Schweigt der Menschen laute Lust:
Rauscht die Erde wie in Träumen
Wunderbar mit allen Bäumen,
Gestirn und Nordschein über mir im Streite,
Es tönten rings die Wälder und
Hügel nach.

Ich gehend, kommend Seligkeiten sog;
Um Mitternacht.
Und alles
ganz still
und so schön
dass man weiß
das Leben lohnt sich
weil man glauben kann
dass es das wirklich gibt.

Bis dann zuletzt des **vollen** Mondes Helle
So klar und deutlich **mir ins** Finstere drang,
Wo bist du? trunken dämmert
die Seele mir
Von aller deiner Wonne;
Auch der Gedanke **willig**, sinnig, schnelle
Sich ums Vergangne **wie ums** Künftige
schlang;
Um Mitternacht.

9. Eigene Gedichte drucken

Gedichte schreiben die Schüler in der Regel mit der Intention, dass sie auch von anderen gelesen werden sollen. Eine Veröffentlichung der Schülertexte ist aufgrund der technischen Ausstattung mit Umdruckern und Kopiergeräten, über die viele Schulen heute verfügen, leicht möglich. Da ist es dann auch unerheblich, ob die Gedichte handschriftlich, gestempelt, getippt oder gesetzt vorliegen.

Eine besonders attraktive und effektive Form der Veröffentlichung ist allerdings das Drucken, sofern in der Schule eine Klappflügelpresse oder eine einfache manuelle

Es ist Herbst geworden.

Der Herbst zieht ins Land.
Und die Tage sind nicht
mehr so lang.
Der Wind fegt über die Felder.
Und der Nebel liegt über den
Wäldern.
Die Blätter fallen vom Baum.
Der Sommer war ein schöner
Traum.

Frank Hemm

Hochdruckpresse vorhanden ist. Die Freinetpädagogik, die das Drucken als Knotenpunkt körperlicher und geistiger Arbeit besonders pflegt, betont neben dem Öffentlichkeitscharakter „das damit verbundene Gefühl der Verantwortlichkeit, aber auch Wertschätzung – nicht geschrieben für den Heftschrank oder den Papierkorb des Lehrers! – Faktoren, die motivierend und intensivierend auf das Lesen, Verstehenwollen und interpretierende Nachschaffen einwirken.

Diese Form einer ersten aktionalen Teilhabe am literarischen Leben legt Grund für alle anderen rezeptiven und produktiven Formen, die das Ensemble der vorfindlichen und wünschbaren Möglichkeiten dieses Kultur bildenden und tragenden Prozesses ausmachen" (Haas 1984, 30).

Drucken muss aber nicht nur den Umgang mit Schrift bedeuten. Zum Drucken gehören auch Bilder. Ein einfacher Linolschnitt, wie in den dokumentierten Beispielen* auf dieser und der nächsten Seite, illustriert und verstärkt die Textaussage.

Den beiden nebenstehenden Beispielen lag, wie sich leicht erkennen lässt, das Verfahren „Schreiben nach Leitbegriffen" zugrunde.

(grau)　(Wind)　(kühl)

(Blätter)　(Nebel)

Die Wälder sind grau.
Der Wind trägt die Blätter
fort.

Der Nebel ist kühl auf
meinem Gesicht.

Das Wetter ist schwer und
naß.

Simone

Es ist sehr leer und grau.
Der Wind weht die Blätter
von den Bäumen.

Der Nebel versperrt einem
die Sicht.

Draußen ist es kühl und
naß.

Es ist sehr einsam.

Katja

10. Beispiel für ein Projekt: Ein thematisch orientiertes Gedichtbuch*

Anlass zum eigenen Verfassen von Gedichten im 9. Schuljahr einer Hauptschule waren die beiden folgenden Texte:

Dû bist mîn
Unbekannter Verfasser

Dû bist mîn, ich bin dîn:
des solt dû gewiss sîn.
dû bist beslozzen
in mînem herzen.
verlorn ist das slüzzelîn:
dû muost immer drinne sîn.

Traumkarte für Christine
Arnfried Astel

Ich höre, du hast geträumt,
ich hätte dir Postkarten geschrieben,
aber nicht gewagt sie abzuschicken.
Dabei habe ich nicht einmal gewagt,
dir Postkarten zu schreiben.
Diese Traumkarte schicke ich jetzt ab.

147

Der Lehrer las die beiden Gedichte ohne Nennung der Titel vor. Nach dem Vortrag hatten die Schüler jeweils Gelegenheit ihre ersten Eindrücke zu äußern. Stichpunkte daraus wurden von einem Schüler an die Tafel notiert.

Dû bist mîn	Traumkarte
Liebesgedicht,	es werden Wünsche geäußert,
Liebeserklärung,	es wirkt nachdenklich
an einen geliebten Menschen,	und doppelsinnig,
es ist eindeutig,	traumhaft,
direkt realistisch,	das Gedicht enthält versteckte
das Gedicht wirkt trocken,	Gefühle,
es ist fordernd,	es drückt Hoffnung, Angst,
es zeigt offene Gefühle	Hemmungen und Unsicherheit aus

Diese Äußerungen bewiesen bereits viel Textverständnis. Die teilweise gegensätzlichen Eindrücke regten die Schüler zu einem Gespräch über ihre unterschiedlichen Meinungen an. Anschließend wurden sie aufgefordert, jedem Gedicht eine Überschrift zu geben. Folgende Vorschläge wurden gemacht:

Dû bist mîn	Traumkarte
Liebesgedicht	Ein Traum wird wahr
Du bist mein	Die Traumkarte
Der verlorene Schlüssel	Die Wunschkarte
Ich liebe dich	Ein Wunsch wird zum Traum
Unzertrennlich	Ein Traum wird zum Wunsch
	Traumgedanken

Die Titelvorschläge zu dem zweiten Gedicht veranlassten die Schüler Gedanken über den Unterschied von Traum und Wunsch auszutauschen. Anschließend wurden sie angeregt aus ihrem Lebens- und Erfahrungsbereich Situationen und Erlebnisse zu erzählen, die mit jenen der Gedichte vergleichbar sind. Der überwiegende Teil der Schüler äußerte ohne Scheu, dass sie ähnliche Wünsche, Träume und Gefühle bewegten. Es kamen Beispiele, die das Verhältnis zu den Eltern, Großeltern, der Schule, den Lehrern und, besonders bei den Mädchen, zu Freunden zum Ausdruck brachten. Auf die Frage, wie sie ihre Gefühle und Erfahrungen verarbeiteten, gaben die Schüler folgende Antworten:
– Ich habe bisher noch nicht darüber gesprochen.
– Ich unterhalte mich mit den betreffenden Menschen darüber.
– Ich spreche mit meinen Freunden.
– Ich halte alles in meinem Tagebuch fest.
Zwei Schülerinnen berichteten, dass sie häufig Gedichte schreiben, um ihre Gefühle auszudrücken und zu verarbeiten. Daraufhin kam seitens der Schüler der Vorschlag,

eigene Gedichte zu schreiben und sie in einem gemeinsamen „Gedichtband" zu sammeln.

An dieser Stelle stellte der Lehrer den Bezug zu den beiden Ausgangsgedichten her. Für das Verfassen der eigenen Gedichte wurde vereinbart, dass jeder Schüler sich in Inhalt und Form an eines der beiden Ausgangsgedichte halten müsse; es sollten analoge Gedichte geschrieben werden.

Gemeinsam wurde dann überlegt, welchen Titel der Gedichtband erhalten sollte; dieser Rahmengedanke sollte beim Schreiben beachtet werden. Die Schüler einigten sich auf: „Gedanken – Wunsch und Wirklichkeit".

Bevor sie mit dem Verfassen eigener Texte begannen, wurde noch ein weiteres Gedicht in den Unterricht einbezogen, das zum gewählten Thema passte und für analoge Schreibversuche geeignet war.

Titelbild des Gedichtbandes

An die Eltern
Klaus Konjetzky

1. Ihr sprecht
von der Verantwortung, die ihr für mich habt –
aber ihr wollt nur,
dass ich so werde wie ihr.

2. Ihr sagt,
ich sollte mich mehr für Kultur interessieren –
aber euch interessieren nicht
die Lieder der Rolling Stones.

3 Ihr behauptet,
Fernsehen macht träge –
aber ihr sitzt regelmäßig
vor Dalli Dalli.

4. Ihr sagt,
es komme auf den Menschen an –
aber ihr verlangt,
dass ich mir die Haare schneiden lasse.
(…)

149

Zunächst „dichteten" die Schüler im Unterricht. Dabei musste häufiger der Hinweis gegeben werden, auch die Form zu beachten. Das beeinträchtigte die Schreibmotivation aber keineswegs. Das Verfassen der Texte bereitete so viel Freude, dass die Schüler auch zu Hause weiterarbeiteten. Die meisten schrieben nicht nur ein Gedicht, sondern mehrere. Aus dieser Fülle wurde dann der Gedichtband zusammengestellt. Daraus abschließend zwei Belege:

Traum und Wahrheit

Ich träumte,
die Welt sei voll Blumen.
Ich träumte,
die Welt sei voll Licht,
voll lachender Menschen und
ewigem Frieden.
Doch als ich erwachte,
sah ich,
die Welt ist grau und leer,
sie ist dunkel und voller Kriege.

Petra

An die Eltern

Ihr habt mir
bis jetzt den besten Weg ausgesucht.
Doch nun bin ich alt genug
meinen eigenen Weg zu gehen.
Ihr habt mir
ein gutes Zuhause gegeben.
Doch nun muss ich lernen
für mich selbst zu sorgen.
Ihr habt mir
geholfen meine Probleme zu lösen.
Doch nun muss ich mich selber
meinen Problemen stellen.
Ich danke euch
für die schöne Kindheit.
Für mich seid ihr
das beste Elternpaar der Welt.

Detlef

Die in dem Projekt enstandenen Gedichte wurden noch in zwei Situationen eingebracht:
– Sie wurden bei einem Elternabend vorgestellt.
– Sie wurden einbezogen in die Rede bei der Entlassfeier der Klasse: „Die Gedichte sollen stellvertretend zeigen, was euch – und bestimmt auch andere Jugendliche – bewegt. Mit euren Gedichten habt ihr eindrucksvoll zum Ausdruck gebracht, wie kritisch und empfindsam ihr sein könnt, wie ihr euch mit eurer Umwelt und euren Mitmenschen auseinander setzt und wie wenig oberflächlich ihr, die heutige Jugend, seid." (Weigel)

Berichte und Ideen zu Unterrichtseinheiten

1. Das allmähliche Verstehen eines Gedichtes – Bertolt Brechts „Der Rauch"**

Der Rauch
Bertolt Brecht

Das kleine Haus unter Bäumen am See.
Vom Dach steigt Rauch.
Fehlte er,
Wie trostlos dann wären
Haus, Bäume und See.

Gedanken zum Text: Brechts Gedicht „Der Rauch" aus den Buckower Elegien (1953) löst mit dem Bild von dem kleinen Haus unter Bäumen am See zuerst übliche, ja fast klischeehafte Vorstellungen von einem nahezu idyllischen Leben aus. „Jedoch dieser erste Eindruck bleibt nicht bestehen. Der bereits in der Überschrift annoncierte Rauch kommt hinzu: er steigt vom Dach. [...] Der Rauch gehört offenbar zum Haus, charakterisiert es, indem er den Bildbereich des ersten (idyllischen) Eindrucks erweitert und erheblich modifiziert. Durch den Rauch kommt Bewegung ins zunächst ganz statische Bild und Bewegung deutet auf Lebendiges, deutet darauf, dass das Haus bewohnt ist. Er steht nicht für Vergänglichkeit, sondern für Leben." (Knopf 1986, 19)
Im zweiten Teil des Gedichtes (beginnend mit der Mittelachse: „Fehlte er") wird die Idylle jedoch durch konjunktivische Negierung aufgehoben: Ohne den Rauch „wären Haus, Bäume, See trostlos, wäre der ganze, doch Idyllik suggerierende Eindruck des Beginns ohne Hoffnung, ohne Zufriedenheit, ohne Glück, ohne Zukunft" (Knopf, ebd.). Übrig bleibt die gedachte trostlose Kulisse eines unbewohnten bzw. von Menschen nicht mehr bewohnbaren Ortes. „Der Konjunktiv bringt Reflexion ins nur Geschaute, formuliert im (relativen) Wenn-Dann-Beziehungssatz eine Sprachhaltung, die an wissenschaftlich-logische Definitionen erinnert. Die Reflexion erweitert das Bild durch Sinngebung, Interpretation." (Knopf, ebd.)

Intention: Den „Umschlag" von der Idylle zur Trostlosigkeit zu begreifen, d.h. ihn sinnlich, kognitiv und handelnd zu konkretisieren, war das Ziel der allmählichen Verfertigung eines sach- und selbst erschließenden Verstehens – verfolgt in einem 7. Schuljahr.
Eingebunden war diese Intention in das übergreifende Thema, die Funktion und Bedeutung von Zeichen, mit denen

> „Der Witz eines gelungenen Gedichts besteht darin, dass es die landläufigen Erwartungen des Lesers im positiven Sinne enttäuscht; es hat keine bestätigende, sondern eine innovierende Funktion".
>
> *Herbert Sleegers*

Menschen sich untereinander verständigen (Bild-, Laut-, Licht-, gestische Zeichen ect.), kennen zu lernen.

Verlauf: Nach dem Anschreiben des Gedichttitels wurden Vermutungen angestellt über die Zeichenhaftigkeit von Rauch: Brand, Lagerfeuer, Fabrik, Flächenbrände in Amazonien, Funktion von Rauchzeichen.

Während das Gedicht an die Tafel geschrieben wurde, lasen die Schüler halblaut mit, wobei ihr Lesetempo automatisch auf die Langsamkeit des Schreibens gedrosselt wurde. Beim anschließenden Reihumlesen behielten die Schüler dieses verhaltene Tempo bei.

Ohne sogenannte „spontane" Äußerungen abzuwarten, legte ich ein helles sowie ein dunkelfarbenes Stück Kreide aus. Eine Schülerin unterstrich die ersten drei Zeilen hell, die letzten beiden dunkel. Sie gab dafür die Begründung: „In den ersten Zeilen wird etwas Schönes gesagt, was glücklich macht. Darum habe ich das mit der fröhlichen Farbe unterstrichen." Ähnlich begründete sie das dunkle Unterstreichen. Andere gingen hin und unterstrichen konkret: grün (Bäume), rot (Haus), blau (See). Man einigte sich darauf, dass beides möglich sei; die helle bzw. dunkle Grundfärbung solle aber, weil „sie die Stimmung ausdrückt", beibehalten werden.

Nach dieser ersten Annäherung mittels emotionaler Qualitäten von Farben erhielt jeder Schüler den in die Mitte eines DIN-A4-Blattes gedruckten Text. Mögliche Aufgaben (zur freien Wahl) wurden notiert: färben, zeichnen, Notizen machen, Einfälle aufschreiben, weiter- bzw. ausschreiben.

Die Ergebnisse, reihum vorgestellt und kommentiert – von den „Autoren" selbst, von „Helfern" oder von mir – zeigten: Fast alle hatten die knappe Aussage der ersten Zeilen aus-gemalt oder aus-geschrieben. Um das kleine Haus war eine bunte Szenerie des Lebens entworfen: Ein Garten, Wäsche auf der Leine, spielende Kinder, Enten auf dem See, ein Boot, ein Angler. Verbal waren Wunsch- und Fantasiebilder eines friedlichen Lebens beschrieben worden. Die Gegenbilder um die letzten Gedichtzeilen gruppiert zeigten Verwüstung, Entlaubung, Starre, Menschenleere.

Aus den Kommentaren ging hervor: Die beiden Gedichthälften waren als kontrastierende Lebenszustände begriffen worden, signalisiert durch den Rauch als Zeichen für Bewohntsein und häusliche Arbeit bzw. durch dessen Fehlen.

Die konjunktivische Mittelzeile löste Fragen aus nach möglichen Ursachen für solchen Umschlag. Genannt wurden Flucht, Vertreibung, Umweltzerstörung, Krieg. Ich notierte die Beiträge stichwortartig an der Tafel. In diesem Zusammenhang wurde auch nach dem Autor gefragt, wobei ich auf die Situation des Jahres 1953 (17. Juni) hinwies. Eigene, in der Regel medienvermittelte Kenntnisse der Schüler über Flucht, Krieg, Vertreibung – Kurden, Palästinenser, Kroaten – wurden geäußert und auf den Text hin konkretisiert.

Damit das Gedicht als Ganzes und gleichzeitig in seinen (auch kunstvoll verwendeten lexikalischen und grammatischen) Details handelnd erfahren würde, probierten wir eine spielerische Inszenierung. Um die Scheu einer Selbstdarstellung, die von Schülern dieser Altersstufe oft als Selbstentblößung empfunden wird, zu nehmen, machte ich selbst den Anfang. Ich stellte mich mit erhobenen Armen hin und sagte: Ich bin ein Baum. Sogleich fanden sich Mitspieler, die Bäume darstellten, ein Haus bildeten und eine imaginäre Seefläche umrandeten. Verschiedene Haltungen, Stellungen und Bewegungen wurden ausprobiert, wobei der Gedichttext die genau zu lesenden Regieanweisungen bot, vor allem die Präpositionen „unter", „am", „vom". Wir kamen überein, dass einige der Nichtspieler den Gedichttext sprechen sollten, und zwar betont langsam den Spielbewegungen angepasst und mit einer langen Pause nach der dritten Zeile. Bei den Schlusszeilen einigten wir uns auf folgenden Bewegungsablauf: Der Rauch sinkt in sich zusammen – die Bäume senken ihre Zweige – sie wenden sich vom Haus ab, treten ein paar Schritte zurück und erstarren – der Seeuferrand löst sich auf.

Da die Spielversuche immer wieder dem Text folgten und sich von ihm korrigieren ließen, wurde den Schülern handelnd bewusst, dass Brecht um die Trostlosigkeit auszusagen lediglich die Präpositionen (Beziehungswörter) weggelassen hat. Ich warf das Stichwort „Beziehungslosigkeit" ein. Es wurde sogleich aufgegriffen und mit eigenen Anschauungen gefüllt. Eine Schülerin brachte es auf den Begriff: „Wenn die Menschen keine Beziehungen zueinander haben, dann ist alles wie tot".

Ergebnis: Emotionale Annäherung an den Text nach sorgfältigem Lesen; Gestaltung der ersten Eindrücke und deren verbale Begründung; aneignendes Erschließen des Textes durch Inszenierung; inhaltliche Einsicht durch „körperlich" vermittelten Einblick in die Machart des Textes (wegen der Kontraststruktur (des Gedichts erwiesen sich diese Verfahren als brauchbar): solcher Umgang mit einem Gedicht ließ die Schüler erfahren, dass es – außerhalb der Pressionsmarken „richtig" und „falsch" einiges zu entdecken gab, was jeden auch persönlich angeht; der Rhythmus von stillen, „verinnerlichenden" und aktiven, „veräußerlichenden" Phasen hielt den Unterricht über fast 90 Minuten relativ störungsfrei.

Weiterführende Anregungen: In Jahrgangsstufen, wo Inszenierungsformen auf entwicklungsbedingte Scheu oder gar Ablehnung stoßen, können andere Umgangs- und Erschließungsformen angewandt werden. Zum Beispiel eine schriftliche Arbeit: Die ersten drei Gedichtzeilen werden aus-geschrieben; was assoziativ hinzugedacht, zeichnerisch hinzugefügt wurde, wird aufgeschrieben.

Dieser Methode folgend habe ich um eine Inszenierung zu umgehen, ein Arbeits-Spiel mit Haftelementen erprobt: Die im Gedicht genannten Dinge – Haus, Bäume, Rauch, See — hatte ich aus Karton als Haftbilder geschnitten. Diese konnten an der Klebe- bzw. Hafttafel befestigt und verschiedenartig kombiniert werden. Die Ergebnisse, die wir anderweitig übers Spielen erreichten, wurden auch mit dieser Arbeits-Spiel-Form erreicht.

2. Von der Interpretation durch ästhetische Tätigkeiten zur Anwendung auf eine konkrete Situation – Sarah Kirsch „Im Sommer"

Im Sommer
Sarah Kirsch

Dünn besiedelt das Land.
Trotz riesigen Feldern und Maschinen
Liegen die Dörfer schläfrig
In Buchsbaumgärten; die Katzen
Trifft selten ein Steinwurf.

Im August fallen Sterne.
Im September bläst man die Jagd an.
Noch fliegt die Graugans, spaziert der Storch
Durch unvergiftete Wiesen. Ach, die Wolken
Wie Berge fliegen sie über die Wälder.

Wenn man hier keine Zeitung hält
Ist die Welt in Ordnung.
In Pflaumenmuskesseln
Spiegelt sich schön das eigne Gesicht und
Feuerrot leuchten die Felder.

*Gedanken zum Text:** Das Gedicht wirkt beruhigend auf mich; Zeile für Zeile, Strophe für Strophe. Da fühle ich nirgendwo eine versteckte Stimme, die mich zu Aktionen aufruft. Da entdecke ich keine „Leerstelle", die ich mit dem Schotter meiner eigenen Assoziationen aufzufüllen hätte. Da ist nirgendwo eine Metapher, deren Hintersinn ich durch eigene „Vielschichtigkeit" paroli bieten sollte.

Wenn ich's nochmal lese, wenn ich's mir nochmal vorspreche, das Gedicht, habe ich den Eindruck, ich blätterte in einem der schönen Bilderbücher, die es zu unserer Kindheit nicht gab, die heute aber Gott sei Dank in jedem Bücherladen zu bestaunen sind. Mir fällt eine Überschrift ein, die zu dieser beschaulichen, inneren Muße passt: Trakls Vers aus seinem Herbstgedicht „wie schön sich Bild an Bildchen reiht". Mittels einfacher Benennungen werden mir die Bilder vor Augen geführt. Unaufwendige Aussagesätze bringen konkret Wahrgenommenes. Und wenngleich sich auf den zweiten Blick die Oberflächenstruktur als nur scheinbar „einfach" erweist, ist sie doch kunstvoll-unaufdringlich aufgeraut durch Inversion, Kondition, Interjektion, Konzession, so stellt sich beim dritten Zusehen jene fast idyllische Beschaulichkeit folgerichtig wieder her.
Nichts Unbekanntes, Herbeigesuchtes, aus abgelegenen Blickwinkeln Herangeschleiftes wird gezeigt. Rundum Vertrautes gibt es zu sehen. Vertrautes allerdings, das wir durchs Eingewöhnen ins Sensationelle fast wie eine neue Entdeckung empfinden. Bukolisches? Ländliches? Idyllisches? Nostalgisches? Heile Enklave? Re-

154

staurierte Provinz? Dias aus dem Urlaub? Längst Vergangenes? Utopisches? Miniaturen im Kitschrahmen?

Solche keineswegs bedrohlich-aufmüpfigen Vorbehalte blähen nicht die Gardinen vor dem Fenster, aus dem ich blicke. Es bleibt ruhig. Ich bleibe ruhig. Die Konturen der Landschaft, die es zu betrachten gilt, bleiben unverwischt. Aber sie sind um einen Kunst-Deut zu präzise, als dass sie ins Nebulös-Kitschige sich verlören; sie sind zu hilfreich koordinatenhaft gezogen, als dass ihre Schnittpunkte in den Flecken nostalgischer Subjektivität auszumachen wären; zu schartig sind sie für eine Problem vergessene Ausgrenzung von allem möglichen „Heilen".

Wie aber ist es mit dem Idyllischen? Ich nehme einmal diesen Begriff in seiner literarisch aufgeladenen Potenz. Idylle nicht als Schönfärberei, sondern als allegorisch befrachtete, rückwärts gewandte Utopie. Das wäre, nach allem, was man unserm Bewusstsein an Folterungen angetan hat (und täglich bedenkenloser tun wird,) ein schlechter Witz, schlecht, weil er mit Abgedroschenem unser Lachen provozieren möchte. Nein, das Gedicht, wiewohl mit idyllischem Anschein ästhetisch liebäugelnd, also distanziert, bedient sich einer satirischen Sonde („Wenn man hier keine Zeitung hält/Ist die Welt in Ordnung"), die, in die Galle stoßend, über die scheinbar blutgesunde Leber Bitteres verspritzt.

Nicht augenmüde, nein, mich wohl fühlend inmitten der Bilder, die wiederzuerkennen und in „mittlerer Distanz" zu genießen ich ein biografisches Glück habe, möchte ich trotzdem genauer hinsehen: Die erste Strophe vermittelt über den bukolischen Eindruck hinaus ein fast menschenleeres Panorama („Dünn besiedelt das Land"). Riesige Felder und Maschinen – die planwirtschaftlich obligate Realität – werden vors Dorf und vor die Buchsbaumhecken gewiesen. Ausgedehnte, durchwärmte, so gut wie nie aufgescheuchte Mittagsstille, leicht erkennbar hingespannt in der absoluten Rätselgestalt der Katze.

Dann jahreszeitlich Abrufbares; Erwartbares für den, der das Glück und den Wunsch hat, nachts vors Haus zu gehen und die im Volksmund „Laurentiustränen" genannten Sternschnuppenschwärme zu sehen (an einem 10. August wurde der Märtyrer Laurentius gefoltert und umgebracht); das zweifelnd-bedenkliche „Noch" vor dem Flug der Graugans, vor dem Storch und den Wiesen! Aber die Versuchung durchs Bedenkliche wird zurückgelassen angesichts der fliegenden Wolkenberge. Freilich, dann springt quer schlagend das Bewusstsein des wissenden Zeit-Genossen zwischen die Bilder. Fast banaler Hiatus durch eine umklammernde Wirklichkeit, die angesichts einer redlich wahrgenommenen, vor Augen liegenden „ersten" Wirklichkeit als banal-störende bedrohliche Einschränkung festgestellt wird. Aber mutig-befreiend die Hinwendung aufs eigene Gesicht, das immer schön ist in der glühenden Geschäftigkei alltäglicher Verrichtung.

Und dann werden die feuerrot leuchtenden Felder gar nicht unbedingt Metaphern weltweit inszenierter Flächenbrände, sondern unmittelbar vor jedermanns Tür liegende „Gelegenheiten", das in was für Kesseln auch immer gespiegelte Gesicht über ein anderes, geliebtes Gesicht zu legen und mit dem Mohn zu brennen, der immer noch und wunderbar trotzig gegenüber allem Apokalyptischen seine verständliche Liebesfarbe zeigt.

Ein wunderbares Gedicht!

Unterrichtserfahrungen in einem 9. Schuljahr: * Ich bot das Gedicht als letztes einer Textsequenz „Altes und Neues zum Thema Sommer". Da der Erwartungshorizont durch die vorangegangene Beschäftigung mit Sommergedichten schon ausgespannt war, konnte ich auf eine inhaltliche Hinführung bzw. Einbettung verzichten.

Die Schüler erhielten das Gedicht auf DIN-A3 fotokopiert, und zwar nur die ersten beiden Strophen. Die Form des Reihumlesens bot Gelegenheit inhaltlich und formal (Zeilensprünge!) mit dem Text vertraut zu werden.

Die beiden Strophen bieten ein bilderreiches Szenario, darum lag es nahe, dieses durch „Drumherummalen" zu konkretisieren. Die Ergebnisse wurden vorgestellt: ansatzweises Interpretieren durch Beschreiben der eigenen Bildskizzen.

Etliche Schlüsselwörter, die fürs Malen auslösend gewesen waren, schrieb ich an die Tafel (z.B. „Dörfer liegen schläfrig"; „spaziert der Storch"; „unvergiftete Wiesen"); der Vers „die Katzen/Trifft selten ein Steinwurf" wurde intensiv reflektiert und gedeutet.

Nach erneutem, gemeinsamem Sprechen der beiden Gedichtstrophen schrieben wir auf die rechte bzw. linke Tafelseite – jeweils mit einem Pfeil zum Schlüsselwörtertext in der Tafelmitte versehen –: „Hier ist es schön, friedlich, still"; „Hier ist die Welt noch in Ordnung".

Dann händigte ich die letzte Strophe aus – in Zeilen zerschnitten. In Partnerarbeit wurde sie zusammengesetzt, aufgeklebt, mit dem Original verglichen und das Gedicht als Ganzes gelesen.

Aus bereitliegenden Zeitungen schnitten die Schüler „Katastrophenüberschriften" spektakuläre und „verhaltene" – aus; diese wurden über die Schlüsselwörter an der Tafel geklebt. Der Umtext, weil inhaltlich nicht mehr haltbar, wurde gelöscht.

In einer weiteren Stunde transferierten wir die Erkenntnisse auf unsere eigene Schulsituation. Die „ländlich-schöne" Umgebung der Schule wurde beschrieben (Einzelarbeit), Schlüsselwörter wurden – wie beim Gedicht – angeschrieben und mit demselben Umtext versehen.

Der Hinweis „Aber was für ein Bild bietet sich uns, wenn wir den Schulhof betreten und in die Flure und Klassenräume kommen?" war Anlass zu einem stichwortartigen Gegentext, der durch Aufzählen von „Müll" den „Idyllentext" annulierte.

Als Dokumentation wurde ein Müllplakat hergestellt. Um den Satz „Unsere Schule – muss das so sein!" wurde gesammelter „Schulmüll" angebracht. Dieses Müllplakat stellten die Schüler im Schulfoyer aus; sie gaben (in den Pausen) anderen Schülern und Lehrern Auskunft über Entstehung und Absicht ihrer Arbeit.

3. Von der realen zur literarischen Erfahrung – Der „Zauberlehrling" von Johann Wolfgang von Goethe

Der Zauberlehrling

Johann Wolfgang von Goethe

Hat der alte Hexenmeister
sich doch einmal wegbegeben!
Und nun sollen seine Geister
auch nach meinem Willen leben.
Seine Wort und Werke
merkt ich und den Brauch
und mit Geistesstärke
tu ich Wunder auch.
   Walle! walle
   manche Strecke,
   dass, zum Zwecke,
   Wasser fließe
   und mit reichem, vollem Schwalle
   zu dem Bade sich ergieße.

Und nun komm, du alter Besen!
Nimm die schlechten Lumpenhüllen;
bist schon lange Knecht gewesen;
nun erfülle meinen Willen!
Auf zwei Beinen stehe,
oben sei ein Kopf,
eile nun und gehe
mit dem Wassertopf.
   Walle! walle
   manche Strecke,
   dass, zum Zwecke,
   Wasser fließe
   und mit reichem, vollem Schwalle
   zu dem Bade sich ergieße.

Seht, er läuft zum Ufer nieder;
wahrlich! ist schon an dem Flusse,
und mit Blitzesschnelle wieder
ist er hier mit raschem Gusse.
Schon zum zweiten Male!
Wie das Becken schwillt!
Wie sich jede Schale
voll mit Wasser füllt.
   Stehe! stehe!
   Denn wir haben
   deiner Gaben
   vollgemessen! –
   Ach, ich merk es! Wehe! wehe!
   Hab ich doch das Wort vergessen!

Ach, das Wort, worauf am Ende
er das wird, was er gewesen.
Ach, er läuft und bringt behände!
Wärst du doch der alte Besen!
Immer neue Güsse
bringt er schnell herein,
Ach! und hundert Flüsse
stürzen auf mich ein.

Nein, nicht länger
kann ich's lassen;
will ihn fassen.
Das ist Tücke!
Ach nun wird mir immer bänger!
Welche Miene! welche Blicke!

Oh, du Ausgeburt der Hölle!
Soll das ganze Haus ersaufen?
Seh ich über jede Schwelle
doch schon Wasserströme laufen.
Ein verruchter Besen,
der nicht hören will!
Stock, der du gewesen,
steh doch wieder still!
   Wills am Ende
   gar nicht lassen?
   Will dich fassen,
   will dich halten
   und das alte Holz behände
   mit dem scharfen Beile spalten.

Seht, da kommt er schleppend wieder!
Wie ich mich nur auf dich werfe,
gleich, o Kobold, liegst du nieder:
krachend trifft die glatte Schärfe.
Wahrlich! brav getroffen!
Seht, er ist entzwei!
Und nun kann ich hoffen
und ich atme frei!
   Wehe! wehe!
   Beide Teile
   stehn in Eile
   schon als Knechte
   völlig fertig in die Höhe!
   Helft mir, ach! ihr hohen Mächte!

Und sie laufen! Nass und nässer
wird's im Saal und auf den Stufen.
Welch entsetzliches Gewässer!
Herr und Meister! hör mich rufen! –

Ach, da kommt der Meister!
Herr, die Not ist groß!
Die ich rief, die Geister,
werd ich nun nicht los.
„In die Ecke,
Besen! Besen!
Seid's gewesen.
Denn als Geister
ruft euch nur, zu seinem Zwecke,
erst hervor der alte Meister."

Vorverständigung*

„Jürgen B., Sohn des Speditionsunternehmers F. B., entwendete in der Nacht von Samstag auf Sonntag vom speditionseigenen Park- und Abstellplatz einen LKW (20 t). Der Fünfzehnjährige steuerte das Fahrzeug durch die Innenstadt auf den Zubringer zur Autobahn. Dort fiel er – etwa 25 km von seinem Heimatort entfernt – einer Polizeistreife wegen überhöhter Geschwindigkeit und unkontrolliertem Fahrbahnwechsel auf.

Mehrere Versuche das Fahrzeug zu stoppen schlugen fehl, wobei der Streifenwagen der Polizei beschädigt wurde. Nach wilder Verfolgungsjagd gelang es, den LKW von der Autobahn auf einen Parkplatz abzudrängen und zum Stehen zu bringen. Die Überraschung der Polizeibeamten war groß, als sie im Führerhaus des LKW einen fünfzehnjährigen Jungen entdeckten, dessen Glück es gewesen war, dass der Lastwagen infolge Treibstoffmangels von selbst zum Stehen gekommen war".

- Vergleichbare Erfahrungen bzw. vorstellbare Beispiele
  - Beispiele aus der technischen Maschinenwelt sind nicht von ungefähr: die geübte, kenntnisreiche Beherrschung einer Maschine – vom Mixer in der Küche bis zum Rennwagen – endet dort, wo entweder der „Abstellknopf" nicht mehr rechtzeitig gefunden wird (oder die Bremse) oder wo die „Maschine" sich „selbstständig" gemacht hat und ihre vorher gebändigte Kraft nicht mehr kontrolliert werden kann (vgl. Tschernobyl).
  - Nahe liegender literarischer Vergleich: Das Märchen vom süßen Brei.

- Mögliche Ursachen von „Außer-Kontrolle-Geraten"
  Abenteuerlust, Kraftprotzerei, Neugier, Überheblichkeit, Leichtsinn, Angeberei, Geltungssucht, Großmannssucht, Entdecken- und Ausprobierenwollen. Stichwort: Der Lehrling will Meister sein!

Hinweise zum Text: Die Ballade „Der Zauberlehrling" ist Anfang Juli 1797 entstanden und wurde im „Musenalmanach auf das Jahr 1798" veröffentlicht. Den Stoff hat Goethe einer Lügengeschichte des Lucian von Samosata (125–190 n. Chr.) in der Übersetzung Wielands entnommen. Dort erzählt der Schüler Eukrates:

„Endlich fand ich doch einmal Gelegenheit mich in einem dunklen Winkel verborgen zu halten und die Zauberformel, die er dazu gebrauchte, aufzuschnappen, indem sie nur aus drei Silben bestand. Er ging darauf, ohne mich gewahr zu werden, auf den Marktplatz, nachdem er dem Stößel befohlen hatte, was zu tun sei. Den folgenden Tag, da er geschäftehalber ausgegangen war, nehm' ich den Stößel, kleide ihn an, spreche die besagten drei Silben und befehle ihm Wasser zu holen. Sogleich bringt er mir einen großen Krug voll. Gut, sprach ich, ich brauche kein Wasser mehr, werde wieder zum Stößel! Aber er kehrte sich nicht an meine Reden, sondern fuhr fort Wasser zu tragen, und trug so lange, dass endlich das ganze Haus damit angefüllt war. Mir fing an bange zu werden. Pankrates, wenn er zurückkäme, möcht' es übelnehmen – wie es dann auch geschah –, und weil ich mir nicht anders zu helfen wusste, nahm ich eine Axt und hieb den Stößel mitten entzwei. Aber da hatte ich es übel getroffen; denn nun packte jede Hälfte einen Krug an und holte Wasser, sodass ich für einen Wasserträger nun ihrer zwei hatte. Inmittelst kommt mein Pankrates zurück, und wie er sieht, was passiert war, gibt er ihnen ihre vorige Gestalt wieder; er selbst aber machte sich heimlich aus dem Staube und ich habe ihn nie wieder gesehen."'

Goethe hat diese Lügengeschichte lyrisch geformt, dramatisch zugespitzt und so mit lehrhafter Absicht versehen, dass die Ballade mit der Quelle kaum mehr verglichen werden kann. Dargeboten wird die Geschichte weitgehend aus der Sicht des Zauberlehrlings in einem Monolog von insgesamt 92 Versen, die Bändigung der Geister durch den Meister geschieht in den letzten sechs Versen. Allein dies ist schon ein Ausdruck für die übereifrige, hilflos hastende Aktivität des dilettantischen Lehrlings auf der einen und für die karge überlegene Maßnahme des wissenden Meisters auf der anderen Seite. Anders als z. B. in der Quelle zeigt sich der Meister beherrscht, ohne Vorwurf für den Schüler, dennoch mit dem Fingerzeig, dass die Geister nur ihm zu Diensten sein können. Nur der, der die Mächte kennt, kann sich ihrer bedienen, der Halbwissende aber wird von ihnen beherrscht. (Vgl. Müller-Michaels 1973, 194)

„Die Worte des Zauberlehrlings sind ein Spiegel der zunehmenden Bedrohung durch die Geister, die er rief. Anfangs ist er überheblich (‚alter Hexenmeister‘) entschlossen sich die Geister zu unterwerfen (Str. I). Nachdem er den Zauberspruch memoriert hat, ergreift er auf erniedrigende Weise (‚Nimm die schlechten Lumpenhüllen!‘) den ‚Knecht‘, um für sich ein Bad richten zu lassen; der Zauberspruch wird keck wiederholt (Str. II). Voller Stolz betrachtet der Lehrling sein Werk (Str. III bis V. 40), bis das ‚Ach‘ die Wendung zum Erschrecken markiert. Bis der Meister endlich auftaucht, wird dieses ‚Ach‘ insgesamt siebenmal wiederkehren: Ausdruck des Schreckens (V. 41, 43 und 45), des Entsetzens (V. 49 und 55), des Hilfe suchenden Flehens (V. 84) und des erleichterten Aufatmens (V. 89). Mehrere Versuche unternimmt der Zauberlehrling in diesem zweiten Teil der Handlung (V. 41–92), um sich von der zauberhaften Kraft des Besens zu befreien: Er versucht ihn zu fassen (V. 53), beschimpft ihn (V. 64 und vorher), zerteilt ihn (V. 76), fleht zu ‚hohen Mächten‘ (V. 84) und ruft schließlich in letzter Verzweiflung seinen Meister zu Hilfe. Dieser, eben noch verächtlich ‚alter Hexenmeister‘ genannt, wird nun voll echter Anerkennung ‚Herr und Meister‘ tituliert, die Zaubermächte sind nicht mehr ‚alter Besen‘ (V. 15), ‚Ausgeburt der Hölle‘ (V. 57), ‚verruchter Besen‘ (V. 61), ‚Stock‘ (V. 63) und ‚Kobold‘ (V. 73), sondern schlicht ‚Geister‘ (V. 91). Verzweifelte Bescheidenheit (‚Herr, die Not ist groß!/Die ich rief, die Geister,/werd‘ ich nun nicht los‘, V. 90-92) hat die voreilige und überbliche Vermessenheit (‚und mit Geistesstärke/tu‘ ich Wunder auch‘, V. 7/ 8) abgelöst.“ (Müller-Michaels, ebd.)

Beschäftigung mit dem Text der Ballade*

- Hören; still-lesen; reihum-lesen; mit verteilten Rollen lesen, z.B. eine Gruppe liest jeweils die „Zauberformeln“, einer den Lehrling, ein anderer den Meister.

---

[1] L. Brügger, Der Zauberlehrling und seine griechische Quelle. In: Goethe — Jahrbuch der Goethegesellschaft 13 (1951). S. 243–258

- Distanzierung vom Text um dessen „altertümliche Eigenart" bzw. „Fremdheit" wahrzunehmen durch:
- abschätzig kommentierendes Lesen (Lese-Einschübe etwa: „Versteh' ich nicht", „kapiert ihr das"? „Blöde", „komisch"?)
- Rollenlesen
  Situation 1: Jemand spielt einen Erwachsenen (Vater, Mutter, Großmutter), der seinem Kind (Enkel) etwas vorliest, was er „früher" in der Schule gelernt hat. Ein Stück der Ballade reicht. Das zuhörende Kind reagiert mit Fragen oder Gefühls-äußerungen (z.B. Unmut, Unverständnis).
  Situation 2: Jemand spielt Lehrerin, die „Noten fürs Lesen" braucht. Sie lässt Teile der Ballade vorlesen.
  Situation 3: Schüler haben die Ballade zu lesen aufbekommen. Ergebnis: Einer liest betont leiernd, ein anderer überakzentuiert und „abgekocht", ein dritter schludrig, indem er Silben und Wörter unterschlägt.
- Möglicherweise unterstreichen bzw. herausschreiben von „schwierigen" Redewendungen und anschließende Klärung.
- Mögliche schriftliche Zwischenarbeit: Übertragung der ersten Strophe (ohne Zauberspruch) oder einer anderen beliebig gewählten in eine eigene, jugendgemäße, vielleicht auch verkürzte Sprache; zum Beispiel: „Mensch, endlich ist der Boss abgehauen, hat 'ne Fliege gemacht usw.

*Emotionale Erschließung und Auslegung**

Die Gefühls-Stationen, die der Zauberlehrling durchläuft:
a) Sicherheit, Machtgefühl, Stärke, Überheblichkeit
b) Erschrecken, Fassungslosigkeit, Angst.
c) Mut der Verzweiflung, Hoffnung
d) Völlige Hilflosigkeit
e) Für sich: Die Souveränität des Meisters.
- Deutlichmachen der Gefühle: Färben des Textes, farbiges Unterstreichen einzelner Wörter oder Passagen.
- Versuch diese Gefühle durch Mimik, Gestik, Körpersprache auszudrücken.
  - Eine kleine Gruppe liest den Text, eine andere Gruppe verhält sich dazu entsprechend mimisch-gestisch.
  - Einer steht „neutral"; ein oder zwei „Bildhauer' verändern seine Körperhaltung zu einem bestimmten Gefühl hin.

*Aneignungsversuch in Spielsituationen**

- Der Zauberlehrling erzählt seinem Freund, der bei einem anderen Meister lernt, von dem Missgeschick, das in letzter Sekunde gerade noch einmal gut ausging.
- Der Meister stellt den Lehrling zur Rede.

160

– Der Meister wird von Reportern interviewt; der Lehrling wird interviewt; jeder stellt das Ereignis aus seiner Sicht dar.

Möglichkeiten schriftlicher Arbeit *

a) Eine Zeitungsnotiz verfassen (im Stil der Bild-Zeitung).
b) Auf der Basis von Informationen, die in einem (fiktiven) Interview – mit dem Zauberlehrling oder dem Meister – eingeholt wurden, einen Zeitungsbericht verfassen; dabei die jeweilige Perspektive des Interviewten berücksichtigen.
b) Der Zauberlehrling schreibt am Abend dieses denkwürdigen Tages eine Tagebucheintragung .
c) Er schreibt an den Meister einen Entschuldigungsbrief (evtl. der Meister antwortet)
d) Herstellen eines Comic-Streifens (evtl. Gruppen bzw. Partnerarbeit): Bilder und Text
e) Herstellung einer Collage: „Die ich rief, die Geister, werd ich nun nicht los", z.B.
   – „Vom Match-Box-Auto zum Verkehrsunfall"
   – „Vom Waldspaziergang zum Super-Stau"
   – „Von der Spraydose zum Ozonloch"
   – „Von der Kinderpistole zum Atomkrieg"
f) Sammeln von Informationen (aus Lexika) über „Magie", „Zauberei", „Hexerei".

Umgestalten der Ballade in ein Hörspiel

Wegen der Beschränkung des Hörspiels auf die akustische Dimension, muss das als Ausgangstext gewählte Gedicht einen spannenden, dramatischen, geradlinigen und leicht erfassbaren Handlungsablauf haben, die Einheit von Zeit und Ort wahren und sich auf eine eng begrenzte Anzahl von Personen beschränken.

Für Goethes „Der Zauberlehrling" treffen dieses Bedingungen zu. Das dramatische Geschehen der Ballade wird – mit Ausnahme der letzten sechs Verse, die den erlösenden Entzauberungsspruch des Meisters enthalten – durch einen einzigen großen Monolog des Zauberlehrlings und damit als subjektives Erleben vermittelt. Die Handlung wird als innerer Ablauf nach außen gekehrt, wobei jedoch weniger das Geschehen selbst als vielmehr seine Auswirkungen und die Reaktionen des Lehrlings festgehalten werden.

Während wir in einem Theaterstück die Personen in einer durch Requisiten und Dekoration angedeuteten Umgebung sehen und durch unsere Augen schon über die Zeit und das Alter, den Stand und die Beziehungen der Personen unterrichtet werden, vernimmt der Hörer des Hörspiels nur Stimmen. Während im Theaterstück Mimik und Gestik der Schauspieler als wesentliche Ausdrucksmittel für Gefühlsregung fungieren, bleibt dies im Hörspiel dem Wort des Dichers und vor allem auch der Ausdrucksfähigkeit der Sprecher überlassen. Im Hörspiel resultiert aus dem Wort nicht nur der gesamte Handlungsablauf, sondern auch das Bild der Personen, die handeln, und die Umwelt, in der sie sich bewegen. Innere und äußere Vorgänge sind nicht mehr genau unterscheidbare Schichten. Die Sprache, d.h. Wort, Stimme und Ausdruck muss also im Hörspiel alles leisten. Dem Hörer muss die Illusion einer unmittelbar vor seinem Ohr sich vollziehenden lebendigen Handlung erweckt werden. Die im Hörspiel fehlende Bühne wird durch die sogenannte „innere Bühne" ersetzt. Das dramatische Spiel, der Raum, die Zeit, die Handlung realisieren sich letztendlich erst in der Fantasie und der Vorstellung des Hörers. Was man schreibt, muss man sich deshalb immer gesprochen vorstellen.

Mit diesen Überlegungen sind wichtige Strukturen des Hörspieltextes angesprochen. Wenn die Schüler die Rolle des Hörspielautors übernehmen, bieten sich ihnen als Gestaltungsmittel der Dialog, also Rede und Gegenrede zweier Personen, und der Monolog an, wobei man bei diesem zwischen dem erzählenden und dem inneren Monolog unterscheiden muss. Beim erzählenden Monolog erzählt der Sprecher von sich selbst oder von anderen und schildert zugleich auch die sich entwickelnde Situation. Beim inneren Monolog erfährt der Hörer etwas über Vorgänge, die sich im Inneren eines Menschen vollziehen.

Ein episches Element des Hörspiels ist der Erzähler. Er kann zwei verschiedene Funktionen erfüllen: Er kann in das Geschehen einführen (Ort, Zeit, Personen) und im dramatischen Verlauf immer wieder da auftreten, wo es etwas zu erklären oder zu beschreiben gibt; das heißt, er übernimmt die Rolle verschiedener dramaturgischer Elemente wie Rückblende, Raum- und Zeitwechsel u.Ä. und fungiert damit als Vermittler zwischen Handlung und Hörer. Der Erzähler kann aber auch als Darsteller in das Spiel einbezogen werden und zugleich spielen (dramatisches Element) und kommentieren (episches Element).

Eine wesentliche Rolle innerhalb des Hörspiels spielen neben der Sprache die Geräusche, die – real oder musikalisch umgesetzt – verschiedene Funktionen erfüllen können: realistische Geräusche oder Hintergrundgeräusche (z.B. Motorengeräusch, Regenprasseln) erleichtern dem Hörer die Raum- und Zeitvorstellung oder haben erläuternde Funktion (z.B. Zuschlagen einer Tür zur Verdeutlichung des Kommens oder Gehens einer Person). Geräusche können aber auch symbolisch eingesetzt werden, um Gefühlsregungen zum Ausdruck zu bringen. Sie werden dadurch zum unmittelbaren Handlungsträger und können entweder eingesetzt werden, wenn das Wort nicht auskommt, oder um einen bestimmten Akzent zu setzen.

Der Steigerung der Dramatik kann es dienen, wenn als Hintergrund- oder Zwischenmusik zur Handlung und Stimmung passende Musikstücke einbezogen werden. „Der Zauberlehrling" ist ja nicht nur von Paul Dukas vertont worden, das Motiv der Geister und Hexen findet sich in der Musikliteratur mehrfach, beispielsweise beim Auftritt des „Steinernen Gastes" in Mozarts „Don Giovanni", in dem das Eindringen der Mächte gestaltenden „Dance macabre" von Camille Saint-Saens oder im „Hexentanz" in Hector Berlioz' „Symphonie phantastique".

Methodisch erfolgt die Umgestaltung der Ballade in ein Hörspiel schrittweise. Dazu wird der Text in Handlungsabschnitte gegliedert. Der erste Abschnitt wird gemeinsam dialogisiert, die weiteren in arbeitsteiliger Gruppenarbeit. Nach der Koordinierung der Arbeitsergebnisse wird die Hörspielaufnahme (Sprech- und Geräuschproben) vorbereitet, schließlich wird das Hörspiel auf Band aufgenommen. Nachfolgend ein Ausschnitt aus einem von Schülern einer 6. Hauptschulklasse* erarbeiteten Textbuch.

Stimmen: Ansager
                Erzähler
                Huxel, der Zauberlehrling
                Zaubermeister

(Einleitungsmusik)

Ansager (sachlich): „Der Zauberlehrling" – ein Hörspiel nach der gleichnamigen Ballade von Johann Wolfgang von Goethe, umgedichtet von der Klasse 6c der Hauptschule Otterberg.

Erzähler: Irgendwo am Rande eines Waldes, in der Nähe eines Flusses steht einsam ein altes Schloss. Dort wohnt ein Zaubermeister mit Huxel, seinem Lehrling. Huxel ist schon lange unzufrieden, weil sein Meister ihn nicht zaubern lässt.

(Pendelschläge einer Standuhr)

Huxel (leise, missmutig): Nun bin ich schon fast zwei Jahre hier und muss immer noch alles selber tun. Noch nicht einmal den einfachsten Zauberspruch darf ich anwenden. Der alte Hexenmeister traut mir einfach nichts zu.

(Türquietschen)

Huxel (leise): Pst, da kommt der Meister.

Meister: Höre, Huxel. Ich muss heute Nachmittag zur Versammlung der Zaubermeister auf den Eulenberg. Während ich fort bin, sollst du einige Arbeiten für mich erledigen: Wir brauchen neues Brennholz, die Stube musst du ausfegen, und außerdem – hier, mein Zaubermantel – er muss dringend gewaschen werden.

Huxel: Ja, Meister. – Und bis wann werdet Ihr wieder zurück sein?

Meister (verwundert): Wieso fragst du? – Nun, ich denke, dass die Versammlung bestimmt bis sechs Uhr dauern wird. Sieh zu, dass du fertig bist, bis ich wiederkomme.

Huxel (ärgerlich): Ja, Meister, ich werde es versuchen.

Meister: So, jetzt muss ich mich aber beeilen.

(Türquietschen)

Meister (mahnend): Und lass die Finger von den Zaubergeräten, hörst du?

Huxel: Ja, Meister.

(Pferdegetrappel, das immer leiser wird)

Huxel (verärgert): Manchmal frage ich mich, ob ich als Dienstbote hier bin oder als Lehrling, der das Zaubern lernen soll. Die ganze Arbeit hängt mir langsam zum Hals heraus. Wo es doch die Geister gibt, die das alles im Handumdrehen erledigen könnten.

Erzähler: Missmutig und stöhnend macht sich Huxel an die Arbeit. Während er das Holz hackt und aufschichtet und die Stube fegt, spukt ihm immer wieder ein Gedanke durch den Kopf.

(man hört Huxel, der den Boden fegt)

Huxel: Ich würde doch zu gern auch einmal zaubern. – Und gerade heute wäre die Gelegenheit dazu günstig. – Hm, aber der Meister. . . Erst vorhin hat er wieder ausdrücklich gesagt… (stöhnt) Aber wenn ich an die vielen Eimer voll Wasser denke, die ich zum Waschen des Zaubermantels vom Fluss beischleppen muss, tut mir jetzt schon der Rücken weh. – Dabei ist es doch ein Kinderspiel, den Besen in eine menschliche Gestalt zu verwandeln und zum Wasserholen zu bewegen. Den Zauberspruch kenn' ich gut (leise, stockend):
Walle! walle
manche Strecke,
dass zum Zwecke
Wasser fließe
und mit reichem, vollem Gusse,
(erschrocken) halt, nein!
und mit reichem, vollem Schwalle
zu dem Bade sich ergieße.

(überzeugt) Na also, ich bin doch perfekt. (Leise) Hm, aber der Meister …(Überzeugt) Ach, papperlapapp. Es kann eigentlich gar nichts schief gehen und der Meister wird überhaupt nichts merken. – Waschen tu ich den Mantel ja dann selbst.
(Entschlossen) Also dann mal los. Jetzt brauche ich nur noch den Zauberstab.

(Türquietschen)

Huxel (verächtlich): So, Besen, nun sollst du auch einmal meinen Willen erfüllen. Also aufgepasst: eins, zwei, drei:

Zwei Arme habe,
auf zwei Beinen stehe,
und oben sei ein Kopf

(Begleitung der Verwandlung mit Musik).
Und nun komm her (Melodie, die das Gehen ausdrückt), zieh dir die alten Lumpen hier über (Pause) und nimm den Eimer in die Hand (Rasseln des Eimers).
(Stolz): So, das klappt ja prima. Aber jetzt kommt das Wichtigste. Mensch, bin ich gespannt:
(Feierlich): Walle! Wa…
(Erschrocken): Halt, bevor ich die Zauberformel spreche, muss ich ja zuerst die Haustür öffnen, damit der Besen ein- und ausgehen kann.

(Türquietschen)

Huxel: Und die Tür zur Badekammer öffne ich auch gleich. (Pause) So aber jetzt kann's losgehen. Besen, mach' dich bereit. (Beschwörend):
Walle! Walle
manche Strecke,
dass zum Zwecke Wasser fließe
und mit reichem, vollem Schwalle
zu dem Bade sich ergieße.

(Stille, dann langsam und leise die Melodie des Gehens)

Huxel (verwundert): Oh Mann! Es klappt tatsächlich, er setzt sich in Bewegung!
[…]

4. Mit produktiven Formen gegen Desinteresse – „Die Kraniche des Ibykus" von Friedrich Schiller

Diese Ballade gehört gewiss nicht zum Kanon unverzichtbarer literarischer Werke; nicht nur Schüler werden sich mit ihr schwer tun, vor allem mit der heute recht fremd anmutenden Sprache. Gleichwohl gibt es keinen Grund, sie als Unterrichtsgegenstand a priori auszuschließen. In der Klasse – einem 10. Schuljahr der Hauptschule Puderbach –, von deren Aktivitäten nachfolgend berichtet wird, war beispielsweise eine extrinsische Motivation auch nicht ganz unerheblich bei der Entscheidung für diese Ballade: es stand eine Abschlussfahrt nach Italien bevor. Italien ist zwar nicht einfach mit Griechenland, dem Ort des Geschehens gleichzusetzen, aber sie haben die südliche Lage gemeinsam und beider Wiege und Blüte liegt in der Antike.

Hier aufgenommen wurde der Praxisbericht*, weil die erprobten handlungs- und produktionsorientierten Umgangsformen Beispielcharakter für andere Balladen haben können. Sie ergänzen und konkretisieren, was an anderer Stelle, insbesondere in dem Modell zu Goethes „Zauberlehrling", dargestellt wurde.

Die Kraniche des Ibykus
Friedrich Schiller

Zum Kampf der Wagen und Gesänge,
Der auf Korinthus' Landesenge
Der Griechen Stämme froh vereint,
Zog Ibykus, der Götterfreund.
Ihm schenkte des Gesanges Gabe,
Der Lieder süßen Mund Apoll;
So wandert' er, an leichtem Stabe,
Aus Rhegium, des Gottes voll.

Schon winkt auf hohem Bergesrücken
Akrokorinth des Wandrers Blicken
Und in Poseidons Fichtenhain
Tritt er mit frommem Schauder ein.
Nichts regt sich um ihn her, nur Schwärme
Von Kranichen begleiten ihn,
Die fernhin nach des Südens Wärme
In graulichtem Geschwader ziehn.

„Seid mir gegrüßt, befreundte Scharen!
Die mir zur See Begleiter waren,
Zum guten Zeichen nehm ich euch,
Mein Los, es ist dem euren gleich.
Von fernher kommen wir gezogen
Und flehen um ein wirtlich Dach.
Sei uns der Gastliche gewogen,
Der von dem Fremdling wehrt die Schmach!

Und munter fördert er die Schritte
Und sieht sich in des Waldes Mitte,
Da sperren auf gedrangem Steg
Zwei Mörder plötzlich seinen Weg.
Zum Kampfe muss er sich bereiten,
Doch bald ermattet sinkt die Hand,
Sie hat der Leier zarte Saiten,
Doch nie des Bogens Kraft gespannt.

Er ruft die Menschen an, die Götter,
Sein Flehen dringt zu keinem Retter;
Wie weit er auch die Stimme schickt,
Nichts Lebendes wird hier erblickt.
„So muss ich hier verlassen sterben,
Auf fremdem Boden, unbeweint,
Durch böser Buben Hand verderben,
Wo auch kein Rächer mir erscheint!"

Und schwer getroffen sinkt er nieder,
Da rauscht der Kraniche Gefieder,
Er hört, schon kann er nicht mehr sehn,
Die nahen Stimmen furchtbar krähn.
„Von euch, ihr Kraniche dort oben!
Wenn keine andre Stimme spricht,
Sei meines Mordes Klag erhoben!"
Er ruft es und sein Auge bricht.

Der nackte Leichnam wird gefunden,
Und bald, obgleich entstellt von Wunden,
Erkennt der Gastfreund in Korinth
Die Züge, die ihm teuer sind.
„Und muss ich so dich wiederfinden
Und hoffte mit der Fichte Kranz
Des Sängers Schläfe zu umwinden,
Bestrahlt von seines Ruhmes Glanz!"

Und jammernd hören's alle Gäste,
Versammelt bei Poseidons Feste,
Ganz Griechenland ergreift der Schmerz,
Verloren hat ihn jedes Herz.
Und stürmend drängt sich zum Prytanen
Das Volk, es fordert seine Wut,
Zu rächen des Erschlagenen Manen,
Zu sühnen mit des Mörders Blut.

Doch wo die Spur, die aus der Menge,
Der Völker flutendem Gedränge,
Gelocket von der Spiele Pracht,
Den schwarzen Täter kenntlich macht?
Sind's Räuber, die ihn feig erschlagen?
Tat's neidisch ein verborgner Feind?
Nur Helios vermag's zu sagen,
Der alles Irdische bescheint.

Er geht vielleicht mit frechem Schritte
Jetzt eben durch der Griechen Mitte,
Und während ihn die Rache sucht,
Genießt er seines Frevels Frucht,
Auf ihres eignen Tempels Schwelle
Trotzt er vielleicht den Göttern, mengt
Sich dreist in jene Menschenwelle,
Die dort sich zum Theater drängt.

Denn Bank an Bank gedränget sitzen,
Es brechen fast der Bühne Stützen,
Herbeigeströmt von fern und nah,
Der Griechen Völker wartend da,
Dumpf brausend wie des Meeres Wogen;
Von Menschen wimmelnd wächst der Bau
In weiter stets geschweiftem Bogen
Hinauf bis in des Himmels Blau.

Wer zählt die Völker, nennt die Namen,
Die gastlich hier zusammen kamen?
Von Theseus' Stadt, von Aulis Strand,
Von Phokis, vom Spartanerland,
Von Asiens entlegner Küste,
Von allen Inseln kamen sie
Und horchen vor dem Schaugerüste
Des Chores grauser Melodie,

Der streng und ernst, nach alter Sitte,
Mit langsam abgemessnem Schritte
Hervortritt aus dem Hintergrund,
Umwandelnd des Theaters Rund.
So schreiten keine irdschen Weiber,
Die zeugete kein sterblich Haus!
Es steigt das Riesenmaß der Leiber
Hoch über Menschliches hinaus.

Ein schwarzer Mantel schlägt die Lenden,
Sie schwingen in entfleischten Händen
Der Fackel düsterrote Glut,
In ihren Wangen fließt kein Blut,
Und wo die Haare lieblich flattern
Und Menschenstirnen freundlich wehn,
Da sieht man Schlangen hier und Nattern
Die giftgeschwollnen Bäuche blähn.

Und schauerlich gedreht im Kreise
Beginnen sie des Hymnus Weise,
Der durch das Herz zerreißend dringt,
Die Bande um den Frevler schlingt.
Besinnungsraubend, herzbetörend
Schallt der Erinnyen Gesang,
Es schallt, des Hörers Mark verzehrend,
Und duldet nicht der Leier Klang:

„Wohl dem, der frei von Schuld und Fehle
Bewahrt die kindlich reine Seele!
Ihm dürfen wir nicht rächend nahn,
Er wandelt frei des Lebens Bahn.
Doch wehe, wer verstohlen
Des Mordes schwere Tat vollbracht,
Wir heften uns an seine Sohlen,
Das furchtbare Geschlecht der Nacht.

Und glaubt er fliehend zu entspringen,
Geflügelt sind wir da, die Schlingen
Ihm werfend um den flüchtgen Fuß,
Dass er zu Boden fallen muss.
So jagen wir ihn, ohn Ermatten,
Versöhnen kann uns keine Reu,
Ihn fort und fort bis zu den Schatten
Und geben ihn auch dort nicht frei."

So singend tanzen sie den Reigen
Und Stille wie des Todes Schweigen
Liegt überm ganzen Hause schwer,
Als ob die Gottheit nahe wär.
Und feierlich, nach alter Sitte
Umwandelnd des Theaters Rund
Mit langsam abgemessnem Schritte,
Verschwinden sie im Hintergrund.

Und zwischen Trug und Wahrheit schwebet
Noch zweifelnd jede Brust und bebet
Und huldiget der furchtbarn Macht,
Die richtend im Verborgnen wacht,
Die unerforschlich, unergründet
Des Schicksals dunklen Knäuel flicht,
Dem tiefen Herzen sich verkündet,
Doch fliehet vor dem Sonnenlicht.

Da hört man auf den höchsten Stufen
Auf einmal eine Stimme rufen:
„Sieh da! Sieh da, Timotheus,
Die Kraniche des Ibykus !"–
Und finster plötzlich wird der Himmel
Und über dem Theater hin
Sieht man in schwärzlichem Gewimmel
Ein Kranichheer vorüberziehn.

„Des Ibykus !" – Der teure Name
Rührt jede Brust mit neuem Grame,
Und wie im Meere Well auf Well,
So läuft' s von Mund zu Munde schnell:
„Des Ibykus, den wir beweinen,
Den eine Mörderhand erschlug!
Was ist's mit dem? Was kann er meinen?
Was is't's mit diesem Kranichzug?"

Und lauter immer wird die Frage
Und ahnend fliegt's mit Blitzesschlage
Durch alle Herzen: „Gebet acht!
Das ist der Eumeniden Macht!
Der fromme Dichter wird gerochen,
Der Mörder bietet selbst sich dar!
Ergreift ihn, der das Wort gesprochen,
Und ihn, an den's gerichtet war."

Doch dem war kaum das Wort erfahren,
Möcht er's im Busen gern bewahren;
Umsonst, der schreckenbleiche Mund
Macht schnell die Schuldbewussten kund.
Man reißt und schleppt sie vor den Richter,
Die Szene wird zum Tribunal
Und es gestehn die Bösewichter,
Getroffen von der Rache Strahl.

Intention: Anliegen war, dass die Schüler diese Ballade mithilfe handlungs- und produktionsorientierter Umgangsformen erschließen sollten. Durch die Realisierung solcher Arbeitsformen, die den Schülern – zumindest teilweise – vertraut waren, sollte der Gefahr begegnet werden, dass sie mit der bekannten Reaktion „ach, ein Gedicht" auf die Textbegegnung reagieren würden.

Verlauf: Unter den ersten Äußerungen nach dem Lehrervortrag war auch die kritische Rückmeldung, dass diese Ballade in einer unmöglichen Sprache geschrieben sei. Dieser Schüler behauptete wegen der unzeitgemäßen Sprache vom Inhalt kaum etwas verstanden zu haben. Er zeigte keinerlei Bereitschaft und Interesse sich mit der Ballade noch weiter zu beschäftigen.

Ich machte ihm daraufhin den Vorschlag, die seiner Meinung nach „unmögliche, unverständliche und total veraltete" Sprache in unsere heutige Sprache zu übertragen. Diesen Vorschlag nahm er an und in den folgenden Stunden entstand in einer konzentrierten Alleinarbeit ein neuer Text, der zwar die Strophengliederung beibehielt, aber wegen seiner Prosaform von dem Schüler „jetzt" als „verständlich" charakterisiert wurde. So mündete sein Protest gegen die Ballade in einer im Wortsinne produktiven Beschäftigung.

Eine kleine Probe daraus:

> 9. Doch wie soll man unter so vielen Menschen den Mörder finden? Und ob ihn nun ein Räuber oder ein neidischer Feind tötete weiß nur Helios.
>
> 10. Vielleicht ist er jetzt gerade mitten unter den Festbesucher oder betet im Tempel, vielleicht drängt er sich auch gerade ins Theater hinein.
>
> 11. Im Theater sitzen die Völker von nah und fern alle eng gedrängt. Ein getuschel geht durch den bis oben hin gefüllten Bau.

Die Ausgangskritik des Schülers und sein Desinteresse, das in gemäßigterer und ab-gestufter Form auch von anderen geteilt wurde, war zugleich Anlass zu der gemein-samen Überlegung, wie mit der Ballade umgegangen werden könnte, damit sie nicht nur verständlich, sondern auch interessant würde. Mehrere Vorschläge zu produkti-ven Umgangsformen wurden gemacht:
- ein Textbuch für ein Theaterspiel schreiben und eine Aufführung inszenieren
- ein Schattenspiel aufführen
- ein Hörspiel produzieren
- aus der Sicht eines am Geschehen Beteiligten einen Brief schreiben
- einen Polizeibericht mit Steckbrief verfassen
- einen Zeitungsbericht schreiben
- ein Märchenbuch schreiben und malen – eine Reportage aus der Arena machen.

Bis auf das Theaterstück wurden alle Vorschläge aufgenommen und in Grup-pen- und Partnerarbeit umgesetzt. Daraus nachfolgend – unter Verzicht auf wei-tere Kommentierung – einige Proben.

Das Textbuch zum Hörspiel wurde von drei Schülerinnen in der Schule verfasst. Ih-re Grundidee war, nicht nur durch den Text, sondern auch durch Musikeinspielun-gen ihr Verständnis der Ballade auszudrücken. Aufgenommen wurde das Hörspiel mithilfe eines technisch versierten und von der Sache begeisterten Vaters.

Eine vergleichbare Ideee versuchten drei Schülerinnen mit einem Schattenspiel zu verwirklichen. Zwei von ihnen spielten vor einer selbst gebastelten Kulisse: die Schattenfiguren hatte sie aus Pappe ausgeschnitten und an Holzstäben befestigt.

Die dritte Schülerin übernahm die Rolle des Erzählers; sie sprach aber nicht den Originaltext der Ballade, sondern eine Prosafassung, die die drei gemeinsam geschrieben hatten. Zu den einzelnen Handlungsabschnitten (Szenen) ihres Schattenspiels hatten die Schülerinnen verschiedene Musikstücke ausgewählt, die die jeweilige Stimmung ausdrücken und die Gesamtwirkung verstärken sollten.

Polizeibericht

Gestern geschah ein Mordfall, wie er in der heimischen Verbrechensgeschichte seinesgleichen sucht [...]
Ibykus, der bekannte Sänger und Götterfreund, wurde Opfer eines brutalen Mordes.
Sein Leichnam wurde von einem Landsmann aus Korinth blutüberströmt gefunden.
Ibykus wurde wahrscheinlich mit einem stumpfen Gegenstand erschlagen. Er erlag seinen Verletzungen.
Es gibt noch keine Hinweise auf den Mörder. Die Tat wurde in einem einsamen Waldstück vollbracht, wobei es auch keine Augenzeugen gab [...]

Tobias und Andreas

Reportage aus dem Theater

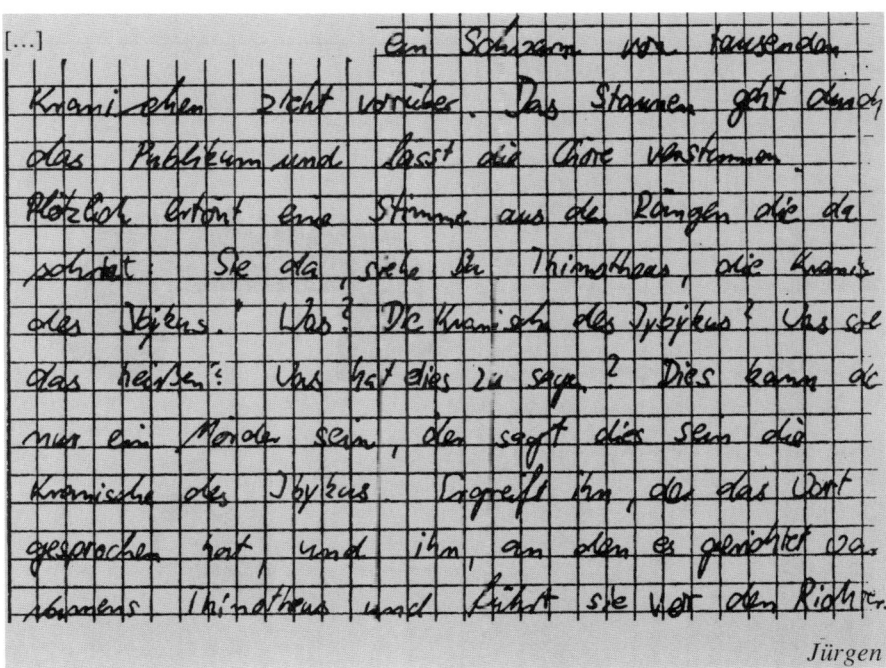

Jürgen

Die Ballade – als Märchen erzählt und bebildert

Anhang

1. Nachweis der Verfasser und Berichterstatter

S. 20:   Verfasser: Rektor Herbert Sleegers, Kempen
S. 22:   Verfasser: Herbert Sleegers
S. 24:   Verfasser: Herbert Sleegers
S. 25:   Berichtet von Hildegard Repplinger, Hauptschule Salmtal
S. 27:   Verfasser: Klaus Henning Weigel, Hauptschule Puderbach
S. 34:   Verfasser: Herbert Sleegers
S. 36:   Berichtet von Friedhelm Hermes, Hauptschule Bitburg
S. 41:   Berichtet von Maria Weidenbach, Hauptschule St. Ingbert
S. 47:   Verfasser: Herbert Sleegers
S. 50:   Berichtet und verfasst von Prof. Dr. Karl-Ewald Tietz, Universität Greifswald
S. 52:   Verfasser: Karl-Ewald Tietz
S. 54:   Berichtet von Hildegard Repplinger
S. 55:   Verfasser: Karl-Ewald Tietz
S. 56:   Schülertext mitgeteilt von Hildegard Repplinger
S. 58:   Verfasser: Herbert Sleegers
S. 63:   Schülerarbeit (S. 62) mitgeteilt von Hiltraud Raber, Hauptschule Bendorf
S. 63:   Berichtet von Hiltraud Raber
S. 65:   Nach: Dietrich Grünewald: Lyrik und Illustration (1987); mit freundlicher Zustimmung des Verfassers
S. 67:   Ebda.
S. 68:   Ebda.
S. 70:   Verfasser: Klaus Henning Weigel
S. 73:   Verfasser: Herbert Sleegers
S. 75:   Verfasserin: Konrektorin Waltraud Rossie, Hauptschule Viersen
S. 76:   Verfasser: Herbert Sleegers
S. 81:   Verfasserin: Waltraud Rossie
S. 84:   Berichtet und verfasst von Willbald Franz, Hauptschule Göllheim
S. 87:   Berichtet und verfasst von Willbald Franz
S. 89:   Berichtet und verfasst von Willbald Franz
S. 90:   Berichtet und verfasst von Willbald Franz
S. 91:   Verfasser: Karl-Ewald Tietz
S. 93:   Berichtet von Karl-Ewald Tietz
S. 94:   Berichtet von Waltraud Ziegler, Hauptschule Saarbrücken
S. 96:   Verfasser: Herbert Sleegers
S. 97:   Verfasserin: Waltraud Rossie
S. 97:   Verfasserin: Waltraud Rossie
S. 102:   Verfasserin: Waltraud Rossie
S. 104:   Verfasser: Herbert Sleegers
S. 108:   Berichtet von Maria Weidenbach
S. 109:   Berichtet von Renate Malpricht, Hauptschule Ludwigshafen
S. 111:   Berichtet von Willibald Franz
S. 112:   Berichtet von Bärbel Harding, Hauptschule Saulheim
S. 112:   Verfasserin: Waltraud Rossie
S. 115:   Berichtet von Hildegard Repplinger
S. 117:   Verfasser: Herbert Sleegers
S. 118:   Verfasser: Herbert Sleegers
S. 118:   Verfasser: Herbert Sleegers
S. 119:   Verfasser: Herbert Sleegers
S. 120:   Berichtet von Elke Kuhlen, Hauptschule Reutlingen
S. 120:   Berichtet von Renate Malpricht

2. Quellennachweis

Aigner, Christoph W.: Kleine Mathematik. Aus: Weiterleben. Gedichte. Otto Müller Verlag Salzburg 1988.

Astel, Arnfried: Traumkarte für Christine. Aus: Hans, J./Herms, U./Thenior, R. (Hrsg.): Mit gemischten Gefühlen. Gedichte, Biografien, Statements. München: Goldmann 1978.

Bachmann, Ingeborg: Reklame. Aus: Werke. Hrsg. von C. Koschel, I. v. Weidenbaum, C. Münster. Bd. I: Gedichte, Hörspiele, Libretti, Übersetzungen. München: Piper 1978.

Ball, Hugo: Karawane. Aus: Dada Gedichte. © 1959 Verlags AG Die Arche, Zürich.

Ball, Hugo: Seepferdchen und Flugfische. Aus: P. Schifferli (Hrsg.): Das war Dada. Dichtungen und Dokumente. © 1957 Verlags AG Die Arche, Zürich.

Borchers, Elisabeth: Ich erzähl dir. Aus: Der Tisch, an dem wir sitzen. Neuwied: Luchterhand 1967.

Borchert, Wolfgang: Was morgen ist. Aus: Das Gesamtwerk. Hamburg: Rowohlt 1959.

Bostel, Nikolaus von: Abschied an eine Geliebte. Aus: Adler, Jeremy/Ernst, Ulrich: Text als Figur. Visuelle Poesie von der Antike bis zur Moderne. Weinheim: VCH 1987 (Ausstellungskataloge der Herzog August Bibliothek Wolfenbüttel, Nr. 56).

Brambach, Rainer: Paul. Aus: Tagwerk. Zürich: Diogenes 1959.

Brecht, Bertolt: Radwechsel. Aus: Gesammelte Werke. Bd. 10. Frankfurt/M: Suhrkamp 1967.

Brecht, Bertolt: Der Rauch. Aus: Gesammelte Werke. Bd. 10.

Brecht, Bertolt: Fahrend in einem bequemen Wagen. Aus: Gesammelte Werke. Bd. 5.

Busch, Wilhelm: Humor. Aus: Gedichte. Zürich: Diogenes 1974 (detebe 60/1).

Busch, Wilhelm: Ja ja. Aus: A.a.O.

Busta, Christine: Der Sommer. Aus: Die Sternenmühle. Salzburg: Otto Müller 1959.

Döhl, Reinhard: Apfel: Aus: Konkrete poesie. anthologie. Hrsg. von Eugen Gomringer. Stuttgart: Reclam 1972/1991 (RUB 9350).

Domin, Hilde: Schöner. Aus: dies., Gesammelte Gedichte. © S. Fischer Verlag GmbH, Frankfurt a.M. 1987.

Eggimann, Ernst: der hof des bauern. Aus: Bundesdeutsch – lyrik zur sache grammatik. Hrsg. von R.O. Wiemer. Wuppertal: P. Hammer 1974.

Eichendorff, Joseph von: Der Abend. Aus: Werke und Schriften. Hrsg. von G. Baumann. Bd. I: Gedichte. Epen. Dramen. Stuttgart: Cotta 1953.

Enzensberger, Hans Magnus: Rondeau. Aus: Die Gedichte. Frankfurt/M.: Suhrkamp 1983.

Feldhoff, Heiner: Lebe wohl. Aus: Als wir einmal Äpfel pflücken wollten. Gedichte. Stuttgart: Spectrum (Spectrum Drucksache) 1985. © Heiner Feldhoff.

Fontane, Theodor: Herr von Ribbeck auf Ribbeck im Havelland. Aus: Werke in drei Bänden. Hrsg. von K. Schreinert. Bd. 3. München: Nymphenburger 1968.

Fontane, Theodor: Die Brück' am Tay. Aus: A.a.O.

Fritz, Walter Helmut: Bäume. In: Gesammelte Gedichte. Hoffmann und Campe Verlag, Hamburg 1979.

Goethe, Johann Wolfgang von: Der Zauberlehrling. Aus: Gedenkausgabe der Werke, Briefe und Gespräche. Hrsg. von E. Beutler. Zürich: Artemis 1950 ff.

Gomringer, Eugen: avenidas. Aus: Konstellationen, ideogramme, stundenbuch. Stuttgart: Reclam 1977 (RUB 9841), © Eugen Gomringer.

Graßhoff, Fritz: Kleine Banditen-Ballade. Text aus: Die große Halunkenpostille. Songs, Balladen, Moritaten. München: Deutscher Taschenbuch Verlag 1963. © Gert Wohlfahrt Verlag, Duisburg. Melodie aus: Lieder ohne Grenzen. Hrsg. von Walter Layher. München: bsv 2 Aufl. 1991.

Guggenmos, Josef: Das große, kecke Zeitungsblatt. Aus: H.-J. Gelberg (Hrsg.): Die Stadt der Kinder. Recklinghausen: Bitter 1969.

Gullar, Ferreira: Geräusch. Aus: Der grüne Glanz der Tage. Gedichte. München: Piper 1991 (Serie Piper 1034).

Hacks, Peter: Ballade vom schweren Leben des Ritters Kauz vom Rabensee. Aus: Der Flohmarkt. Gedichte für Kinder. Berlin (Ost): Der Kinderbuchverlag o.J.

Halbey, Hans Adolf: urlaubsfahrt. Aus: Menschengeschichten. Drittes Jahrbuch der Kinderliteratur. Hrsg. von H. J. Gelberg. Weinheim: Beltz und Gelberg 1975.

Heine, Heinrich: Die schlesischen Weber. Aus: Werke. Bd 1: Gedichte. Hrsg. von C. Siegrist. Frankfurt/M.: Insel 1968.

Hölderlin, Friedrich: Die Heimat. Aus: Sämtliche Werke. Kleine Stuttgarter Ausgabe, Bd. 1. Kohlhammer-Cotta 1944.

Holz, Arno: Mählich durchbrechende Sonne. Aus: Werke. Hrsg. von W. Emrich und A. Holz. © 1961 Hermann Luchterhand Verlag, Neuwied.

Holz, Arno: Hinter blühenden Apfelbaumzweigen. Aus: A.a.O.

Jandl, Ernst: im delikatessenladen. Aus: Der künstliche Baum. © 1985 Luchterhand Literaturverlag, Hamburg.

Jandl, Ernst: my own song. Aus: Selbstportrait des Schachspielers als trinkende Uhr. © 1985 Luchterhand Literaturverlag, Hamburg.

Jung, Reinhardt: Reifezeugnis. Aus: Bundesdeutsch – lyrik zur sache grammatik. Hrsg. von R. O. Wiemer. Wuppertal: P. Hammer 1974.

Karsunke, Yaak: matti wechselt das rad. © Rotbuch Verlag.

Kasper, Hans: Nachricht. Aus: Nachrichten und Notizen. Stuttgart: Goverts 1957.

Kirsch, Sarah: Im Sommer. Aus: Rückenwind. Gedichte. Langewiesche-Brandt, Ebenhausen bei München 1977.

Konjetzky, Klaus: An die Eltern. Aus: J. Fuhrmann (Hrsg.): Tagtäglich. Weckbuch. Reinbek: Rowohlt (rotfuchs) 1976.

Krolow, Karl: Schlaflied im Sommer. Aus: Schwarz auf weiß. Lese-Ideen für das 5./6. Schuljahr. Hannover: Schroedel Schulbuchverlag 1987. © Karl Krolow.

Krolow, Karl: Schultag. Aus: Karl Krolow: Alltägliche Gedichte. Frankfurt/M.: Suhrkamp 1968.

Krüss, James: Wenn die Möpse Schnäpse trinken. Aus: James Tierleben. München: Annette Betz 1965.

Kunert, Günter: Reisen. Aus: Erinnerung an einen Planeten. Gedichte aus fünfzehn Jahren. © 1963 Carl Hanser Verlag München Wien.

Kunert, Günter: So soll es sein. Aus: Im weiteren Fortgang. Gedichte. © 1974 Carl Hanser Verlag München Wien.

Lingnau, Frank: Teenager. Aus: Frank Lingnau: Da hing der Wind in den Seilen. Gedichte. Krefeld: Sassafras 1987. © Frank Lingnau.

Logau, Friedrich von: Des Krieges Buchstaben. Aus: Sämtliche Sinngedichte. Hrsg. von G. Eitner. Tübingen 1872.

Meister, Ernst: Zeigen. Aus: Deutsche Gedichte von 1900 bis zur Gegenwart. Frankfurt/M.: Fischer 1987.

Mon, Franz: lachst du. Aus: Lesebuch. Neuwied: Luchterhand 1967.

Morgenstern, Christian: Das große Lalula. Aus: Jubiläumsausgabe in vier Bänden. Bd. 1. Hrsg. von Clemens Heselhaus. München: Piper 1979.

Morgenstern, Christian: Die Trichter. Aus: A.a.O.

Mörike, Eduard: Septembermorgen. Aus: Sämtliche Werke. Hrsg. von G. Göpfert. München: Hanser 6. Aufl. 1976.

Papenfuß-Gorek, Bert: Ein Jugendlied. Aus: dreizehntanz. © Bert Papenfuß-Gorek.

Pietraß, Richard: Replik. Aus: Notausgang. Berlin und Weimar: Aufbau 1980.

Piontek, Heinz: Bäume. Aus: Gesammelte Gedichte. Hamburg: Hoffmann u. Campe 1975. © Heinz Piontek.

Prévert, Jacques: Familienbild. Aus: Gedichte und Chansons RP7. Deutsch von Kurt Kusenberg. Reinbek: Rowohlt Taschenbuch-Verlag 1962.

Reding, Josef: Manchmal möchte man faulenzen. Aus: Gutentagtexte. Balve: Engelbert 1974.
Rilke, Rainer Maria: Abendmahl. Aus: Neue Gedichte. Der Neuen Gedichte anderer Teil. Frankfurt/M.: Insel 1974 (it 49).
Rilke, Rainer Maria: Der Panther. Aus: A.a.O.
Rühm Gerhard: Jetzt. Aus: Konkrete poesie. anthologie. Hrsg. von Eugen Gomringer. Stuttgart: Reclam 1972/1991 (RUB 9350). © Gerhard Rühm.
Schiller. Friedrich: Die Kraniche des Ibykus. Aus: Werke, Nationalausgabe. Hrsg. von J. Petersen und G. Fricke. Weimar: Böhlaus Nachf. 1943 ff.
Schnurre, Wolfdietrich: Kulisse. Aus: Kassiber – Neue Gedichte. Formel und Dechiffrierung. © Paul List Verlag in der Südwest Verlag GmbH & Co KG, München.
Schottelius, Justus Georg: Eigedicht. Aus: Adler, Jeremy/Ernst, Ulrich: Text als Figur. A.a.O.
Sellin, Rolf: Konversation. Aus: Bundesdeutsch – lyrik zur sache grammatik. Hrsg. von R. O. Wiemer. Wuppertal: P. Hammer 1974.
Sleegers, Herbert: Es war einmal. Aus: Da vergeht uns Hören und Sehen. Krefeld: Sassafras 1986.
Sleegers, Herbert: Schulgeschichten. Aus: A.a.O.
Thenior, Ralf: Der Trapper. Aus: Traurige Hurras. München: Autoren Edition 1977.
Thenior, Ralf: He Joe. Aus: A.a.O.
Thenior, Ralf: Schnee. Aus: Lyrik-Katalog. München: Goldmann 1978.
Timm, Uwe: Erziehung. Aus: Bundesdeutsch – lyrik zur sache grammatik. Hrsg. von R. O. Wiemer. Wuppertal: P. Hammer 1974.
Tucholsky, Kurt: Luftveränderung. Aus: Gesammelte Werke. © 1960 by Rowohlt Verlag GmbH Reinbek.
Tzara, Tristan: Um ein dadaistisches Gedicht zu machen. Aus: ders., Sieben Dada Manifeste. © Edition Nautilus, Hamburg, 3. Aufl. 1984.
Uhland, Ludwig: Frühlingsglaube. Aus: Gedichte. Kritische Ausgabe von E. Schmidt und J. Hartmann. Stuttgart 1898.
Weinert, Erich: Eine deutsche Mutter. Aus: Das Lied vom roten Pfeffer. Hundert Gedichte. Berlin und Weimar: Aufbau 1968.

3. Literatur

3.1 Anthologien

Das Buch der Gedichte. Deutsche Lyrik von den Anfängen bis zur Gegenwart. Eine Sammlung für die Schule. Hrsg. v. Karl Otto Conrady. Frankfurt/M.: Cornelsen/Hirschgraben 1987.
Das große deutsche Gedichtbuch. Von 1500 bis zur Gegenwart. Neu hrsg. und aktualisiert von Karl Otto Conrady. München und Zürich: Artemis und Winkler 1991.
Das große deutsche Balladenbuch. Hrsg. von Beate Pinkerneil. Königstein/Ts.: Athenäum 1978.
Das Wasserzeichen der Poesie oder Die Kunst und das Vergnügen, Gedichte zu lesen. In hundertvierundsechzig Spielarten vorgestellt von Andreas Thalmayr. Frankfurt/M.: Eichborn 1990.
Deutsche Balladen. Hrsg. von Winfried Freund. Stuttgart: Reclam 1982 (RUB 9571).
Deutsche Gedichte. Von den Anfängen bis zur Gegenwart. Auswahl für Schulen. Echtermayer/von Wiese. Düsseldorf: Cornelsen 18. Aufl. 1990.
Deutsche Gedichte 1930–1960. Hrsg. von Hans Bender. Stuttgart: Reclam 1983 (RUB 7914).
Deutsche Lyrik-Parodien aus drei Jahrhunderten. Hrsg. von Theodor Verweyen und Gunther Witting. Stuttgart: Reclam 1983 (RUB 7975).
Deutsche Lyrik. Eine Anthologie. Hrsg. von Hanspeter Brode. Frankfurt/M.: Suhrkamp 1990 (st 1607).
Deutsche Naturgedichte. Hrsg. von Elisabeth Lobentanzer und Hans Lobentanzer. Stuttgart: Reclam 1987 (RUB 15001).
Deutsche Volkslieder. Texte, Variationen, Parodien. Hrsg. von Wolfgang Mieder. Stuttgart: Reclam 1980 (RUB 9560).
Deutsche Unsinnspoesie. Hrsg. v. Klaus Peter Dencker. Stuttgart: Reclam 1978 (RUB 9890).
Die Wundertüte. Alte und neue Gedichte für Kinder. Hrsg. von Hans-Jürgen Kliewer. Stuttgart: Reclam 1989 (RUB 40003).

174

Erleichterung beim Zungezeigen. Lyrik gegen den Frust. Hrsg. von Manfred Chobot und Gerald Jatzek. Wien-München: Jugend und Volk 1989.

Gedichtbuch. Deutsche Gedichte aus zwölf Jahrhunderten für die Schule. Hrsg. von Karl Pörnbacher. Berlin: Cornelsen 1987.

Gedichte auf Bilder. Anthologie und Galerie. Hrsg. von Gisbert Kranz. München: Deutscher Taschenbuch Verlag 1975.

Gedichte aus sieben Jahrhunderten. Bamberg: Buchner 1985.

Gedichte für Anfänger. Hrsg. von Joachim Fuhrmann. Reinbek: Rowohlt 1980 (rotfuchs 239).

Gedichte seit 1945. Hrsg. von Otto Knörrich. Stuttgart: Reclam 1990 (RUB 15016).

Konkrete poesie. deutschsprachige autoren. anthologie. Hrsg. von Eugen Gomringer. Stuttgart: Reclam 1972, 1991 (RUB 9350).

Kristallisationen. Deutsche Gedichte der achtziger Jahre. Hrsg. von Theo Elm. Stuttgart: Reclam 1992 (RUB 8827).

Lyrikbuch. Gedichte und Balladen für die Sekundarstufe I. Hrsg. von Fritz Pratz. Frankfurt/M.: Diesterweg 1983.

Lyrik für Leser. Deutsche Gedichte der siebziger Jahre. Stuttgart: Reclam 1980 (RUB 9976).

Moderne deutsche Naturlyrik. Hrsg. von Edgar Marsch. Stuttgart: Reclam 1980 (RUB 9969).

Politische Lyrik. Deutsche Zeitgedichte des 19. und 20. Jahrhunderts. Für die Sekundarstufe hrsg. von Wolfgang Gast. Stuttgart: Reclam 1973, 1991 (RUB 9502)

Sprachspiele. Hrsg. von Rainer Weller. Stuttgart: Reclam 1977, 1991 (RUB 9533).

Tastend nach dem Licht. Gedichte von Jugendlichen. Hrsg. von Peter Conrady. Essen: Die blaue Eule 1988.

Überall und neben dir. Gedichte für Kinder in sieben Abteilungen. Hrsg. von Hans-Joachim Gelberg. Weinheim: Beltz & Gelberg 1986 (auch als Gulliver TB 50).

3.2 Zitierte Sekundärliteratur und weiterführende Literaturhinweise

Adler, Jeremy/Ernst, Ulrich (1987): Text als Figur. Visuelle Poesie von der Antike bis zur Moderne. Weinheim: VCH (Ausstellungskataloge der Herzog August Bibliothek Wolfenbüttel, Nr. 56).

Austermühl, Elke: Lyrik in der Sekundarstufe I. Hannover: Schroedel 1982.

Berthold, Siegwart (1985): Gedichte sprechen und interpretieren. Bad Godesberg: Dürr.

Best, Otto Friedrich (Hrsg.) (1975): Expressionismus und Dadaismus. Stuttgart: Reclam (RUB 9653).

Binder, Wolfgang: Hölderlins Verskunst. In: Hölderlin Jahrbuch (1983).

Domin, Hilde: [Interpretation (S.18)]. Aus: Doppelinterpretationen. Frankfurt/M.: Fischer, 1969.

Domin, Hilde: Literatur im Vorratsschrank. Aus: Gesammelte Essays. München: Piper 1992.

Domin, Hilde: (1992): Gesammelte Essays. München: Piper.

Drach, Erich (1953/1969): Sprecherziehung. Die Pflege des gesprochenen Wortes in der Schule. Frankfurt/M. u.a.: Diesterweg 1953, 13. Auf. 1969.

Gatti, Hans (1979): Schüler machen Gedichte. Freiburg: Herder.

Gedichte und Interpretationen. 6 Bände (1982 ff.). Stuttgart: Reclam (RUB 7890–7895).

Gelfert, Hans-Dieter (1990): Wie interpretiert man ein Gedicht? Stuttgart: Reclam (RUB 15018).

Grimm, Gunter E. (Hrsg.) (1988): Gedichte und Interpretationen. Deutsche Balladen. Stuttgart: Reclam (RUB 8457).

Grünewald, Dietrich (1987): Lyrik und Illustration. Zur Erfahrung des „ästhetischen Prozesses" und seiner Brauchbarkeit für Unterricht. Mainz: Institut für Lehrerfortbildung (ILF) Mainz (Tagungsberichte und Arbeitsmaterial, 33).

Haas, Gerhard (1971): Textkombination als Form der Interpretation. In: Westermann Päd. Beiträge, Heft 9.

Haas, Gerhard (1984): Handlungs- und produktionsorientierter Literaturunterricht in der Sekundarstufe I. Hannover: Schroedel.

Hartung, Harald (1975): Experimentelle Literatur und konkrete Poesie. Göttingen: Vandenhoeck & Ruprecht.

Hartung, Harald (1985): Deutsche Lyrik seit 1965. Tendenzen – Beispiele – Porträts. München und Zürich: Piper (SP 447).

Helmers, Hermann (1978): Lyrischer Humor. Strukturanalyse und Didaktik der komischen Versliteratur. Stuttgart: Klett.

Höffe, Wolfgang (1967): Sprechgestaltende Interpretation von Dichtung in der Schule. Beispiele aus Grund- und Hauptschule. Ratingen: Henn.

Ingendahl, Werner (1991): Umgangsformen. Produktive Methoden zum Erschließen poetischer Literatur. Frankfurt/M.: Diesterweg.

Kliewer, Heinz-Jürgen (1974): Elememente und Formen der Lyrik. Hohengehren: Burgbücherei.

Knopf, Jan (1986): Bertolt Brecht „Der Rauch". In: J.K.: Bertolts Brechts Buckower Elegien. Frankfurt/M.: Suhrkamp (es 1397), S. 18–19.

Morgenstern, Christian (1979): Jubiläumsausgabe in vier Bänden. Hrsg. von Clemens Heselhaus. München: Piper.

Müller-Michaels, Harro (1973): Der Zauberlehrling. In: Literaturunterricht im 7. Schuljahr. Stuttgart: Klett; S. 194 ff.

Ritz-Fröhlich, Gertrud (1974): Kreativer Umgang mit lyrischen Texten. In: Grömminger/ Ritz-Fröhlich: Umgang mit Texten in Freizeit, Kindergarten und Schule. Freiburg: Herder.

Schmieder, Doris/Gerhard Rückert (1977): Kreativer Umgang mit Konkreter Poesie. Freiburg: Herder

Spinner, Kaspar H. (1984): Umgang mit Lyrik in der Sekundarstufe I. Baltmannsweiler: Burgbücherei.

Spinner, Kaspar H. (1987): Interpretieren im Deutschunterricht. In: Diskussion deutsch, 14. Jg., H.81, S. 17–23.

Spinner, Kaspar H. (1992): Lyrik der Gegenwart im Unterricht. Hannover: Schroedel.

Stahl, August (1978): Rilke Kommentar zum lyrischen Werk. München: Winkler.

Steffens, Wilhelm (1981): Spielen mit Sprache. Aspekte eines kreativen Sprach- und Literaturunterrichts im 1. bis 6. Schuljahr. Frankfurt/M.: Hirschgraben.

Stocker, Karl (1992): Wege zum kreativen Interpretieren: Lyrik. Sekundarbereich. Baltmannsweiler: Burgbücherei.

Völker, Ludwig (Hrsg.) (1985): Lyriktheorie. Texte vom Barock bis zur Gegenwart. Stuttgart: Reclam (RUB 8657).

Waldmann, Günter (1988): Produktiver Umgang mit Lyrik. Baltmannsweiler: Schneider.

Wapnewski, Peter: Gedichte sind genaue Form. In: Die Zeit, Nr. 6 vom 28.1.1977, S . 25–26.

Willberg, Hans-Joachim: Deutsche Gegenwartslyrik. Eine poetologische Einführung. Stuttgart: Reclam 1989 (RUB 15010).